歷代職官表

四部備要

史部

中華書局據武英殿本校
刊

桐鄉陸費逵總勘
杭縣高時顯
吳汝霖輯校
杭縣丁輔之監造

欽定歷代職官表卷三十八

內務府下

歷代建置

唐

（唐書百官志）殿中省監一人從三品少監二人從四品上丞二人從五品上監掌天子服御之事其屬有六局曰尚食尚藥尚衣尚乘尚舍尚輦少監爲之貳（武德元年改殿內監曰殿中省龍朔二年曰中御府監曰大監丞曰大夫有令史四人書令史十二人左右仗千牛各十人掌固亭長各八人舊有天藏府開元二十二年省）尚食局奉御二人正五品下直長五人正七品上諸奉御直長品皆如之食醫八人正九品下奉御掌儲供直長爲之貳進御必辨時禁先嘗之饗百官賓客則與光祿視品秩而供凡諸陵月享視膳乃獻（龍朔二年改尚食局曰奉膳局諸局奉御皆曰大夫有書令史二人書吏五人主食十六人主膳八百四十人掌固八人）尚藥局奉御二人直長二人掌和御藥診視凡藥供御中書門下長官及諸衞上將軍各一人與監奉御涖之藥成醫佐以上先嘗疏本方具歲月日

泣者署奏餌自奉御先嘗殿中監次之皇太子又次之然後進御太常每季閱送上藥還其朽腐左右羽林軍給藥飛騎萬騎病者頒焉龍朔二年改尚藥局曰奉醫局有按摩師四人呪禁師四人書令史二人書吏四人直官十人主藥十二人藥童三十人合口脂匠二人掌固四人尚衣局奉御二人直長四人掌供冕服几案祭祀則奉鎮圭于監而進于天子大朝會設案龍朔二年改尚衣局曰奉冕局有書令史三人書史四人主衣十六人掌固四人尚舍局奉御二人直長六人掌殿庭祭祀張設湯沐燈燭灑掃之事〇閑廄使以殿中監承恩遇者爲之押五坊以供時狩一曰鵰坊二曰鶻坊三曰鷂坊四曰鷹坊五曰狗坊侍御尚醫二人正六品上主事二人從九品上

謹案唐殿中監領六局其四局爲今內務府諸司之職其尚乘尚輦二局分著於鑾儀衞太僕寺篇中茲不具列殿中監又有閑廄使與上駟院之職相近惟所領五坊以供時狩者爲今養鷹狗處之制故附著於此

〔唐書百官志〕內侍省監二人少監二人〇監掌內侍奉宣制令其屬六

局曰掖庭宮闈奚官內僕內府內坊少監內侍爲之貳皇后親蠶則升壇執儀大駕出入爲夾引武德四年改長秋監曰內侍監內承奉曰內常侍內承直曰內給事龍朔二年改監爲省武后垂拱元年曰司宮臺天寶十三年置內侍監改內侍曰少監尋更置內侍內謁者監十人掌儀法宣奏承敕令掖庭局令二人丞三人掌宮人簿帳女工宮闈局令二人丞二人掌侍宮闈出入管籥奚官局令二人掌奚隸工役宮官之品內僕局令二人丞二人掌中宮車乘內府局令二人丞二人掌中藏寶貨給納之數及供燈燭湯沐張設

謹案內侍省之名昉於隋代其職則自秦漢以來即有長秋之制惟漢法參用士人至後代則專用奄宦寖失古意考唐內侍省六局所掌皆今內務府廣儲掌儀諸司及內管領之職

聖朝慎重職司一不以奄豎參預其事洵超並軼前古之制非隋唐所可幾及矣茲以內侍省官制中頗有近於內務府者並採附篇內以著前代之得失其列代宦官不盡著焉

〔唐書百官志〕少府監一人從三品少監二人從四品下掌百工技巧之政總中尚左尚右尚織染掌冶五署及諸冶鑄錢互市等監供天子器御后妃服飾及郊廟圭玉百官儀物凡武庫袍襦皆識其輕重乃藏之冬至元日以給衞士諸州市牛皮角以供用牧畜角筋腦革悉輸焉細鏤之工教以四年車路樂器之工三年平漫刀矟之工二年矢鏃竹漆屈柳之工半焉冠冕弁幘之工九月教作者傳家技四季以令丞試之歲終以監試之皆物勒工名丞六人從六品下掌判監事給五署所須金石齒革羽毛竹木所入之物各以名數州土爲籍工役衆寡難易有等差而均其勞逸主簿二人從七品下錄事二人從九品上武德初廢監以諸署隸太府寺貞觀元年復置龍朔二年改曰內府監武后垂拱元年曰尚方監有府二十七人史十七人計史三人亭長八人掌固六人短蕃匠五千二十九人綾錦坊巧兒三百六十五人內作使綾匠八十三人掖庭綾匠百五十人內作巧兒四十二人配京都諸司諸使雜匠百二十五人

中尚署令一人從七品下丞二人從八品下掌供郊祀圭璧及天子器玩后妃服飾彫文錯綵之制凡金木齒革羽毛任土以時而供歲二月獻牙尺寒食獻毬五月獻綬

帶夏至獻雷車七月獻鈿針臘日獻口脂唯筆琴瑟絃月獻金銀暨紙非
旨不獻製魚袋以給百官蕃客賜寶鈿帶魚袋則授鴻臚寺丞主簿監作
四人從九品下凡監作皆同品有府九人史十八人典事四人掌固四人唐改內尚方署曰中尚方署武后改少府監曰尚方監而中左右尚方織染方掌冶方五署皆去方以避監自是不改矣有金銀作坊院掌冶署令一人正八品上
丞二人正九品上掌范鎔金銀銅鐵及塗飾琉璃玉作銅鐵人得採而官
收以稅唯鑛官市邊州不置鐵冶器用所須皆官供凡諸冶成器上數於
少府監然後給之監作二人有府六人史十二人典事二十三人掌固四人
冊府元龜哀帝天祐三年敕牛羊司收管御廚羊豜乳牛等御廚物料並
送河南府收管其牛羊司官使並宜停廢

謹案唐少府官制詳於工作而略於儲藏蓋既有太府之左右藏以為
外府復有內侍省之內藏主以中人則貨賄已有分掌之司無須歸於
少府也天寶後設百寶大盈庫皆以中官主之謂之內庫其後又有瓊
林大盈延資庫等名焉

五季

〔舊五代史梁太祖本紀〕開平元年改御合使爲司膳使

〔五代會要〕晉開運三年二月詔少府監今後凡修制親王婚禮法物並

冊文出降公主九樹花釵箱奩宜令不得用龍鳳紅條帕

〔冊府元龜〕後唐莊宗同光初諸寺監各只置大卿其餘官屬並權停

〔玉海〕後唐聶元祚爲少府監

〔冊府元龜〕後唐杜紹光爲少府少監天成二年上言當司掌朝服儀仗

祭器服兵戈已來散失向盡往例有丞主簿五署令共一十六員自僞梁

廢省乞下中書量置丞簿署令分主當局公事○杜慓爲殿中丞天成四

年上言以本司法物寄於寺觀請量修公署

〔玉海〕晉李鍇少帝時爲少府監

〔冊府元龜〕後唐莊宗卽位以李紹宏爲宣徽南院使兼掌內勾天下財

穀皆委裁遣○孟漢瓊明宗時爲宣徽北院使○晉漢以來宣徽院有內

班之名周循其舊而史闕官號

謹案五季官制缺略無足採證今考諸書所載少府令丞主簿廢於梁時諸卿少卿停於唐代乃至儀仗散失法物或寄於寺觀其草略可見後唐以宦者爲宣徽使主天下財穀蓋亦循唐時內庫之制而宣徽之名實首見於此也

宋

〔宋史職官志〕宣徽南院使北院使掌總領內諸司及三班內侍之籍郊祀朝會宴饗供帳之儀應內外進奉悉檢視其名物舊制以檢校爲使或領節度及兩使留後闕則樞密副使一人兼領二使亦有兼樞密副使簽書樞密院者南院資望比北院頗優然皆通掌止用南院印二使共院而各設廳事其吏史則有都勾押官各一人前行三人後行十二人分掌四案一曰兵案二曰騎案三曰倉案四曰冑案故事與參知政事樞密副使同知樞密院事以先後入敘位熙寧四年詔位參政樞副同知下著爲令

九年詔今後遇以職事侍殿上或中書樞密院合班問聖體及非次慶賀並特序二府班官制行罷宣徽院以職事分隸省寺而使號猶存

謹案宋代樞密宣徽三司使謂之內職而宣徽掌總領內諸司及三班內侍之職是南北院使正如今內務府總管之任故錄著於篇中

（宋史職官志）殿中省監少監監丞各一人監掌供奉天子玉食醫藥服御幄帟輿輦舍次之政令少監爲之貳丞參領之凡總六局曰尚食掌膳羞之事曰尚藥掌和劑診候之事曰尚醖掌酒醴之事曰尚衣掌衣服冠冕之事曰尚舍掌次舍幄帟之事曰尚輦掌輿輦之事（六尚各有典御二人奉御六人或四人監門二人或一人又尚食有膳工尚藥有醫師尚醖有酒工尚衣有衣徒尚舍有幕士尚輦有正供等皆分隸其局）又置提舉六尚局及管幹官一員舊殿中省判省事一人以無職事朝官充雖有六尚局名別有事存凡官隨局而移不領於本省所掌唯郊祀元日冬至天子御殿及禘祫后廟神主赴太廟供具繖扇而殿中監祕書監爲寄祿官而已元豐中神宗欲復建此官而度禁中未有其地但詔御輦院不隸省寺

令專達焉初權太府卿林顏因按內藏庫見乘輿服御雜貯百物中乃乞復殿中省六尚以嚴奉至尊於是徽宗乃出先朝所度殿中省圖命三省行之○御藥院勾當官無常員以入內內侍充掌按驗祕方以時劑和藥品以進御及供奉禁中之用典八人藥童十一人匠七人（崇寧二年併入殿中省）○尚衣庫使副使舊曰尚衣庫大中祥符三年改監官二人以內侍三班充掌駕頭服御繖扇之名物凡御殿大禮前一日請乘輿袞冕鎮圭袍服於禁中以待進御事已復還內庫典一人匠四人掌庫十人○內衣物庫（在文德殿後太平興國二年置受納匹段庫受納綾錦西州鹿胎綾羅絹匹段大中祥符元年併入）監官二人以京朝官併內侍充（舊三人以諸司使副及三班內侍充）掌受納錦綺綾羅色帛銀器腰束帶料造年支準備衣服以待頒賜諸王宗室文武近臣禁軍將校時服并給宰臣親王皇親使相生日器幣兩府臣僚百官皇親轉官中謝朝辭特賜及大遼諸外國人使辭見銀器射弓衣帶典八人掌庫二十一人○親衣庫（在太平坊）監官二人以諸司使副三班及內侍充掌受錦綺雜帛衣服之物以備給賜及

邦國儀注之用弁受納衣服以賜諸司丁匠諸軍監門二人以三班使臣充典十人掌庫五十五人○朝服法物庫太平興國二年置後分三庫一在天安殿後一在右掖門內北廊一在正陽門外監官二人以諸司使副及三班內侍充掌百官朝服諸司儀仗之名物典三人掌庫三十人已上崇寧二年併入殿中省舊有裁造院針線院雜賣場後省併之

〔馬端臨文獻通考〕太府寺卿掌財貨出納貿易之事凡貢賦之輸於京師者至則別而受之供君之用及待邊費則歸于內藏供國之用及待經費則歸於左藏所隸官司二十有五內藏庫掌受歲計之餘積以待邦國非常之用奉宸庫掌供內庭凡金玉珠寶良貨賄藏焉祗候庫掌受錢帛器皿衣服以備傳詔頒給及殿庭賜予審計司掌審受給數驅磨當否商稅務收京城商稅店宅務掌管官邸店

謹案唐太府唯掌左右藏以待經費內藏供奉之職不與焉至宋則分受供君供國之用而設官尤廣故內藏奉宸祗候皆如今廣儲司之掌

審計則如會計司而商稅務店宅務亦如今崇文門監督官房租庫之

總領於內務府也

〔石林燕語〕內香藥庫在諲門外凡二十八庫真宗賜御製七言二韻詩

一首爲庫額曰每歲沉檀來遠裔累朝珠玉實皇居今辰內府初開處充

牣尤宜史筆書

謹案眞宗詩所云內府當卽宋志內藏庫內香藥庫近于今之御藥房

矣

〔玉海〕少府監掌造門戟旌節祭玉法物乃供祭器鑄印以朝官判元豐

四年十一月五日詔鑄省臺等監印記凡六十三官制行總局四掌百工

技巧乘輿服御之物祭祀朝會禮樂之器服皆有法式冊寶符節度量權

衡之制亦如之

〔文獻通考〕宋少府監判監事一人以朝官充凡天子器玩后妃服飾雕

文錯彩工巧之事分隸于文思院後苑造作所本監但掌造門戟神衣旌

節郊廟諸壇祭玉法物鑄牌印朱記百官拜表案褥之事元豐正官制置監少監丞主簿各一人所隸官屬五文思院掌造金銀犀玉工巧之物金采繪素裝鈿之飾以供輿輦冊寶法物及凡器服之用監官文臣一員武臣二員綾錦院掌織絍錦繡以供乘輿及凡服飾之用監官三人以京朝官諸司使副及內侍充裁造院掌裁製服飾監官二人文繡院掌纂繡以供乘輿服御及賓客祭祀之用建炎初以將作少府監併歸工部紹興三年復置將作監少府事統焉○入內內侍省內侍省其屬有御藥院勾當官四人掌按驗方書修合藥劑以待進御及供奉禁中之用內東門司勾當官四人掌宮禁人物出入周知其名數而譏察之合同憑由司監官二人掌禁中宣索之物給其要驗造作所掌造作禁中及皇屬婚娶之名拜龍圖天章寶文閣勾當官四人掌藏祖宗文章圖籍及符瑞寶玩之物而安像設以崇奉之翰林院勾當官一人總天文書藝圖畫醫官四局凡執伎以事上者皆在焉

（麟臺故事）文思院不知緣何得此名或云量名時文思索或說殿名聚工巧於其側因名之曰文思院

謹案宋初文思院後苑造作所別有官屬不隸少府元豐定制始改隸之今廣儲司造辦處諸職其時皆爲少府所統迨南渡以後廢少府隸工部以文思院屬之其官屬並從工部辟差旋又改隸將作監變更不一其職事則皆同也內侍省官屬御藥院猶今之藥房合同憑由司猶今之會計司造作所猶今之造辦處龍圖天章寶文閣勾當官翰林院勾當官猶今

武英殿

御書處

文淵閣管理事務諸職蓋前代內侍所掌者至我朝而特設官職始釐正其體統焉

遼

〔遼史百官志〕宣徽北院太宗會同元年置掌北院御前祗應之事北院宣徽使知北院宣徽事北院宣徽副使同知北院宣徽事○宣徽南院會同元年置掌南院御前祗應之事南院宣徽使知南院宣徽事南院宣徽副使同知南院宣徽事○北面御帳官奉宸司掌供奉宸御之事○北面著帳官筆硯局筆硯祗候郎君筆硯吏牌印局牌印郎君裀褥局裀褥郎君燈燭局燈燭郎君牀幔局牀幔郎君殿幄局殿幄郎君車輿局車輿郎君御盞局御盞郎君本班局本班郎君○承應小底局筆硯小底寢殿小底佛殿小底司藏小底習馬小底鷹坊小底湯藥小底尚飲小底盥漱小底尚衣小底裁造小底○北面宮官諸行宮都部署院總契丹漢人諸行宮之事諸行宮都部署知行宮諸部署司事諸行宮副部署諸行宮判官○契丹行宮諸部署司總行在軍諸鄂爾多滿洲語亭也原作斡魯朵今改正之政令契丹行宮都部署知契丹行宮都部署事契丹行宮副都署契丹行宮判官○行宮諸部署司掌行在諸宮之政令行宮都部署行宮副部署行宮部

署判官○北面坊場官諸坊職名總目某坊使某坊副使某坊詳袞蒙古語理事官也原作詳穩今改正使某坊詳袞某坊都監鷹坊鐵坊五坊未詳八坊內有軍器坊未詳

謹案遼官分北面南面以上皆北面官也其供御之官至爲繁多職掌雖不盡可考而以類求之皆可得其彷彿史言遼宣徽視工部蓋以其專主工作言之是猶唐宋少府也奉宸祗候在宋爲殿中省之屬而承應諸職則服食寢處之事皆備矣行宮部署院諸司猶今日行宮之有總管苑丞而八坊使內有鷹坊鐵坊餘雖未詳蓋皆近於都虞之職也

〔遼史百官志〕南面朝官殿中司殿中聖宗開泰元年見殿中高可恆殿中丞尙舍局見遼朝雜禮奉御尙乘局奉御尙輦局奉御尙食局奉御尙衣局奉御○宣徽院太宗會同元年置宣徽使知宣徽院事馬得臣統和初知宣徽院事宣徽副使同知宣徽使事同知宣徽院事○內省內省使

聖宗太平九年初見內省使內省副使內藏庫內藏庫提點道宗清寧元年見內藏庫提點耶律烏爾古（蒙古語孳生也原作耶律烏骨今改正）○諸監職名總目某太監某少監某監丞某監主簿○太府監○少府監○將作監

謹案以上皆南面官也史言宣徽等官雖分北南其所治皆北面之事蓋指其供奉宮廷者而言也南面朝官大率承倣唐制而強半缺略元人修史時已不能盡得其詳僅於史文之散見者推而得之今摭取其近於內務府者錄之以著一代設官之略焉

金

〈金史百官志〉工部屬官修內司（大定七年設）使從五品副使從六品掌宮中營造事（兵匠一千六十五人兵夫二千人仍命少府監長官提控）直長二員正八品部役官四員正八品掌監督工役受給官二員正八品掌支納諸物祗應司提點從五品令從六品丞從七品掌給宮中諸色工作直長正八品收支庫都監同監（泰和元年置）

謹案修內祗應二司如今之營造司及造辦處列代皆屬少府而金獨隸于工部以其爲供給宮中工作故別著于此

（金史百官志）殿前都點檢司宮籍監提點正五品監從五品副監從六品丞從七品掌內外監戶及地土錢帛小大差發直長二員正八品掌同丞近侍局提點正五品泰和八年剏設使從五品副使從六品掌侍從承敕令轉進奏帖直長正八品大定十八年增二員奉御十六人舊名入寢殿小底奉職三十人舊名不入寢殿小底又名外帳小底皆大定十二年更鷹坊提點正五品使從五品副使從六品掌調養鷹鶻海東青之類直長正八品不限員管勾從九品不限員數資考

謹案金制殿前都點檢司蓋兼古殿中監之職與宋代殿前司專掌宿衞武職者不同故宮籍提點近侍提點如今內管領之職而鷹坊提點則今養鷹狗處之職其所屬侍衞指揮等官已別見領侍衞篇茲不具錄

（金史百官志）宣徽院左宣徽使正三品右宣徽使正三品同知宣徽院

事正四品同簽宣徽院事正五品宣徽判官從六品掌朝會燕享凡殿庭禮儀及監知御膳所隸弩手傘子二百三十九人控鶴二百人尚衣局提點正五品使從五品副使從六品掌御用衣服冠帶等事都監正九品舊設後罷直長正八品同監正九品尚食局元光二年參用近侍奉御奉職都監三員正九品不限資考生料庫都監同監各一員掌給受生料物色收支庫都監同監各一員掌給受金銀裹諸色器皿以外路差除人內選充尚藥局提點正五品使從五品由職官內選除副使從六品掌進湯藥茶果直長正八品都監正九品果子局都監同監各一員掌給受進御果子本局本把四人御藥院提點從五品直長正八品掌進御湯藥明昌五年設以親信內侍人充都監正九品不限員泰和令四員同監從九品不常除泰和令無內藏庫大定二年分為四庫使從五品副使從六品掌內府珍寶財物率隨庫都監等供奉其事直長一員承安三年增頭面庫都監正九品同監從九品本把十人大定二年出身依不入寢殿小底例段疋庫都監正九品同監從九品本把十二人金銀庫都監正九品本把八人雜物庫都監正九品同監從九品本把八人每庫知書各二人宮闈局舊名宮門司大定二年改為局舊設令丞改為

使副提點正五品使從五品副使六品掌宮中閤門之禁率隨位都監同監及內直各給其事直長正八品內直一百七十人後作百七十九人

（王圻續文獻通考）金內侍職見于衛尉司內內侍局中常侍見于宣徽使內其事多分領于宣徽使而內侍省不設

謹案金內侍諸職多領于宣徽使而內侍省不設深得成周奄人領於冢宰漢代宦官屬於少府之遺意今考宣徽使尚衣尚食等局即殿中監之六尚也御藥內藏庫金銀庫即內侍省之御藥房內庫使也是宣徽一院合二省而兼理之與今日內務府之職掌最為脗合

（續文獻通考）金太府監官屬典給署屬焉典給署本鉤盾署古屬司農寺金初曰鉤盾使明昌三年改掌宮中所用薪炭冰燭

（金史百官志）少府監尚方織染文思裁造文繡等署隸焉泰和四年選能幹官兼儀鸞局近上官監正四品少監從五品丞二員從六品大定十一年省二十一年復置掌邦國百工營造之事尚方署令從六品丞從七品掌金銀器物亭帳車輿牀榻簾

席鞍韉傘扇及裝釘之事（大定二十年令不專除人令人兼）直長正八品圖畫署（明昌七年入祗應司）令從六品丞從七品掌圖畫縷金匹直長正八品（明昌三年罷）裁造署令從六品丞從七品掌造龍鳳車具亭帳鋪陳諸物宮中隨位牀榻屏風簾額條結等及陵廟諸物并省臺部內所用物（泰和令有繪畫之事）直長從八品（明昌三年省裁造匠六人針工婦人三十七人）文繡署令從六品丞從七品掌繡造御用并妃嬪等服飾及燭籠照道花卉（貞祐二年止設官一員）直長正八品（繡工一人都繡頭一人副繡頭一人女四百九十六人內上等七十人次等凡四各二十六人）文思署（明昌七年入祗應司）令從六品丞從七品掌造內外局分印合傘浮圖金銀等尚輦儀鸞局車具亭帳之物并三國生日等禮物造織染文繡兩署金線直長正八品（明昌三年省去）

元

〔元史百官志〕宣徽院秩正三品掌供玉食凡稻粱牲牢酒醴蔬果庶品之物燕享宗戚賓客之事及諸王宿衞齊哩克（蒙古語兵也原作怯憐今改正）口糧食蒙古萬戶千戶合納差發係官抽分牧養孳畜歲支芻草粟菽羊馬價直收

受闌遺等事與尚食尚藥尚醞三局皆隸焉所轄內外司屬用人則自爲
選大都尚飲局秩從六品掌醞造上用細酒大都尚醞局秩從六品掌醞
造諸王百官酒醴大都醴源倉秩從六品掌受香莎蘇門等酒材糯米鄉
貢麴藥以供上醞及歲賜諸王百官者尚珍署秩從五品掌收濟寧等處
田土子粒以供酒材安豐懷遠等處稻田提領所秩從九品掌稻田布種
歲收子粒轉輸醴源倉諸物庫秩從七品掌出納闌遺監秩正四品掌不
闌奚人口頭疋諸物尚食局秩從五品掌供御膳及出納油麪酥蜜諸物
大都生料庫秩從五品大都上都柴炭局各一尚收所秩從五品沙糖局
秩從五品掌沙糖蜂蜜煎造及方貢果木豐儲倉秩從九品大使一員掌
出納車駕行幸支持膳羞
謹案元宣徽院兼統光祿寺諸職與列代異而醴源倉之供上醞尚食
局之供御膳則仍爲古殿中監之職其柴炭沙糖諸局亦與都虞司茶
膳房諸職相近故並錄之又元太醫院屬官有御藥局使副亦卽今內

藥房之職併識于此

〔元史百官志〕提舉右八作司秩正六品掌出納內府漆器紅瓮稍隻等

並在都局院造作等物提舉左八作司秩正六品掌出納內府氈貨柳器

等物

謹案左右八作提舉司爲工部屬官以其職掌出納內府諸物故互見

於此其職近廣儲營造二內之所掌也工部屬官又有晉寧路冀寧路

南宮中山等路織染提舉司如今織造之比文繁不具載附識其大概

于此

〔元史百官志〕將作院秩正二品掌成造金玉珠翠犀象寶貝冠佩器皿

織造刺繡段匹紗羅異樣百色造作至元三十年始置諸路金玉人匠總

管府秩正三品掌造寶貝金玉冠帽繫腰束帶金銀器皿幷總諸司局事

異樣局總管府秩正三品異樣紋繡提舉司綾錦織染提舉司紗羅提舉

司秩從五品紗金顏料總庫秩從九品

〔續文獻通考〕江淮等處財賦都總管府杭州織染局大使副使相副官各一員黃池織染局大使副使相副官各一員建康織染局大使副使相副官各一員

〔元史百官志〕太府監秩正三品領左右藏等庫掌錢帛出納之數中統四年置至元四年爲宣徽太府監凡內府藏庫悉隸焉八年陞正二品大德九年改爲院秩從二品院判參用官者至大四年復爲監內藏庫提點秩從五品掌出納御用諸王段疋納奇實(原作納失今改正)紗羅絨錦南綿香貨諸物右藏提點四員掌收支金銀寶鈔濟遜(蒙古語顏色也原作只孫今改正)段疋水晶瑪瑙玉璞諸物至元十九年置左藏提點四員掌收支常課和買紗羅布絹絲綿絨錦木綿鋪陳衣服諸物至元十九年置○大都留守司秩正二品掌守衛宮闕都城調度本路供億諸務兼理營繕內府諸邸都宮原廟尚方車服殿廡供帳內苑花木及行幸湯沐宴游之所門禁關鑰啓閉之事至元十九年罷宮殿府行工部置大都留守司兼本路都總管府治民

事并少府監歸留守司皇慶元年別置少府監延祐七年罷少府監復以留守兼監事其屬附見○修內司秩從五品掌修建宮殿及大都造作等事祗應司秩從五品掌內府諸王邸第異巧工作修禳應辦寺觀營繕器物局秩從五品掌內府宮殿京城門戶寺觀公廨營繕及御用各位下鞍轡瑚格（原作忽哥今改正）轎子帳房車輛金寶器物凡精巧之藝雜作匠戶無不隸焉中統四年始立御用器物局受省劄至元七年改爲器物局器備庫秩從五品掌殿閣金銀寶器二千餘事至元二十七年置甸皮局秩正七品歲辦熟造紅甸羊皮二千有奇儀鸞局秩正五品掌殿庭燈燭張設之事及殿閣浴室門戶鎖鑰苑中龍舟圈檻珍異禽獸給用內府諸宮太廟等處祭祀庭燎縫製簾帷灑掃掖庭○和用監秩正三品掌出納皮貨衣物之事資用庫提點秩正五品至元二年置隸太府十年隸和用雜造雙線局秩從八品掌造內府皮貨鷹帽等物熟皮局掌每歲熟造野獸皮貨等物軟皮局掌內府細色銀鼠野獸諸色皮貨斜皮局掌每歲熟造內府

各色野馬皮胯○中尚監秩正三品掌領資成庫氈作供內府陳設帳房帟幕車輿羽衣之用資成庫秩從五品掌造氈貨至元二年置隸太府二十三年始歸于監○章佩監秩正三品掌宦者都古爾齊（蒙古語盈滿也原作迭古兒赤今改正）所收御服寶帶御帶庫秩從五品掌繫腰偏束等帶併緌環諸物供奉御用以備賜予異珍庫掌御用珍寶后妃公主首飾寶貝○尚供總管府秩正三品掌守護東涼亭行宮及遊獵供需之事○雲需總管府秩正三品掌守護察罕諾爾（蒙古語察罕白也諾爾池也原作察哈腦兒今改正）行宮及行營供辦之事

謹案元廢少府監盡以其事歸大都留守與晉哀帝時罷少府歸併丹陽尹其制正同但留守司職辦工作其內府庫藏則皆領于太府監是亦與後魏北齊之罷少府而歸併太府者體製相似太府左右藏自古有之以供邦國之經費惟元則盡爲供御之物與古又少異也元又有和用監中尚監章佩監領各局諸庫爲自古所未有今廣儲六庫營造八作之所司差爲相近尚供雲需兩總管府掌行宮及遊獵之事則今

都虞司及
行宮總管皆其職也元官隨處皆置提舉諸路打捕鷹房民匠皆有總管
府以理之亦不盡爲內務府之職故略而不載焉

明

（續文獻通考）明初設文思院等衙門掌造作諸事後裁革以其事歸工
部凡少府將作等監皆不設

（明史職官志）宦官十二監司禮監內官監御用監司設監御馬監神宮
監尚膳監尚寶監印綬監直殿監尚衣監都知監四司惜薪司鐘鼓司寶
鈔司混堂司八局兵仗局銀作局浣衣局巾帽局鍼工局內織染局酒醋
麪局司苑局所謂二十四衙門也其外有內府供用庫司鑰庫內承運庫
十庫甲字乙字丙字丁字戊字承運廣盈廣惠贓罰御酒房御藥房御茶
房牲口房刻漏房更鼓房甜食房彈子房靈臺絛作盔甲廠安民廠提督
東廠提督西廠織造市舶監督倉場不可勝紀

謹案明代初設少府後以其事歸工部而少府不設初工部屬官有將作監後改爲營繕所又有提督易州山廠掌督御用薪炭之事是工部屬中實有內務府都虞營造二司之職明初設宣徽院後改爲光祿寺以尚食尚醖二局隸之又移太常之供需庫隸之光祿又有孳牧所後改司牧司又增設司圃所孳牲所諸職是光祿所隸又兼有內務府掌儀慶豐二司之任然司供御者實不屬於部寺而歸之宦官蓋前代少府殿中宣徽諸職至明代始盡去之所立十二監四司八局庫房廠使紛紜不一各有提督太監掌印太監等員內而服食起居庫藏賞賚外而軍營廠獄礦關採辦無一不以宦官領之借端恣橫更迭盤踞久之而與參機密撓亂國是卒至太阿倒握威福下移宮闈之法度大紊而

國事遂不可爲自古供御之弊政未有甚于前明者也我

朝設綱定紀盡革前弊創立內務府爲萬世經常之法既分置各司以董

厥職並

特簡總管大臣綜理其事其諸衙門各有分守職任之重者皆
命大臣監理之小大綱維悉與周官職制相準彼漢唐以來少府殿中參差
更革散寄而無所統一者洵不足以比量萬一矣

國朝太監職制附

總管太監四品亦有以七品執守侍充者銜二曰宮殿監督領侍曰宮殿監正侍○副總管六品銜曰宮殿監副侍亦有係執守侍銜者○首領太監銜二曰執守侍七品曰侍監八品○副首領八品侍監亦有無品級者○筆帖式八品侍監惟敬事房有之○太監無品級

總管首領初定品級皆有正從雍正八年更定品級不分正從乾隆七年

定宮內等處太監官職以四品爲定永不加至三品以上

頒定則例七條宮殿監處分例十一條又凡例四條各處首領太監處分例十六條永遠遵守錢糧俱按現行則例內額數不許增添其錢糧之額以銀五錢米半斛爲等銀自每月八兩至二兩凡十三等米自每月八斛至一斛半凡十四等其人之數總管十四人副總管八人首領一百八十九人副首領四十三人筆帖式四人太監無定額順治年定制不過千餘人其職掌惟敬事房辦理宮內一切事務禮儀及承行內務府文移幷收納外庫錢糧其餘專掌隨侍守護承應洒掃坐更等事

謹案周禮閽者守中門之禁寺人掌女宮之戒設官分職咸備其數其以奄序官者惟內小臣爲上士注謂奄上士奄之賢者但言奄則府史之類然則成周之制於內臣未嘗不班之以爵也第限以上士不使踰越而所供惟飲食門闥之事斯百代之良規矣漢唐以降人主因其職在禁近漸加委任遂干政事履霜堅冰淪胥莫救數或逾萬爵至開府逮於前明其弊尤甚洪武中嘗禁內臣不得干預政事敕諸司毋與內官往來乃未幾命聶慶童往河州敕諭茶馬而中官奉使始此矣永樂中亦嘗諭一軍一民中官不得調發有私役工匠者立命逮治乃元年李興等齎敕勞暹羅國王而奉使外國始此矣三年命鄭和等率兵三萬行賞西洋古里滿剌加諸國而將兵始此矣八年敕王安等監都督譚青等軍馬靖巡視甘肅而監軍巡視又始此矣及洪熙元年以鄭和領下番官軍守備南京遂相沿不改敕王安鎮守甘肅而各省鎮皆設鎮守矣宣德四年特設文書房命大學士陳山授小內使書而太祖不

許識字讀書之制廢矣賜王瑾金英印記而與諸輔弼大臣同矣賜金
英范宏等免死詔則又無異勳臣之鐵券也英之王振憲之汪直武之
劉瑾熹之魏忠賢薰天灼手流毒無已神宗礦稅之使無一方不罹厥
害其他怙勢竊權不可勝紀而蔭弟蔭姪封伯爵公則尤撓官制之大
者愍帝初翦大憝中外頌聖既而鎮守出征督餉坐營等事無一不命
中官爲之而明亦遂亡矣我
國家內治修明宮政嚴肅
世祖章皇帝鑒古垂訓設立鐵牌裁定內官員數
列聖相承無不防微杜漸訓誡周詳凡諸內臣恪恭職守無稍踰越我
皇上鑒于
成憲親定規條所掌有常事所司有常地授爵以四品爲限而統以內務府大
臣正與周禮之領於天官者若合符節此
聖人治內之法所爲度越前代豈獨前明之秕政盪滌無餘也哉

欽定歷代職官表卷三十八

欽定歷代職官表卷三十九

內務府上駟院表

	上駟院卿
三代	校人中大夫
秦	
漢	
後漢	
三國	
晉	
宋齊梁陳	
北魏	
北齊	
後周	
隋	驊騮牧儀同大都督帥都督
唐	閑廄使總監飛龍使
五季	飛龍使
宋	羣牧司制置使
遼	總領內外廄馬局
金	尚廄局提點
元	羣牧所尚牧監
明	御馬監

堂郎中	堂主事
校人上士	校人下士
駿馬監長	駿馬監丞
魏乘黄廏令驊騮廏令總章戲馬監	
乘黄廏令驊騮廏令龍馬廏令	
龍廏內外廏令	驊騮廏丞
驊騮廏令龍牧曹	
驊騮廏令	驊騮廏丞
左右廏上士	
驊騮廏令	驊騮廏丞
騏驥院勾當官	
飛龍院使尙廏使	飛龍院副使尙廏副使
尙廏使	尙廏副使

	左司員外郎	左司主事
		牧師下士　庾人下士
	大廄未央家馬三令　龍馬閑駒槖泉騊駼丞華五監長　六廄令	大廄未央家馬五丞　龍馬閑駒槖泉騊駼丞華五監丞　六廄丞
	未央廄令　左駿廄令	長樂廄丞
	左龍署令	
	左龍署令	左龍署丞
	左廄中士	左廄下士
	左龍署令	左龍署丞
	左閑奉御	
	左天駟監官　左天廄坊監官	

右司員外郎	右司主事
圉師	圉師
右龍署令	
右龍署令	右龍署令
右廄中士	右廄下士
右龍署令	右龍署丞
右閑奉御	奉乘
右天駟監官 右天廄坊監官	

上駟侍衛	司鞍長
馭夫中士趣馬下士	馭夫下士
大廄未央家馬三尉	
驊騮署奉御左龍局右龍局都尉	驊騮署奉承直長
尚乘局奉御	尚乘局直長
	直長
	鞍轡庫官
	直長
	尚乘寺
奉御	

廄長牧長副牧長	蒙古醫生頭目
圉師圉人	巫馬下士
卒騶員吏	
閑長	
	獸醫
	上下監官
習馬小底	
掌廄都轄副轄	
司牧局大使	

內務府上駟院

國朝官制

上駟院兼管事務大臣無定員卿二人正三品由侍衛補授一人由內務府司官補授一人

掌總理

御廄事務供直扈從應用諸馬政皆總司之及廄屬官員選除賞罰之事初名

御馬監順治十八年改爲阿敦衙門以大臣侍衛等官管理無定員康熙

十六年改爲上駟院三十三年額設堂官一人雍正六年定爲三品卿職

乾隆十四年定爲卿二人所主有

上乘御馬一廄

皇子乘馬一廄

南苑御馬六廄

御騾二廄小馬一廄駑馬六廄

儀仗馬一廄又有大淩河牧羣上都達布遜諾爾達里岡崖牧羣各設有總

管翼領牧長牧副等員皆歸上駟院統轄

堂郎中一人主事二人委署主事一人左司右司員外郎各二人主事各一人委署主事各一人筆帖式二十二人

堂郎中主事掌辦理揀選補放及稽查馬匹錢糧文移檔案等事左司員外郎主事掌內外羣廄游牧處馬駝數目及定議賞罰之事右司員外郎主事掌員役俸廩馬駝草豆稽核奏銷之事康熙十六年設員外郎四人主事一人二十四年設郎中一人增設員外郎二人三十三年分爲左右二司增設主事三人三十八年裁員外郎二人五十九年設委署主事三人雍正元年增一人尋裁乾隆二十二年仍設委署主事三人筆帖式康熙十六年以來陸續增置

上駟侍衞二十一人司鞍長三人六品職銜廄長十七人牧長五人副牧長五人牧廄副四十五人蒙古醫生頭目三人六品職銜

上駟侍衞掌演習御馬廄長等官掌時其芻牧謹其出入以聽堂司之政

令康熙三十三年設辦理堂務上駟侍衞四人辦理二司事務各二人後增設七人乾隆二年增設六人廏長牧長以下康熙十六年以來陸續增置

歷代建置

三代

（周禮夏官）校人中大夫二人上士四人下士十有六人府四人史八人胥八人徒八十人掌王馬之政辨六馬之屬種馬一物戎馬一物齊馬一物道馬一物田馬一物駑馬一物凡頒良馬而養乘之乘馬一師四圉三乘爲皁皁一趣馬三皁爲繫繫一馭夫六繫爲廏廏一僕夫六廏成校校有左右駑馬三良馬之數麗馬一圉八麗一師八師一趣馬八趣馬一馭夫天子十有二閑馬六種○趣馬下士皁一人徒四人掌贊正良馬而齊其飲食簡其六節○牧師下士四人胥四人徒四十人掌牧地皆有厲禁而頒之○庾人下士閑二人史二人徒二十人掌十有二閑之政教以阜

馬佚特教駣攻駒○圉師乘一人徒二人掌教圉人牧馬○圉人良馬匹
一人駑馬麗一人掌養馬芻牧之事○馬質中士二人府一人史二人賈
四人徒八人掌質馬○巫馬下士二人醫四人府一人史二人賈二人徒
二十人掌養疾馬而乘治之相醫而藥攻馬疾受財于校人○馭夫中士
二十人下士四十人掌分公馬而駕治之〔注〕乘謂六種之馬
（春秋左氏昭七年傳）馬有圉牛有牧
（鄭康成周禮注）趣馬下士馭夫中士則僕人上士也（賈公彥疏）序官
無僕夫士數之文以此文官尊者馭卑者馭夫旣中士則僕夫上士可知
謹案成周馬政掌於夏官司馬自校人以下各司厥職曰掌王馬之政
曰掌十有二閑之政教蓋惟天子供御之馬以校人諸官掌之故鄭注
以王路駕種馬戎路駕戎馬金路駕齊馬象路駕道馬田路駕田馬駑
馬給宮中之役六馬之屬皆以天閑所牧養者爲職其他行軍田役所
需之馬則有邱甸出車之法掌自司徒而不爲校人以下之所隸屬是

校人諸官正今上駟院之職掌也通典諸書序馬官沿革校人諸職繫之太僕寺則以漢唐太僕皆兼主御馬因聯而及之今故以校人之職與太僕寺篇互見而證明其爲天閑之職掌者如此至馭夫掌馭應入鑾儀衛篇以其兼掌乘調六馬實與今之上駟侍衛相近而校人職中亦有數一馭夫之文是又爲馬政之屬官故亦從附見焉

秦

謹案通典稱秦官有太僕正太僕丞而後世之尚乘局自秦以來其職皆在太僕是御馬之職秦時必以太僕主之但其先汧渭牧馬見於史記駟驖騏馵詠于風詩而一代官制則史傳闕如略無可考故僅能指溯其大概而不可復詳焉

漢

〔漢書百官公卿表〕太僕屬官有大廄未央家馬三令各五丞一尉（師古曰家馬者主供天子私用非大祀戎事軍國所須故謂之家馬也）又龍馬閑駒橐泉騊駼承華五監長丞（如淳

曰槖泉廄在槖泉宮下　中太僕掌皇太后輿馬不常置也武帝太初元年更名家馬

爲挏馬應劭曰主乳馬取其汁挏治之味酢可飲因以名官也

〔漢書傅介子列傳〕介子以駿馬監求使大宛

〔王應麟玉海〕武帝以嚴安爲騎馬令主天子之騎馬傅介子爲駿馬監

金日磾拜馬監

〔三輔黃圖〕路軨廄在未央宮掌宮中輿馬亦曰未央廄漢書曰武帝時

期門郎上官桀遷爲未央廄令

謹案漢舊儀未央與路軨爲天子六廄之二則路軨廄非卽未央廄可

知三輔黃圖謂路軨廄亦曰未央廄似合而爲一豈因路軨廄在未央

宮遂得通名歟

〔三輔黃圖〕未央大廄在長安故城中漢官儀曰未央宮六廄長樂承華

等廄令皆秩六百石翠華廄大輅廄果馬廄騎馬廄大宛廄軛梁廄胡河

廄騊駼廄皆在長安城外霸昌觀馬廄在長安城外都廄天子車馬所在

中廏皇后車馬所在

謹案漢舊儀天子六廏未央承華騊駼騎馬輅軨大廏百官公卿表有家馬龍馬閑駒橐泉等名而三輔黃圖又載有翠華廏大輅廏果馬廏大宛廏軛梁廏胡河廏覊昌觀馬廏爲漢儀漢表所不及載可以補漢制之闕

〔玉海〕中廏令祕彭祖爲之

漢書百官公卿表水衡都尉屬官有技巧六廏令丞成帝建始二年省技巧六廏官

〔顏師古漢書注〕漢舊儀云天子六廏未央承華騊駼騎馬輅軨大廏也馬皆萬匹據此表太僕屬官已有大廏未央輅軨騎馬騊駼承華而水衡又云六廏技巧官是則技巧之徒供六廏者其官別屬水衡

〔劉攽漢書刊誤〕表敘水衡九屬官技巧六廏各一物也後省技巧六廏

顏遂謂此都是一官非矣蓋上林自有六廏一令丞主之後六廏等各別

有官非此六廏也

謹案漢御馬掌于太僕其屬官如諸牧苑令丞牧橐令丞等分主國馬別見于太僕寺表至如大廏未央騎馬閑駒等令丞則皆以御馬爲職是正今日上駟院之比而駿馬監騎馬令中太僕等官皆親近宮禁之職掌也惟史言六廏馬皆萬匹武帝承文景蓄積海內殷富廏馬有四十萬匹因發數十萬騎追擊匈奴則六廏之馬亦並以供行軍之用蓋其時國馬御馬總掌其成于太僕爲職不分故聯而及之也橐泉廏之在橐泉宮下大廏未央等六廏之主于水衡蓋各以其廏地牧地之所在屬之而其制又可考見矣顏師古以水衡之技巧六廏爲一官謂以技巧供六廏則如後世象馬舞馬之比劉攽以水衡別有六廏令丞非即太僕之六廏則技巧與廏令兩不相屬視顏義尤爲諦審焉

（後漢書百官志）未央廏令一人六百石本注曰主乘輿及廏中諸馬（漢官曰員吏七十人卒騶二十人）長樂廏丞一人（漢官曰員吏十五人卒騶二十人苜蓿苑官田所一人守之）舊有六廏

皆六百石令中興省約但置一廏後置左駿廏別主乘輿御馬後或併省

〔袁宏後漢紀〕靈帝初置騄驥廏丞領受郡國調馬而豪右辜擢馬一匹至二百萬

謹案後漢百官志但載未央長樂二廏名而騄驥廏之置丞獨見於此

〔古今注〕漢安元年七月置承華廏令秩六百后玉海引此今本古今注無之

謹案順帝紀漢安元年置承華廏東觀記曰時以遠近獻馬衆多園廏充滿始置承華廏東京賦云駙承華之蒲梢注廏名卽謂此也但攷張衡傳衡卒于永和四年下距漢安元年凡四年衡東京賦内已有承華之名則承華廏之設當在漢安元年之前矣順帝紀謂漢安元年始置承華廏豈舊有此廏至漢安元年始更新之而因以置令乎

〔杜佑通典〕東京有未央廏令掌乘輿及宮中之馬

謹案東漢裁六廏止存未央長樂一令一丞而左駿廏令或置或併蓋自光武卻駿馬以駕鼓車而廏置日省故主乘輿御馬之職其可考見

者止此其隸于太僕則與西漢並同至通典言未央廄令幷主宮中之
馬則中廄太僕亦其所兼掌矣

三國

（魏都賦）冀馬填廄而駔駿（注）鄴城西下有乘黃廄

（通典）魏官第九品總章戲馬監

（唐六典）漢未央令魏改爲乘黃廄乘黃古之神馬因以爲名

（通典）漢有未央廄令魏改爲驊騮廄

謹案魏改東漢之未央廄令爲乘黃署爲驊騮廄乘黃以神馬爲名實
兼主乘輿車輅故互見于鑾儀衞篇驊騮廄爲後代龍廄內廄之所自
始而晉宋以後遂分屬門下省則正上駟院之職也總章戲馬監不詳
職掌要爲親近供御之馬矣

晉

（晉書職官志）太僕統乘黃廄驊騮廄龍馬廄等令自元帝渡江之後或

省或置太僕省故驊騮爲門下之職

謹案晉制以太僕兼掌御馬與漢魏同其龍馬廄承漢制而乘黃驊騮則承魏制也通典言宋以後驊騮爲門下之職今考晉書所載自渡江省太僕而驊騮改隸是分屬門下固始于東晉時矣

宋齊梁陳

〔宋書百官志〕驊騮廄丞一人

〔通典〕自宋以後分驊騮署屬門下

〔齊職儀云〕乘黃獸名也龍翼馬身黃帝乘之而仙因以名廄乘黃令品第七秩四百石

〔唐六典〕齊門下領內外驊騮廄

〔隋書百官志〕梁制門下省掌驊騮廄丞

〔通典〕梁太僕統龍廄內外廄陳因之

謹案江左以驊騮廄隸門下而梁陳仍有龍廄內外廄屬於太僕蓋晉

宋省太僕以梁仍置爲卿于是御馬之職分屬於門下與太僕也

北魏

〔洛陽伽藍記〕劉騰寺東有太僕寺寺東有乘黃署

〔册府元龜〕魏太僕有驊騮廄令

〔通典〕魏官從八品驊騮左右龍諸署令

〔册府元龜〕後魏獻文帝時呂文祖以勳臣子補龍牧曹奏事中散

謹案史稱魏置野馬苑于雲中置牧地於河西馬三百餘萬匹牧馬之盛無如後魏至御馬之職則仍以太僕之驊騮龍署主之蓋承西晉之制而所云龍牧曹殆卽龍署令之職與

北齊

〔隋書百官志〕後齊制太僕寺統驊騮左右龍等署（掌御馬及諸鞍乘）令丞驊騮署又有奉承直長二人左龍署有左龍局右龍署有右龍局並有都尉

〔通典〕北齊有驊騮左右龍等署驊騮署有奉御十人管十二閑馬

謹案齊與魏同制其左右龍蓋如今之左司右司驊騮署之奉御則如今之上駟侍衞也

後周

〔通典〕後周官正三命夏官左廄右廄上士正二命夏官左廄右廄中士正一命夏官左廄右廄閑長下士

〔唐六典〕典牧署後周有左廄右廄上士

謹案後周官制皆取法于成周其典廄之屬于夏官者有士三等而校人中大夫則未有其職意者史文脫略遂不可考歟左廄右廄之所典蓋兼王馬與國馬故今與太僕寺篇並見焉

隋

〔隋書百官志〕太僕寺統驊騮龍廄等署各署令二人丞二人驊騮牧置儀司及尉大都督帥都督等官煬帝減驊騮署入殿內尚乘局改龍署曰英廄署○尚乘局奉御二人正五品置左右六閑有直長十四人

〔通典〕驊騮左右龍等署隋如北齊○大業三年分門下太僕二司取殿內監名以爲殿內省領尙乘等局（領左右六閑及諸閑）每局置奉御二人以總之置直長以貳之

謹案隋初以驊騮署隸太僕後改爲尙乘局入殿內而隸于門下省其所掌爲左右六閑正爲供御之職而又併入于諸閑則所隸又廣矣通典言隋太僕制如北齊則史所謂龍署者固亦有左右龍之分掌也至驊騮牧置儀同都督等官則與今上駟院之設爲卿職者亦髣髴相近故並著焉

唐

〔舊唐書職官志〕殿中監尙乘局奉御二人（從五品上）直長一人（正七品下）奉乘十八人（正九品下）司庫一人（正九品下）司廩二人（正九品下）書令史一人書吏十四人奉御掌內外閑廄之馬辨其麤良而率其習馭直長爲之貳（一曰左右飛黃閑二曰左右吉良閑三曰左右騊駼閑五曰左右駃騠閑六曰左右天苑閑開元時仗內六閑曰飛龍祥麟鳳苑鵷鸞吉良六羣等號六廏馬）凡秣馬給料以

時爲差凡外牧進良馬印以三花飛風之字而爲志奉乘掌稾秸出納獸醫掌療馬病初尚乘局掌六閑馬後置內外閑廏使專掌御馬開元初以尚乘局隸閑廏使乃省尚乘其左右六閑及局官並隸閑廏使領之也進馬舊儀每日尚乘以廏馬八匹分爲左右廂立于正殿側宮門外候仗下即散若大陳設即馬在樂懸之北與大象相次進馬二人戎服執鞍侍立于馬之左隨馬進退雖名管殿中其實武職用資蔭簡擇如千牛備身天寶八載李林甫用事罷立仗馬亦省進馬官十二載楊國忠當政復立仗馬及進馬官乾元復省上元復置也

（通典）隋置尚乘局唐因之增置奉御四人龍朔二年改爲奉駕大夫咸亨元年復舊掌六閑馬開元中減二人先是別置廏使因隸焉猶屬殿中武后萬歲通天二年五月置仗內閑廏令殿中丞袁懷哲檢校至聖曆二年改爲少監閑廏使自後他官相循爲之直長隋置十四人唐減四人

（雍錄）飛龍廏後苑有驥德院所在韋后入飛龍廏蓋自元武門出宮入廏也

（玉海）貞觀十三年三月吉良廏產白馬朱騣

謹案山海經犬戎之國有文馬縞身朱鬣目若黃金名曰吉彊彊或作良乘

之壽千歲唐有左右吉良閑義昉于此

〔冊府元龜〕肅宗至德二年詔園苑內有閑廏使總監各據所管地界耕種收草粟以備國馬○代宗大曆十四年復置廏馬隨仗於月華門○文宗開成元年以飛龍使馬二百匹賜京兆府充給諸驛○四年飛龍進請監牧馬一歲馬二千七百匹

謹案自秦漢以來馬政皆主于太僕惟東晉宋齊或省太僕則以隸于門下至梁陳仍以太僕卿主之其驊騮廏之改隸殿內省自隋始而唐則仍之但隋改驊騮爲尚御尚由殿內以隸于門下省唐則殿中自爲立省不隸門下于是御馬之制既不復繫屬於大僕門下而專爲殿中省之專司與今日上駟院之專隸于內務府者法意較爲相近唐又嘗置閑廏使屬殿中而以尚乘奉御隸之又嘗罷尚乘而以內外閑廏使專主其事總之皆爲殿中之屬稍有變更而其制不大相殊也至其後領閑廏者多爲左右親暱之人不必盡以殿中掌領于是有控鶴監有

控鶴左右監後改爲天驥府又改爲奉宸大夫見通典則非經常之制不足備列至文宗時又有飛龍廄使不言所隸何省蓋亦專司御馬之職也

五季

（冊府元龜）後唐明宗卽位以康福爲飛龍使○長興元年分飛龍廄爲左右以小馬坊爲右飛龍院○後周顯德二年詔飛龍院馬有病患老弱可送同州沙苑監衞州牧馬監以盡其飲齕之性

謹案五季廢省諸卿殿中奉御之職皆所不設惟飛龍使仍唐之舊爲御馬之職冊府元龜又載天成二年宰臣任圜奏藩牧臣寮每正至慶賀例皆進馬備乘奉于帝車資駔駿於天廄道途之役護養爲難請改貢綾絹金銀隨土產折進馬之直兼請別選孳生馬分置監牧敕從之是天成以後供奉之馬亦並散隸於諸牧監中矣

宋

（馬端臨文獻通考）宋太僕寺邦國廄牧之政令分隸羣牧司騏驥院本寺但掌天子五輅元豐改官制置卿少卿丞主簿掌車輅廄牧馬政之令所隸官司騏驥院左右天駟監掌養國馬鞍轡庫掌御馬鞍轡及給賜臣下上下監掌治療馬病元祐初置左右天廄坊紹聖初置孳生監中興後廢太僕併入兵部○宋有羣牧司制置使以樞密使副爲之掌內外廄牧之事周知國馬之政而察其登耗左右騏驥院勾當官各三人以諸司使副及內侍充掌牧養國馬以供乘輿及頒賜王公羣臣蕃夷之用天駟左右四監監官各一人左右天廄坊監官各一人牧養上下監官各一人並以三班使臣充○兵部駕部建炎三年併太僕寺隸焉太僕有騏驥車輅二院左右騏驥院監官二員以武臣充掌司國馬總教駿四指揮之衆以養餵諸馬○宋制殿中省尚乘歸騏驥院內鞍轡庫

宋會要左右飛龍院與國五年改名天廄院雍熙二年十月丙辰改爲左右騏驥院左右各領天駟四二監天廄一坊舊制國馬之政皆騏驥二院監

官專之

謹案宋御馬之掌始終更易凡三其初爲羣牧司制置使所轄有左右騏驥院天駟左右四監左右天廏坊等官則並掌於樞密院副使元豐定官制以後始改隸于太僕寺卿官屬有十而騏驥等院隸焉中興以後又廢太僕改隸于兵部之駕部有騏驥車輅二院然職司雖存月遣司官一至而已是始終三變而其職益輕也其他則有河南飛龍院大名養馬務諸職蓋皆羣牧司之所掌至于殿中省六尚之局獨裁去尚乘而以其事歸騏驥院此與前代互異之大概也

遼

（遼史百官志）遼北面著帳官承應小底局習馬小底○諸廏官尚廏使尚廏副使○飛龍院飛龍使飛龍副使○總領內外廏馬局總領內外廏馬○南面官殿中司尚乘局奉御

謹案遼有諸路羣牧使司職主馬政爲今太僕寺之掌其北面官之尚

廄飛龍等使自爲御馬之職而總領內外廄則又總其事而兼轄之者也南面又有太僕寺官但既有殿中司之尚乘局則太僕寺所掌自不與御馬相關故不復載焉

金

（金史百官志）殿前都點檢司尚廄局提點正五品副使從六品掌御馬調習牧養以奏其事大定二十九年添副使一員管小馬羣　直長一員司馬牛羣掌廄都轄正九品不限員　副轄從九品不限員數資考

謹案金代馬政皆轄于羣牧司唯尚廄局提點屬于殿前都點檢猶前代殿中奉御之職蓋用遼制而名之曰尚廄也其所掌爲御馬之調習牧養而併供其事是正今日上駟院之職也

元

（元史百官志）太僕寺秩從二品中統四年設羣牧所至元十六年改尚牧監十九年又改太僕院二十年改衛尉院二十四年罷院立太僕寺又

別置尚乘寺以管鞍轡而本寺止管阿都齊（滿洲語牧馬人也原作阿塔思今改正）馬
〔蘇天爵經世大典序錄〕太僕典御馬太廟祀事及諸寺影堂用乳酪則供牝馬駕仗及宮人出入則供上乘馬供上及諸王百官挏乳取黑馬乳以奉王食謂之細乳諸王百官者謂之粗乳

謹案元史所載馬政官制頗爲簡略其太僕寺由羣牧所改設而兼典御馬是今太僕上駟二職在元皆爲太僕寺之掌今故與太僕寺篇互見至尚乘寺特設爲卿而專管鞍轡近於今鑾儀衛武備院之職茲故不復載焉

明

〔明史職官志〕宦官十二監御馬監掌印監督提督太監各一員騰驤四衛營各設監官掌司典簿寫字騖馬等員象房有掌司等員
〔明會典〕馬政有太僕苑馬寺專理而統於兵部若內廄馬匹則領於御馬監部寺不得與云

（王圻續文獻通考）吳元年設御馬司司正（正五品）副（從五品）洪武二年置御馬司正一人副二人十七年御馬監設令一人（正七品）丞一人（從七品）司牧局設大使一人（正九品）皆於內官內選用二十八年御馬監設太監一人（正四品）左右少監各一人（從四品）左右監丞各一人（正五品）典簿一人（正六品）又設長隨奉御（正六品）

謹案列代御馬之名其沿革皆可詳考自成周時王馬掌於校人十有二閑上應天駟其職重矣秦漢以後皆立太僕以專其政則王馬國馬咸並掌之而漢之槖泉未央及水衡之六廄孳牧漸廣當時任其職者皆以士大夫親近用事者爲之與衛尉少府並重後漢省六廄惟置未央一廄又兼主乘輿車輅其馬政視前漢爲較省自魏有驊騮廄而晉以下因之其後遂爲門下之職與太僕之龍廄並列至隋而始立尚乘奉御專屬于門下之殿內省至唐而殿中監尚乘局並爲特設又不與門下相屬而太僕遂不復主御馬之政宋之騏驥天駟院由羣牧司而

改隷太僕由太僕而改隷兵部而羣牧司之勾當官已有以內侍充其職者矣遼金尚廄諸使或領于北面著帳官或領于殿前都點檢司而元則仍歸其職于太僕此列代建置之大概也迨至明代兵部太僕寺苑馬寺皆有牧場孳育而御用之馬則別設內監專以宦官主之凡諸調習供奉士大夫不得與聞其事蓋自明初定制已然其於成周綴衣虎賁休茲知恤侍御僕從罔非正人之義渺無復存視列代之列於卿監掌於朝官者法制皆爲不逮矣我

朝初改御馬監爲阿敦衙門後易爲上駟院定爲三品卿職設郎中員外主事等官以分司其職而仍統之以大臣所以慎重閑駟馴養而服習之法制至爲詳備云

欽定歷代職官表卷三十九

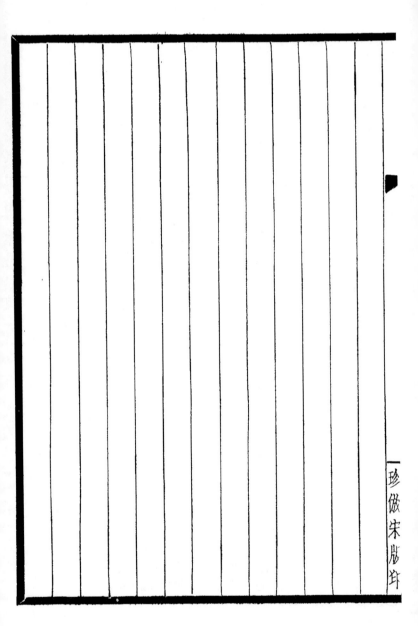

欽定歷代職官表卷四十

內務府奉宸苑表

	奉宸苑卿	奉宸苑郎中員外郎主事
三代		囿人中士下士
秦		
漢	水衡都尉	鈎盾令丞 水衡都尉五丞
後漢	水衡都尉	鈎盾令丞 永安丞
三國	都水使	
晉		鈎盾令
宋齊梁陳		
北魏		
北齊		鈎盾令
後周		掌禽 掌圃 掌囿 中士下士
隋	苑總監	苑副監 鈎盾令丞
唐	諸宮苑總監	諸宮苑副監丞 鈎盾令丞
五季		
宋	四園苑提舉監官	宮苑司勾當官 後苑勾當官
遼	上林署詳袞都監	
金		宮苑司令丞
元		
明	上林苑監正	上林苑監副 監丞 司苑局

各園苑郎中員外郎主事	苑丞 苑副
囿人中士下士	司獸
上林御羞禁圃輯濯等令衡官水司空都水甘泉上林都水等令	上林御羞禁圃輯濯等丞尉衡官水司空都水甘泉上林都水等丞
上林苑令濯龍監直里監	苑中丞果丞鴻池丞南園丞上林苑丞尉
靈芝園監上林苑令	
華林苑令	鄴元武苑丞
上林苑令	上林苑丞樂遊北苑丞
清漳華林等署令上林苑令	清漳華林等署丞上林苑丞
華林署上林署令苑四面監	華林署上林署丞
上林署令諸園苑監四面監副監	上林署丞諸園苑丞
	丞
上林署提點令花木局都監同監同樂園管勾	上林署丞
上林署令花園管勾	上林署丞
	良牧蕃育林衡嘉蔬四署典署署丞

庫掌催長	筆帖式	織染局員外郎
		典絲染人掌染草下士
		平準令
上林嗇夫		東織西織令丞織室令丞平準令丞
		平準令丞
	書令史	平準令
		平準令丞
		平準令丞染署令丞平水令丞
		平準令丞司染署令丞
		司色司織下大夫
諸署監事諸宮苑主簿掌固典事	府史錄事	織染署令丞
		染院監官
上林等署直長		織染署令丞
上林署直長稻田提領所		
	錄事典簿	內織染局

司庫庫使	司匠領催	筆帖式
織綵織組中士下士	染工上士中士	
織染署掌固	織染署典事	府史
織染署直長		

內務府奉宸苑

國朝官制

奉宸苑兼管事務內大臣無定員卿二人正三品由侍衛補授一人內務府司官補授一人

掌總理苑囿事務及本苑職官遷授陞除之事初

景山

瀛臺事務屬尚膳監康熙十年以內務府總管管理十六年歸併都虞司二

十三年設立奉宸苑仍以內務府總管管理印信雍正六年設奉宸苑堂

官定爲三品卿職乾隆十四年定爲卿二人所隸有

景山

瀛臺長河

玉泉山稻田廠

南苑

圓明園

暢春園
清漪園等處事務
郎中二人員外郎四人主事一人委署主事一人苑丞十三人初正八品乾隆三十六年定爲
六品職銜食八品俸筆帖式十五人
玉泉山稻田廠庫掌一人正六品筆帖式三人
郎中主事掌本苑題奏咨行補授職員之事員外郎掌分管各處園囿河道事務苑丞掌看守直宿陳設器皿之事稻田廠庫掌掌辦理稻田蒔種儲藏之事郎中康熙三十三年設一人乾隆十六年設一人員外郎主事康熙二十三年設委署主事四十年設雍正十二年裁乾隆二十二年仍設初設催總二人雍正二年以後陸續增設乾隆十七年改名總領二十四年改爲苑丞筆帖式
國初以來先後增置
南苑郎中一人員外郎二人主事一人委署主事一人苑丞三人苑副六人正八

品
筆帖式五人
郎中員外郎主事掌本苑官職陞除及分管九門草甸圍牆樹木牲獸之事苑丞苑副掌看守直宿陳設器皿諸事初屬內監管理順治十八年屬採捕衙門康熙二十三年歸併奉宸苑員額順治十八年以來先後增設

圓明園管理事務大臣無定員郎中一人協理事務郎中一人主事一人委署主事一人苑丞六人六品苑副十七人七品五人八品六人九品六人筆帖式九人掌庫二人六品一人七品一人

長春園熙春園綺春園春熙院管理事務員外郎一人苑丞三人六品二人七品一人苑副九人七品八品九品各三人筆帖式四人

暢春園管理事務郎中一人苑丞四人六品一人七品三人苑副六人署苑副十六人筆帖式六人

清漪園靜明園靜宜園管理事務員外郎各一人苑丞九人正六品苑副十人七品八人八品二人筆帖式四人學習筆帖式二人催長二人八品一人未入流一人

郎中員外郎等官分掌園庭事務職守與本苑司官同

圓明園額雍正三年以來先後置設

暢春園額康熙年間定

清漪園額乾隆十六年以來陸續增定

織染局員外郎無定員由總管大臣奏委司庫一人筆帖式三人庫使六人司匠二人

領催二人

掌織造

上用段紗染綵繡繪之事順治十八年設康熙三年歸內務府管理乾隆十

六年移織染局於

萬壽山初設員外郎一人乾隆十六年裁以

萬壽山總理大臣兼管其辦事員外郎由該大臣奏委司庫以下員額康熙

三年以後陸續增定

歷代建置

三代

（周禮地官）囿人中士四人下士八人府二人胥八人徒八十人掌囿游之獸禁（鄭康成注）囿游囿之離宮小苑觀處也養獸以宴樂視之禁者其蕃衛也牧百獸（注）備養衆物也今掖庭有鳥獸自熊虎孔雀至於狐狸鳧鶴備焉（賈公彥疏）古謂之囿漢家謂之苑

（周禮天官）閽人王宮每門四人囿游亦如之（注）囿御苑也游離宮也

（詩大雅靈臺）王在靈囿麀鹿攸伏麀鹿濯濯白鳥翯翯王在靈沼於牣魚躍（毛萇傳）囿所以域養禽獸靈囿言靈道行於囿也

（晉語）文王詢於八虞（注）周八士皆在虞官伯達伯适仲突仲忽叔夜叔夏季隨季騧

（賈誼新書）騶者文王之囿虞者囿之司獸

謹案天文志言天苑十六星在昴畢南爲天子之苑囿劉向說苑有黃帝即位鳳集東囿之文淮南子泰族訓云湯初作囿以奉宗廟鮮士卒習射御戒不虞蓋苑囿之由來久矣苑囿既設則必立官以司之此周

禮囿人之所爲制也囿游之禁屬地官而閽人每門四人仍屬於天官蓋牧養禽獸之苑皆必有離宮禁宇以爲游息之所故嚴其門禁而特置閽人所以重其職掌也考周囿莫著於靈臺而騶虞之詩漢初諸儒或以爲園騶之虞官是司獸而非卽獸也然則文王司囿之官實名爲虞晉語文王詢於八虞是其證也考詩正義引詩譜堯時有伯翳者實皋陶之子佐禹治水土旣平舜命作虞官掌上下草木鳥獸然則堯時已有虞官不始於文王矣文王仍襲虞官舊名至成王時而始名爲囿人其說蓋可並存之以備參考焉

（周禮天官）染人下士二人府二人史二人徒二十人掌染絲帛凡染春暴練夏纁玄秋染夏冬獻功掌凡染事〇典絲下士二人府二人史二人賈四人徒二十人掌絲入而辨其物以其賈楬之

（周禮地官）掌染草下士二人府一人史二人徒八人掌以春秋斂染草之物以權量受之以待時而頒之

謹案列代皆有織染之官而實始於成周之典絲染人蓋黼黻絺繡玄纁織縞自禹夏時已重其章采而設官則始見於周時我

朝內府廣儲司之六庫已有衣段織造等官而內織造局特移設於

萬壽山設員外郎等職而總轄於園苑大臣蓋因地設宜實爲

聖朝之剏制故詳序列代織染之官於篇中而仍以成周之染人爲始焉

秦

〔韓非子〕秦應侯請曰五苑之草著蔬菜橡果棗栗足以活民請發之

〔左傳〕鄭有原圃猶秦之有具囿

〔三輔黃圖〕漢上林苑卽秦之舊苑也

〔長安志〕上林苑本秦舊苑也

〔雍錄〕東方朔傳曰武帝東游宜春師古曰宜春宮也在長安城東南上林賦曰息宜春師古曰宮名在杜縣東卽唐曲江也揚雄傳武帝東游宜春師古曰宜春近下杜也史記秦紀曰子嬰葬二世杜南宜春苑司馬相

如從武帝至長楊獵還過宜春奏賦以哀二世其賦曰臨曲江之隑州望南山之參差師古曰曲岸之洲曲江也故賦末云弔二世持身之不謹兮墓蕪穢而不修也參數者言之則二世之所葬相如之所賦漢之曲洲唐之曲江皆此下杜之宜春也下杜即杜縣曲江宜春去杜縣近去下杜遠此凡及曲江宜春宮皆云下杜當是地屬下杜不屬杜陵耶其苑若宮皆秦創而漢唐因之也

（杜佑通典）秦置平準令掌知物價及主練染作彩色

謹案秦苑囿之官史傳未見韓非子載秦有五苑亦未詳其何名惟左傳載秦之具囿三輔黃圖長安志載秦之上林苑雍錄載秦之宜春苑今摭錄以存其大概秦平準令兼主練染爲後世染令之所由昉故首列之

漢

漢書百官公卿表少府屬官上林中十池監又鉤盾令丞

謹案三輔黃圖上林苑有初池麋池牛首池蒯池積草池東陂池西陂池當路池太臺池郎池郤百官公卿表所云上林中十池也而初學記又云漢上林有池十五所承靈昆靈天泉龍魚蒯菌鶴西陂當路東陂太一牛首積草舍利百子三輔黃圖不載承靈昆靈天泉龍魚菌鶴太一舍利百子初學記不載初池太臺池各有異同至漢表但載十池監其十五所或以十監統之歟

（漢書張釋之列傳）從上登虎圈問上林尉禽獸簿不能對虎圈嗇夫從旁代尉對甚悉文帝詔釋之拜嗇夫爲上林令釋之以爲不可乃止不拜

（漢書百官公卿表）水衡都尉應劭曰古山林之官曰衡掌諸池苑故稱水衡張晏曰主都水及上林苑故曰水衡主諸官故曰都有卒徒武事故曰尉師古曰衡平也主平其稅入武帝元鼎二年初置掌上林苑有五丞屬官有上林均輸御羞禁圃輯濯鍾官技巧六廄辨銅九官令丞如淳曰御羞地名也在藍田其土肥沃多出御物可進者揚雄傳謂之御宿三輔黃圖御羞宜春皆苑名也輯濯船官也鍾官主鑄錢官也辨銅主分別銅之種類也師古曰御羞在今長安城南御宿川羞宿聲相近故或曰御羞或曰御宿羞者羞珍所出宿者止宿之義輯濯皆所以行船也六廄說見上騶院

篇又衡官水司空都水農倉又甘泉上林都水七官長丞皆屬焉上林有八丞十二尉均輸四丞御羞兩丞都水三丞禁圃兩尉甘泉上林四丞成帝建始二年省技巧六廏官王莽改水衡都尉曰予虞○步兵校尉掌上林苑門屯兵

謹案三輔黃圖御宿苑在長安城南御宿川中漢武爲離宮別館禁禦不得人往來游觀上宿其中故曰御宿御羞之當作御宿黃圖疏義甚明故漢書元后傳夏游御宿鄠杜之閒亦作御宿可證羞宿之以音相誤也

〔史記平準書〕初大農筦鹽鐵官布多置水衡欲以主鹽鐵及楊可告緡錢上林財物衆乃令水衡主上林

〔三輔黃圖〕舊儀曰上林有令有尉禽獸簿記其名數又有上林詔獄主治苑中禽獸宮館之事屬水衡

謹案漢制少府有上林十池監文帝時有上林尉虎圈嗇夫至武帝別

設水衡都尉專主上林苑設官遂以漸廣考水衡所掌不獨園苑自禁錢農倉珍羞廄牧鼓鑄皆其職守而統係之以上林苑苑職有水衡鄉諸令丞而又有步兵校尉掌苑門之屯兵至少府之鉤盾令主近苑囿則以近在宮門左右故不隸水衡我

朝定制內外苑囿皆設司官專理而統之以奉宸苑卿蓋合漢少府水衡所屬而歸於一職也

〔王應麟玉海〕織染署漢織室掌供冠冕組綬

謹案自隋代合織室染署為一官在漢則東西織屬少府平準屬大農其職不相兼理蓋亦沿秦之舊制也

〔後漢書百官志〕少府屬官鉤盾令一人六百石本注曰宦者典諸近池苑囿游觀之處丞永安丞各一人三百石本注曰宦者永安北宮東北別小宮名有園觀苑中丞果丞鴻池丞南園丞各一人二百石本注曰苑中丞主苑中離宮果丞主果園鴻池池名在雒陽東二十里南園在雒水南

濯龍監直里監各一人四百石本注曰濯龍亦園名近北宮直里亦園名也在雒陽城西南角

（通典）鉤盾令宦者典諸近園苑游觀之事屬少府後漢亦有之

（張衡東京賦）奇木珍果鉤盾所積

謹案昭帝紀耕鉤盾弄田弄田屬之鉤盾則以鉤盾主苑囿故也成帝紀云未央宮鉤盾中則鉤盾在未央宮矣故五行志謂鉤盾禁中也陳咸傳咸爲少府少府多寶物咸皆鉤校官屬及諸中宮黃門鉤盾掖庭官吏舉奏按論畏咸皆失氣鉤盾與黃門諸官並舉則以其在未央宮切近之地也後漢志鉤盾令其所屬有鴻池丞鴻池在雒陽東二十里南園丞南園在雒水南有直里監直里園在雒陽城西南角鉤盾之兼轄諸地蓋令居禁中統遠近也

（後漢書百官志）上林苑令一人六百石本注曰主苑中禽獸頗有民居皆主之捕得其獸送太官丞尉各一人

〔通典〕後漢平準令丞隸入司農熹平四年改平準爲中準使宦者爲之

列於內署自是諸署悉以閹人爲令丞

謹案後漢罷水衡都尉之官置上林苑令屬之司農爲歷代上林令之

所自昉而少府鉤盾令之所統轄視西漢爲頗廣蓋水衡雖廢而其職

掌則未嘗不存至平準之改爲中準以宦者爲之則又少變前漢之法

度也

三國

〔通典〕魏官第四品都水使者第七品都水參軍靈芝園監第八品都水

使者令史第九品都水使者書令史

〔唐六典〕上林苑令主苑中禽獸魏因之

〔通典〕漢之水衡都尉本主上林苑魏氏主天下水軍舟師器械○魏少

府屬官有平準令

謹案魏苑囿置官承漢之舊亦名之爲上林苑令至漢之水衡都尉始

改爲都水使者主水軍舟船器械不專以苑囿爲職自是而後都水一
官始別爲河渠水利而設矣鉤盾令於魏無聞其平準之屬少府則猶
漢制也又考魏都賦苑以玄武陪以幽林注云玄武苑在鄴城西又魏
志文帝黃初四年冬甘露降芳林園臣松之案芳林園卽華林園齊王
芳卽位改爲華林故晉書百官志有華林苑令鄴玄武苑丞皆承魏苑
囿之名而設令丞豈魏本自有華林玄武令丞而晉因之乎抑魏之華
林玄武亦統攝于上林苑令乎又考吳都賦數軍實乎桂林之苑注吳
有桂林苑南朝宮苑記桂林苑在洛星山之陽南苑在臺城南鳳凰山
然則吳又有桂林苑南苑之名當時必有苑官令不可考矣

晉

（晉書百官志）光祿勳統華林園等令○大鴻臚統華林園鉤盾等令又
有鄴玄武苑丞○少府統平準等令

（通典）上林苑丞晉因之江左無聞

謹案晉志園苑之職光祿鴻臚皆有華林園令鴻臚又有鄴玄武苑丞而瓊圃靈芝等園不與焉蓋皆統轄于華林令也通典又稱上林苑令晉與漢同而史志無之意卽華林之誤稱歟

宋齊梁陳

〔宋書百官志〕上林令一人丞一人漢西京上林中有八丞十二尉十池監丞尉屬水衡都尉池監隸少府漢東京曰上林苑令及丞各一人隸少府晉江左闕宋世祖大明三年復置隸尚書殿中曹及少府〇平準令一人丞一人掌染漢隸司農不知何世隸少府宋順帝卽位避帝諱改曰染署

〔通典〕上林苑令丞宋初復置齊因之〇平準令宋惟掌染改曰染署齊又曰平準

〔隋書百官志〕梁制司農卿視散騎常侍主上林令又管樂游北苑丞〇光祿卿統華林等令

〔通典〕上林苑令丞梁陳屬司農○平準署梁陳則曰平水令丞○晉大鴻臚有鈎盾令自後無聞

謹案晉江左無上林苑令丞至宋初復設而齊梁陳因之唯宋齊則統于殿中監及少府梁陳則屬于司農斯爲小異諸代皆有華林苑令梁屬光祿與晉制同以梁制推之知齊陳之皆屬光祿矣宋改平準爲染署梁陳則復其舊要皆司農之屬官也

北魏

〔洛陽伽藍記〕建春門內御道南有勾盾典農藉田三署

謹案後魏官氏志有光祿鴻臚司農少府等官而不詳其所領之屬勾盾署僅見於洛陽伽藍記而苑令織染諸署皆不見于史考隋書百官志言北齊制官多循後魏則齊之所有當亦魏之所有今以史無明文故並缺之

北齊

（隋書百官志）後齊光祿寺統清漳華林等署諸令丞〇司農寺掌園地果實統平準太倉等署諸令丞〇太府寺統司染等署諸令丞

（通典）北齊官正六品平準署令從九品華林署令

（唐六典）上林苑令梁陳屬司農北齊亦然

（通典）鉤盾令北齊如晉制

謹案北齊上林華林鉤盾等署與晉制皆同自魏廢少府立太府而少府屬官分在司農太府之屬齊蓋因之而不改也

後周

（通典）後周正四命冬官司色司織等下大夫正三命天官染工上士冬官小司色小司織等上士正二命天官染工中士地官掌禽掌囿掌圃等中士冬官織絲織組等中士正一命地官掌囿掌圃等士冬官織絲織組等下士

謹案後周設官用周制故掌囿掌圃屬于地官染工屬于天官其以司

色司織屬冬官者則以考工記有攻皮之工設色之工故從而隸之今以其與織染相近故並採錄焉

隋

（隋書百官志）司農寺統平準鈎盾華林上林等署令丞後罷華林署以平準隸太府○太府寺統司染署令丞後分入少府○少府監統司織司染等署後併司織司染爲織染署

（唐六典）鈎盾令隋如北齊

（通典）苑總監自隋而置東西南北各有監及副監掌苑內宮館園池之事

謹案隋於上林華林諸署外又設苑總監副監分東西南北四面監此因事增設前代所未有也隋又有都水臺承漢之水衡都尉而設其所掌舟檝河渠不主園苑之務故不復錄少府之司織司染併爲織染署自是而平準令專主管市易不復掌染故隋以後亦不更列焉

唐

（唐書百官志）司農寺上林署令二人從七品下丞四人從八品下掌苑囿園池植果蔬以供朝會祭祀及尚食諸司常料季冬藏冰千段先立春三日納之冰井以黑牡秬黍祭司寒仲春啓冰亦如之監事十人（有府七人史十四人典事二十四人掌固五人）鉤盾署令二人正八品上丞四人正九品上監事十人掌供薪炭鵝鴨蒲藺陂池藪澤之物以給祭祀朝會饗燕賓客（有府七人史十四人典事十七人掌固五人）○慶善石門温泉湯池等監每監監一人從六品下丞一人正七品下掌湯池宮禁防堰及偫粟芻修調度以備供奉王公以下湯館視貴賤爲差凡近湯所潤瓜蔬先時而熟者以薦陵廟（有錄事一人府一人史二人掌固四人）

京都諸宮苑總監監各一人從五品下副監各一人從六品下丞各二人從七品下主簿各二人從九品下掌苑內宮館園池禽魚果木凡官屬人畜出入皆有籍（有錄事各二人府各八人史各十六人亭長各四人掌固各六人獸醫各二人）京都諸園苑監苑四面監監各一人從六品下副監各一人從七品下丞各二人正八品下

掌完葺苑面宮館園池與種蒔蕃養六畜之事顯慶二年改青城宮監曰東都苑北面監明德宮監曰東都苑南面監洛陽宮農圃監曰東都苑東面監倉貨監曰東都苑西面監有錄事各一人府各三人史各六人典事各六人掌固各六人九成宮總監監一人從五品下副監一人從六品下丞一人從七品下主簿一人從九品上掌修完宮苑供進鍊餌之事有錄事一人府三人自監以下品同宮苑武德初改隋仁壽宮監曰九成宮監

長安志禁苑在宮城之北長安故城亦隸苑中有四面監南面為長樂監北面有漢故城謂舊故宅監東西面各以本方為名分掌宮中種植及修葺園苑等又置苑總監都統之皆隸司農寺

（唐書百官志）織染署令一人正八品上丞二人正九品上掌供冠冕組綬及織紝色染錦羅紗縠綾紬絁絹布皆廣尺有八寸四丈為疋布五丈為端綿六兩為屯絲五兩為絇麻三觔為緵凡綾錦文織禁示於外高品一人專涖之歲奏用度及所織監作六人有府六人史十四人典事十一人掌固五人

（雍錄）唐大內有三苑西內苑也東內苑也禁苑也三者皆在兩宮之北

而有分別西內苑並西內太極宮之北而東內苑則包大明宮東北兩面也兩內苑北門之外始爲禁苑之南門也禁苑也者隋大興苑也其西則漢之長安四城皆在包幷之內苑東距霸而北抵渭廣輪所及自周一百二十里而東西二十七里南北三十二里據所記如此若以漢地約其道里當不啻此數也中置四監監分領一方凡立四宮四局以監之北軍營衛盡在三苑四監封畛之內

謹案唐承隋制有京都諸宮苑總監副監京都諸園苑監四面監及副監其曰宮苑者蓋指禁近苑務言之園苑則自都城以至東都各園苑皆分主之而上林署令鉤盾署令及織染署則並仍前代之舊焉

五季

謹案五季官制缺略玉海所載後唐有永芳園周有玉津園既有諸園則其必嘗置令置使以監理之可知也以史無明文故缺

宋

（宋史職官志）司農寺所隸官屬園苑四玉津瑞聖宜春瓊林苑使掌種植蔬蒔以待供進修飭亭宇以備游幸宴設

謹案宋職官志載園苑四曰玉津曰瑞聖曰宜春曰瓊林而石林燕語載瓊林苑金明池宜春苑玉津園謂之四園獨不及瑞聖職官志亦不載金明池豈金明池在瓊林苑北亦統于瓊林苑使故職官志不復載歟

（馬端臨文獻通考）宋四園苑提舉官以三司判官內侍都知諸司使以上充監官各二人以諸司副或內侍三班使臣充又有西京宮苑司勾當官一人元豐後四園苑屬司農

（玉海）玉津園在南薰門外周顯德中置之本朝因之三班及內侍監領兵校隸及主典二百六十人瓊林苑在順天門外道南乾隆二年置以三班及內侍監領池苑兵校軍隸及主典三百三十三人宜春苑在朝陽門外道南本秦王園太平興國七年以迎春苑自通津門外汴水瀕乃還置

改名以其故地爲富國倉差三班及內臣監領軍校兵隸及主典凡二百九十人瑞聖園在景陽門外道東初爲北園太平興國二年詔名含芳以三班及內侍監領軍校兵隸及主典凡二百一十二人

謹案玉海又載祥符元年三月甲子上巳宴近臣於潛龍園宗室於瓊林苑帥臣於宜春苑三司副使判官館閣官于玉津園諸司使副於含芳園然則祥符時于四園之外又增潛龍園史不詳其建置然觀宴近臣於其地則較之瓊林宜春玉津瑞聖爲尤重矣疑亦當以三班內侍領之也

〔宋史職官志〕後苑勾當官無定員以內侍充掌苑囿池沼臺殿種藝雜飾以備游幸

〔文獻通考〕少府屬官染院掌染絲枲幣帛監官二人以京朝及內侍充

謹案宋有玉津瑞聖宜春瓊林四園置提領其餘皇城東西諸園池入宮者咸以四提領分隸焉初以三班及內侍充元豐後始改隸司農而

亦仍間以內侍領之至內侍省則又別有後苑勾當官主近苑囿以備游幸蓋漢以來鉤盾令之職也南渡後又有金果玉津聚景等園其設官亦皆領于內侍至染院領于少府亦猶前代之制也

遼

（王圻續文獻通考）上林苑署遼北面有監鳥獸詳衮（蒙古語理事官也原作詳穩今改正）司官曰監某鳥獸詳衮曰監某鳥獸都監曰監某鳥人曰監某獸人

謹案遼南面官有宣徽司農少府等屬唯司農之上林署有監鳥獸諸官近於苑職餘並未詳其南北面行宮都部署亦必各有園苑之職而史無明文今已載入內務府都虞司篇中茲不復述

金

（金史百官志）工部官屬上林署提點從五品泰和八年陞大安二年省令從六品掌諸苑園池沼種植花木果蔬及承奉行幸舟船事丞從七品（大定七年增一員分司南京以勾判兼之大定三年復省一員）直長二員正八品花木局都監同監舊設

接手官四人泰和元年罷復以諸司人內置都監同監二員貞祐三年罷都同監以同樂園管勾兼熙春園都監同監三員（泰和四年置貞祐三年省）同樂園管勾二員每年額辦課程隸南運司宣宗南遷罷課程改爲隨朝職正八品

○宣徽院官屬有宮苑司令丞

（續文獻通考）金上林署屬工部官曰上林署提點

（金史百官志）少府監官屬織染署令從六品丞從七品直長正八品掌織紝色染諸供御及宮中錦綺幣帛紗縠

謹案金以上林署屬工部而花木局都監同樂園管勾兼隸之皆前代司農之所屬也宮苑司令丞屬于宣徽與宋內侍省之後苑勾當官相仿佛金不設內侍省故以爲宣徽之屬耳太府寺有典給署史稱卽古之鈎盾令唯典給署專以供給宮府用物不與園苑相關故不著于篇焉

元

（元史百官志）大都留守司屬官上林署秩從七品署令署丞各一員直長一員掌宮苑栽植花卉供進蔬果至元二十四年置○花園管勾二員掌花卉果木至元二十四年置

（續文獻通考）上林署隸大都留守所屬有養種園花園等職

（元史百官志）宣徽院屬官安豐懷遠等處稻田提領所龍慶栽種提舉司

謹案元制以上林署養種園花園等職屬之大都留守司與列代之制屬于司農少府者不同至稻田提領栽種提舉屬于宣徽蓋卽今玉泉山稻田廠之比至諸路織染局織染提舉司則盡屬之工部已見內務廣儲司織染篇玆不具述焉

明

（明史職官志）上林苑監左右監正各二人（正五品）左右監副各一人（正六品監正監副後不常設以監丞署職）左右監丞各一人（正七品）其屬典簿廳典簿一人（正九品）良牧

蕃育林衡嘉蔬四署各典署一人正七品署丞一人正八品錄事一人正九品監

正掌苑囿園池牧畜樹種之事凡禽獸草木蔬果率其屬督其養戶栽戶以時經理其養地栽地而畜植之以供祭祀賓客宮府之膳羞凡苑地東至白河西至西山南至武清北至居庸關西南至渾河並禁圍獵良牧牧牛羊豕蕃育鵝鴨雞皆籍其牝牡之數而課孳卵焉林衡典果實花木嘉蔬典蒔藝瓜菜皆計其町畦樹植之數而以時苞進焉洪武二十五年議開上林院度地城南自牛首山接方山西並河涯比圖上太祖謂有妨民業遂止永樂五年始置上林苑監設良牧蕃育嘉蔬林衡川衡冰鑑及典察左右前後十屬署洪熙中併爲蕃育嘉蔬二署以良牧川衡併蕃育冰鑑林衡併嘉蔬典察四署分併入宣德十年始定四署正德閒增設監督內臣共九十九員嘉靖元年裁汰八十員革蕃育嘉蔬二署典署林衡嘉蔬二署錄事

（續文獻通考）永樂五年三月辛巳復改上林署爲上林苑監秩正五品有左右副丞典簿之屬凡設十署秩正七品俱以內臣及文職相兼爲之

後華內臣

（明史職官志）司苑局掌印太監一員管理簽書監工無定員掌蔬菜瓜果　內織染局掌印太監一員掌染造御用及宮內應用段疋城西藍靛廠爲此局外署

謹案明制大農太府少府等屬官皆裁併于六部不別設官惟上林苑監承漢時舊制而特設爲一司初設十署後定爲四署而宦官別有司苑局以主在內宮苑初制上林苑監督所署內侍至九十九員之多其後雖旋從裁減而內苑局管理簽書亦無定員蓋禁近游觀掌于內侍者居多此立法之所以不古若也考自周禮囿人屬於司徒漢則少府水衡分主其事至上林苑令之設隸於司農者自後漢始列代皆因而不改苑總監始於隋而增廣於唐世然仍隸司農也宋始以三班及內侍分主四園提領之職而明乃槪以宦者領之則益無足稱矣

國朝創立奉宸苑內外

禁園專設卿二人以綜理其事復

特簡管理事務內大臣以總其成檢校勾當職掌昭然蓋郎苑囿之設而
聖天子順時對物之義已備著於設官分職之閒矣

欽定歷代職官表卷四十

欽定歷代職官表卷四十一

內務府武備院表

	武備院卿
三代	
秦	
漢	武庫令
後漢	武庫令
三國	武庫令
晉	武庫令
宋齊梁陳	武庫令
北魏	
北齊	武庫署令
後周	武藏中大夫 軍器監
隋	武庫令 軍器監 軍器使
唐	武庫令
五季	
宋	軍器監 軍器所提點 武庫令 武器令
遼	軍器坊使
金	器物局提點使
元	器物局大使 武備寺卿 少卿 尚乘寺卿 少卿
明	

武備院郎中主事	北鞍庫員外郎	掌蓋司幄
		幕人下士 掌次下士
武庫丞	若盧令丞 考工室令丞 尚方令丞	
武庫丞	考工令丞 尚方令	
武庫丞	左右尚方令	
武庫丞	左右尚方令丞	
武庫令	左右尚方令	
武庫修故局丞	左右尚方署令丞	
小武藏下大夫		
武庫署丞	右尚署令丞	
武庫丞 軍器監丞	右尚署令丞	
軍器少監 軍器所提轄監造官	軍器什物庫 宣德樓什物庫	
軍器坊副使 詳衮使 都監		
器物局提點副使直 坊都監 同監	武器署令丞 尚方令丞	
器物局副使直長 武備寺同判丞 尚乘寺丞	武鞍局提領 輪子局提領 尚乘寺丞	
	鞍轡局使副使	

南鞍庫員外郎	甲庫員外郎	氈庫員外郎
	司甲下大夫中士司兵中士司戈盾下士	司弓矢下大夫
	若盧令丞考工室令丞尚方令丞	
	考工令丞尚方令	
	左右尚方令	
	左右尚方令丞	
	左右尚方令	
	左右尚方署令丞	
	鍛工函工上十中士下士司甲司矟中士下士司刀盾下士	鞄工韋工中士下士
	右尚署令丞錧用署令丞	右尚署令丞弓弩署令丞
	右尚署令丞甲坊署令丞	右尚署令丞弩坊署令丞
	冑曹案軍器弓鎗庫軍器弩劍箭庫	內弓箭庫
	武庫署令丞尚方令丞八作左右院使副使	
羊山鞍局提領尚乘寺丞	刀子局提領	
鞍轡局使副使	軍器局使副使兵仗局盔甲廠	皮作局使副使

司弓矢	各司庫掌司匠	筆帖式
司弓矢中士繕人上士槀人中士	冶人桃人函人矢人梓人廬人弓人	
司弓矢中士下士司箭下士		
	監作典事掌固	府史
	監作典事掌固錄事	府史主簿
		主簿
辨驗弓官辨驗筋角翎毛等官	承發架閣庫管勾	吏目司吏提控案牘令史

內務府武備院

國朝官制

武備院兼管事務大臣無定員卿二人正三品由侍衞補授一人由內務府司官補授一人

掌總理陳設

御用武備修造器械及賞賜支放之事初名鞍樓以侍衞三人員外郎等官掌

理順治十一年改爲兵仗局十八年改爲武備院康熙五年隸內務府十

五年分爲鞍庫甲庫氈庫共三庫三十七年分鞍庫爲北鞍庫南鞍庫雍

正三年侍衞三人定爲正三品卿職乾隆十四年定爲卿二人

郎中一人主事二人委署主事一人筆帖式二十八人內四庫各三人沙河氈作二人

掌本院題奏事件核銷錢糧總理四庫收發文移之事郎中康熙二十一

年設主事康熙十六年設委署主事六十一年設後省乾隆二十二年復

設

北鞍庫員外郎二人庫掌二人署庫掌一人傘房掌蓋三人初爲正六品乾隆四十四年定爲戴

藍翎署掌蓋三人正八品班領三人署庫掌一人帳房處司幄三人三等侍衛銜食六品俸署

司幄三人六品職銜食七品俸鞍板司匠一人

北鞍庫掌供奉

上用鞍轡繖蓋幄幕之事傘房帳房處鞍板作皆屬焉

南鞍庫員外郎二人庫掌二人署庫掌一人熟皮作司匠一人南鞍庫掌官用

鞍轡各項皮張兩緞絛帶之事熟皮作屬焉康熙十五年設鞍庫員外郎

等官三十七年分爲北南二庫四十三年添設員外郎二人初設掌傘帳

房頭目匠役催領等員乾隆二十四年改爲掌蓋司幄司匠員額均先後

增定

甲庫員外郎二人庫掌二人署庫掌一人鍍作司匠三人

甲庫掌盔甲刀仗旗纛器械之事鍍作屬焉員額康熙十五年以後陸續

增定

氈庫員外郎二人庫掌二人署庫掌一人司匠一人司弓三人六品職銜食七品俸署司

弓三人食八品俸司矢三人同司弓署司矢三人同署司弓鞄頭作司匠一人靴皮作司匠一人

氈庫掌弓箭靴鞋氈片之事鞄頭作靴皮作屬焉康熙十五年設員外郎及弓匠協領備箭協領等員乾隆二十四年弓匠協領改爲司弓備箭協領改爲司矢

歷代建置

三代

（周禮天官）幕人下士一人府二人史二人徒四十人掌帷幕幄帟綬之事○掌次下士四人府四人史二人徒二十人掌王次之法以待張事

（周禮夏官）司甲下大夫二人中士八人府四人史八人胥八人徒八十人○司兵中士四人府二人史四人胥二人徒二十人掌五兵五盾各辨其物與其等以待軍事○司戈盾下士二人府一人史四人胥二人徒二十人掌戈盾之物而頒之授旅賁及虎士戈盾及舍設藩盾行則斂之○

司弓矢下大夫二人中士八人府四人史八人胥八人徒八十人掌六弓四弩八矢之法辨其名物而掌其守藏與其出入天子之弓合九而成規凡師役會同頒弓弩各以其物從授兵甲之儀○繕人上士二人下士四人府一人史二人胥二人徒二十人掌王用弓弩矢箙矰弋決拾掌詔王射贊王弓矢之事○稾人中士四人府二人史四人胥二人徒二十人掌受財于職金以齎其工弓六物爲三等弩四物亦如之矢八物皆三等箙亦如之

〈周禮考工記〉冶氏爲殺矢桃氏爲劍函人爲甲矢人爲矢梓人爲侯廬人爲廬器弓人爲弓爲天子之弓合九而成規

〈杜佑通典〉武庫令丞於周官司甲司弓矢等下大夫司戈盾等中士下士蓋其任也

謹案成周有司甲司兵司弓矢司戈盾等官杜佑以爲漢武庫令之比至王之用弓弩矢箙掌於繕人授財齎工掌於稾人亦皆爲夏官之屬

唯幕人掌次屬於天官與今北鞍庫所屬之掌蓋司幄爲職相近其甲
兵戈盾則似今之甲庫司弓矢亦與今氈庫之司弓司矢同而考工記
所載諸工即今四庫所隸之各司匠也周天官玉府掌王之玩好兵器
凡獻兵器受而藏之內府云凡齒革兵器皆入焉秋官職金云入其金
錫於爲兵器之用凡此諸職皆與軍器相聯而玉府內府已爲內務府
廣儲之職職金所掌亦不止武備之事其所云爲兵器之府者卽在夏
官司甲司兵等屬中茲故不具載焉
（商子來民篇）湯武旣破桀紂海內無害天下大定築五庫藏五兵
謹案周禮無武庫之名而商子稱湯武築五庫藏五兵則當時儲兵之
府亦以庫名卽後世武庫所自昉也故淮南子原道訓云葉公入乃發
太府之貨以予衆出高庫之兵以賦民高庫卽五庫之類也管子小匡
制重罪入以兵甲犀脅二戟輕罪入以蘭盾鞈革二戟小罪入以全鈞
分宥薄罪入以半鈞無坐抑而訟獄者正三禁之而不直則入一束矢

以罰之美金以鑄戈劍矛戟試諸狗馬惡金以鑄斧鉏夷鋸钃試諸土木其云入兵甲犀脅二戟又云入蘭盾鞈革二戟又云入鈞金束矢皆當入五兵之庫矣其云美金以鑄戈劍矛戟則當如漢考工若盧之主作兵器也又考司馬法定爵篇云右兵弓矢禦殳矛守戈戟助凡五兵五當長以衛短短以衛長註云五兵弓矢殳矛戈戟也蓋兵器衆多而以五兵爲最要故五兵各設一庫商子所謂五兵五庫蓋謂此也周禮夏官司兵掌五兵五盾各辨其物與其等以待軍事然則五庫長吏當即司兵之屬矣

秦

（戰國策）天下之強弓勁弩皆自韓出谿子少府時力距來皆射六百步之外注韓有谿子弩又有少府所造二種之弩

謹案戰國策注謂二種之弩造自少府則秦之少府當如漢之考工尚方矣漢少府屬官有考工尚方猶其遺制

漢

〔漢書百官公卿表〕少府屬官有若盧如淳曰若盧官名也藏兵器品令曰若盧郎中二十人主弩射漢儀注有若盧獄令主治庫兵將相大臣考工室臣瓚曰冬官爲考工主作器械也尚方漢官儀尚方令掌工作刀劍諸物及刻玉爲器等令丞〇中尉屬官有武庫令丞

謹案漢書如淳注謂若盧藏兵器臣瓚注謂考工主作器械則是考工主作而若盧主藏也然後漢百官志注及玉海謂考工令主作兵器弓弩刀鎧之屬器成則傳金吾入武庫是考工兵器既藏若盧又藏武庫也考漢書左將軍請召王商詣若盧詔獄孟康曰黃門北寺也黃門在禁中則若盧亦當在禁中武庫既屬中尉或與若盧有內外遠近之殊歟又考若盧有獄考工亦有獄漢書劉輔傳共工獄蘇林曰考工也然則考工亦有獄矣考工若盧皆主兵械易匿不詭法令尤密故置獄歟又考工主作兵器尚方亦主作兵器故漢書劉更生典尚方鑄作事韓延壽鑄刀劍鉤鐔放效尚方六典注蔡倫和帝時爲尚方令作秘劍皆

其事也然尚方又兼作禁器故古今注尚方故事有司南記里鼓漢書
哀帝罷尚方御府技巧靡麗之物呂強上疏亦謂中上方斂諸郡之寶
故漢官儀以尚方掌作刀劍諸物及刻玉爲器而崔實尚方令箴比諸
古之玉府也蓋較諸考工所造彌巧而所聚百珍尤非外府可擬矣今
之養心殿造辦處職近于是故與內務府表互載焉
（史記平準書）武帝時邊兵不足乃發武庫工官兵器以贍之
（通典）武庫署令兩漢曰武庫令屬執金吾
謹案漢杜欽爲大將軍武庫令田千秋子爲洛陽武庫令武庫令屬之
洛陽與若盧之屬禁中顯異若大將軍武庫令則又武庫之屬於大將
軍者蓋其職不常置故表志不載爾
（漢書高帝本紀）七年蕭何治未央立武庫太倉
（王應麟玉海）漢武庫屬中尉執金吾有令丞專主兵器而天子又自有
若盧以藏兵器考工室以主作器械考工令主作兵器弩弓鎧之屬器成

則傳金吾入武庫

〔文選〕西京賦〕武庫禁兵設在蘭錡

〔三輔黃圖〕高祖斬白蛇劍藏於寶庫惠帝卽位以此庫貯禁兵名曰靈

金內府

謹案漢制少府若盧考工室尙方之官主藏兵器作器械考若盧兼治

詔獄故與內務府之愼刑司篇互見尙方令亦兼掌刻玉爲器之事故

與廣儲司屬亦互見而武庫令設於高帝之初後屬執金吾所轄繕治

造作皆度大司農錢與少府所屬似不相同故田蚡傳稱蚡嘗請考工

地蓋宅上怒曰君何不遂取武庫明武庫與考工不同掌也然考史記

稱邊兵不足乃發武庫工官兵器以贍之則是武庫爲天子御用之兵

器初不以給行軍之用惟因外兵不足故權發以濟事而所謂工官者

意卽考工尙方之類故張衡西京賦亦有武庫禁兵之稱是又典主禁

兵之明證也又考工令作兵弩刀鎧成則傳執金吾入武庫是武庫中

固自有御用軍器之藏蓋一官而兩司其事矣茲故詳考職掌並採錄於篇中

（後漢書百官志）太僕卿官屬考工令一人六百石本注曰主作兵器弓弩刀鎧之屬成則傳執金吾入武庫及主織綬諸雜工左右丞各一人○執金吾官屬武庫令一人六百石本注曰主兵器丞一人

（通典）後漢有考工令丞屬太僕主造兵器成材武庫令

（唐六典注）蔡倫和帝時爲尙方令作祕劍皆有龍泉太阿之目倫器械精密爲後世法

謹案後漢以考工令丞成造兵器蓋卽西漢考工室之職其屬之太僕者以太僕掌御仗儀衞故併隸之輿服志稱矛戟幢麾弩服藏在武庫卽其職也漢又洛陽武庫自西漢時已有之則分主軍國之用而不與御器相關矣

三國

（通典）漢武庫令屬執金吾考工令屬太僕魏因之○漢末分尚方爲中

左右三尚方魏因之

謹案三國官制多承後漢如尚方令主作兵器屬少府武庫令屬中尉

執金吾魏改執金吾仍爲中尉而武庫隸之蓋猶前代之制也

晉

（晉書百官志）衞尉統武庫等令丞左右省○少府統中左右三尚方等

令丞

（唐六典）漢武庫令六百石晉因之

（通典）漢末分左右中尚方晉因之自過江惟置一尚方哀帝以隸丹陽

尹

謹案晉武庫尚方與漢魏同唯過江省三尚方爲一後復隸丹陽尹爲

少異考中左右三尚方史不言其所掌以隋唐之制例考之中署掌供

內營造諸職蓋如今之營造司故不列於表惟左署掌造弓箭弩戟器

仗等則如令武備院氈庫之屬右署掌造甲冑裝刀斧鉞等則如今甲

庫之屬而東晉併三爲一則又合其事於一官也

宋齊梁陳

〔唐六典〕宋尚書庫部屬官有武庫令掌軍器齊因之梁衞尉寺統武庫

署令丞掌甲兵及吉凶儀仗

〔通典〕宋齊武庫令丞屬尙書庫部梁陳屬衞尉卿○梁官三品曹位北

武庫丞南武庫丞

〔宋書百官志〕宋武帝踐祚以相府部配臺謂之左尙方而本署謂之右

尙方並掌造軍器又以相府細作配臺卽其名置令一人隸門下孝武改

曰御府後廢帝初省御府置中署隸右尙方則漢之考工令如今之尙方

令尙方令如今中署矣

〔通典〕齊置左右尙方令各一人

〔隋書百官志〕梁少府置中左右尙方等令丞○衞尉卿統武庫令○陳

承梁並因其制官

謹案宋齊以武庫屬尚書之庫部蓋已非僅供御器械之職梁陳屬衛尉掌甲兵及吉凶儀仗是又兼主儀衛亦以其職守所在固自相通也惟少府左右尚方皆主造軍器而左尚方之職爲尤近蓋右尚方嘗改名中署由細作配臺而設近於魏晉之中尚方宋書雖言漢考工令如宋之尚方漢尚方令如宋之中署其實漢自有御府一府與中署相同而尚方令則仍在御府及宋中署之外也至梁陳之三尚方則一如魏晉之制矣

北魏

（後魏書奚康生列傳）康生彎弓十石梁聞康生能引彊弓特作大弓兩張長八尺把中圍尺一寸箭粗殆如今之長笛送康生康生平射猶有餘力即表送置之武庫

謹案後魏官氏志有衛尉少府而無武庫尚方諸官唯諸署令有三品

列於從第八品第九品從第九品蓋武庫署諸職皆在其內史第統言

之而未爲詳列故無可考證也

北齊

〔隋書百官志〕衛尉掌禁衛甲兵領武庫掌甲兵及吉凶儀仗等庫署令武庫又有

修故局丞掌領匠修故甲等事○太府寺統中左右三尚方等署令丞

謹案北齊武庫掌甲兵而兼儀仗蓋如今鑾儀右所掌繖蓋儀刀弓矢

槍殳戟之事但武庫職制歷代相承凡御用軍器並歸掌理故與鑾儀

衛篇互見以著其實三尚方皆領別局而左尚所領之器作蓋於軍器

爲近也

後周

〔通典〕後周官正五命夏官武藏中大夫正四命夏官小武藏下大夫正

三命冬官鍛工函工等上士正二命夏官司弓矢司甲司矟等中士冬官

鍛工函工鞄工韋工等中士正一命夏官司工矢司矟司甲司刀盾等下

士冬官弓工箭工鍛工函工鞄工等下士

（冊府元龜）後周武帝四年置軍器監軍器有監自此始也

（玉海）後周武帝建德四年正月戊辰初置營軍器監

謹案後周制官如成周武備職在夏官冬官中至軍器監之設實自後周始蓋本漢考工尚方諸職而改置之者抑以其時戰爭方亟廣造軍器而別爲立監亦不專爲御府器械而設也

隋

（隋書百官志）衞尉寺統武庫等署令丞○太府寺統左尚方內尚方右尚方等署令丞○少府監煬帝置統左尚右尚內尚鎧甲弓弩等署令丞後廢鎧甲弓弩二署

（唐六典）開皇中三尚方俱屬太府寺煬帝始改隸少府左尚方掌造車輦繖扇稍毦弓箭弩戟器仗刀鏃等事右尚方掌造甲冑具裝刀斧鉞及皮毛雜作事隋少府有甲鎧署弓弩署

謹案隋武庫掌於衛尉與前代同三尚方初隸太府後改隸少府幷增設甲鎧弓弩二署今考左尚方掌造弓箭與弓弩署俱爲今氈庫之屬右尚方掌造甲冑與甲鎧署均爲今甲庫之屬既有左右二尚故甲鎧弓弩二署不久而旋廢也左尚兼掌造車輦繖蓋爲今鑾儀衛右所之職故並從互見焉

唐

〈唐書百官志〉少府監官屬右尚署令一人從七品下丞四人從八品下掌供十二閑馬之轡每歲取於京兆河南府加飾乃進凡五品三部之帳刀劍斧鉞甲冑紙筆茵席履舄皆儗其用皮毛之工亦領焉監作六人有府七人史二十人典事十三人掌固十人

〈唐六典〉衛尉等武庫令掌職天下之兵仗器械辨其名數以備國用丞爲之貳

〈唐書劉黑闥列傳〉初秦王建天策府其弧矢制倍於常逐黑闥也爲突

厥所磨自以大箭射郤之突厥得箭傳觀以爲神後餘大弓一長矢五藏之武庫世世寶之

〔唐書百官志〕軍器監監一人正四品上丞一人正七品上掌繕甲弩以時輸武庫總署二一曰弩坊二曰甲坊主簿一人正八品下錄事一人從九品下武德初有武器監一人正八品下掌兵仗廄牧少監一人丞二人主簿一人七年廢軍器監八年復置九年又廢貞觀六年廢武器監開元以前軍器皆出右尚署三年置軍器監十一年復廢爲甲弩坊隸少府十六年復爲監有府八人史十二人亭長二人掌固四人弩坊署令一人正八品下丞一人正九品下掌出納矛矟弓矢排弩刀鏃雜作及工匠監作二人有府二人史五人典事二人貞觀六年改弓弩署爲弩坊署甲鎧署爲甲坊署甲坊署令一人正八品下丞一人正九品下掌出納甲冑綅繩筋角雜作及工匠監作一人有府二人史五人典事一人

〔唐六典〕北都軍器監開元初屬少府監十六年移向北都掌營造甲弩之屬辨其名物審其制度以時納於武庫少監爲之貳馬丞掌判監事凡材草出納之數工徒衆寡之役皆督課焉主簿掌印及勾檢稽失錄事掌受事發辰甲坊署

令丞監作隋少府有甲鎧署唐改焉弩坊署令丞監作隋有弓弩署唐改焉各掌其所造之物督其繕造辨其粗良丞爲之貳凡財物之出納庫藏之儲備必謹而守之

〔唐六典〕乾元元年軍器監改爲軍器使以內官爲之貞元四年自武德東門築垣約左藏庫之北屬宮城東垣於是武庫遂廢其軍戎器械隸軍器使

謹案唐少府之左尚署掌供翟扇繖蓋五輅七輦而無復隋時兼造弓箭弩戟之職蓋自開元以後分立軍器監有甲坊弩坊二署以專司其事故左尚不復主之其自開元以前軍器皆出左尚署則尚與隋同茲從其改制之後以爲定故以左尚次於鑾儀衞篇而不列於此表至右尚掌十有二閑之鞍轡與今北鞍庫同職而刀劍甲冑則又有甲庫兼職至甲坊弩坊與今甲庫氈庫又適相合矣武庫令掌天下之兵仗器械不專爲御用之職惟以軍器監所繕造皆以時受而入之則其所儲藏者首以供御爲重亦可考見矣

五季無考

宋

（宋史百官志）衞尉寺掌儀衞兵械甲胄之政令舊制凡武庫武器歸內庫守宮歸儀鸞寺本寺無所掌元豐制行始歸本寺其屬有內弓箭庫南外庫軍器弓鎗庫軍器弩劍箭庫掌藏兵仗器械甲胄以備軍國之用儀鸞司掌供幕帟供張之事軍器什物庫宣德樓什物庫掌收貯什物給用則按籍而頒之中與後衞尉寺入工部○軍器監國初戎器之職領於三司胄曹案官無專職熙寧六年廢胄案乃案唐令置監以從官總判元豐正名始置監少監各一人丞二人主簿一人監掌監督繕治兵器什物以給軍國之用少監爲之貳丞參領之凡利器以法式授工徒其弓矢干戈甲胄劍戟戰守之具因其能而分任之量用給材旬會其數以考程課而輸于武庫委遣官詣所隸檢察凡用膠漆筋革材物必以時課百工造作勞逸必均歲終閱其良否多寡之數以詔賞罰器成則進呈便殿俟閱試

而頒其樣製於諸道郎要會州建都作院分造器械從本監比較而進退其官吏焉元祐三年省丞一員紹聖中復置政和三年應御前軍器監所頒降之軍器樣製非長貳當職官不得省閱及傳寫漏洩論以違制分案五置吏十有三所隸官屬四東西作坊掌造兵器旗幟戎帳什物辨其名色謹其繕作以輸于受藏之府兵校工匠其役有程視精粗利鈍以爲之賞罰作坊物料庫掌收鐵錫羽箭油漆之屬皮角場掌收皮革筋角以供作坊之用南渡置御前軍器所建炎三年詔軍器監併歸工部東西作坊都作院併入軍器所紹興三年復置丞一員令工部相度合管職事歸之十一年詔復置長貳各一員十四年以朝奉大夫趙子厚守軍器監宗室爲寺監長貳自此始隆興初詔置造軍器已有軍器所隸工部本監惟置丞一員乾道五年復置少監及簿六年以少監韓玉往建康點檢物馬以奉使軍器少監爲名是年復置監一員淳熙初元詔戎器非進入毋輒出所由是呈驗寖省二年錢良臣以少監總領淮東財賦八年沈揆復以監

長行諸監長貳自是始許總餉外帶然二人實初兼版曹職事嘉定十四年岳珂獨以軍器監總餉淮東是後戎所作坊已備官於下宥府起部並提綱於上監居其簡事務稍簡特爲儲才之所焉○軍器所隸工部提點官二員紹興三十二年詔於邊臣內差提轄監造官各二員幹辦受給監門官各一員掌鳩工聚材製造戎器之政令舊就軍器監置別差提舉官以內侍領之紹興中改隸工部罷提舉官日輪工部郎官軍器監官前去本所點檢省視後復以中人典領工部侍郎黃中以爲言請復隸屬從之孝宗卽位有旨增置提點官以內省都知李綽爲之改稱提舉免隸工部後以御史張震力爭復隸工部後改隸步軍司尋復舊紹興元年減省員額如上制

〔玉海〕熙寧元年十二月二十二日以內臣張若水閤門使李評提舉編擇增修弓弩若水造神臂弓六年六月二十七日己亥初置軍器監以三司冑案爲監命呂惠卿曾孝寬判之制度皆著爲式凡一百十卷雜材一軍器七十四件物二十一雜物四添修及製造弓弩式十卷七月甲寅置

內弓箭南庫儲御前所製七年正月十二日庚戌惠卿等上裁定中外所獻槍刀樣又上編成弓式初京師及諸路戎器雜惡河朔尤甚至是所製兵械皆精利其後詔以新造軍器付諸路爲式遣官分諭之○宋軍器五庫在崇政殿東横門外掌禁兵器衣甲槍弩箭各爲一庫又有什物庫在清平坊淳化二年置揀選衣甲器械庫熙寧六年置內弓箭南庫儲御前所製軍器命官提舉建炎七年以軍器衣甲內弓箭南內外七庫併爲一名曰內軍器庫紹興二年什物庫亦併入七年正月置軍器局於建康十一月罷乾道五年重修內軍器南庫

謹案宋軍器之職始領於三司胄案其後乃置軍器監以統領之衞尉寺之內弓箭軍器弓鎗等庫定於元豐之改制遂合唐之舊職至南渡後立御前軍器所而以軍器監及內弓箭等庫並隸工部未幾旋置提舉遂以內侍領其職則失慎重戎器之政矣自是或隸工部或差內侍變更不一皆不得爲定制也軍器監有衣甲槍弩箭五庫頗似今四庫

之制而宋時諸庫置在禁近實兼爲兵戎之用而設與今武備院規制亦略有不同

遼

〔遼史百官志〕諸坊職名總目某坊使某坊副使某坊詳袞使某坊詳袞某坊都監八坊內有軍器坊

謹案遼北面之軍器坊使蓋承唐甲坊弩坊之官屬於軍器監者而設至南面官悉如唐制則衛尉之武庫少府之尙方亦必與唐代不殊今以史文不詳並從缺焉

金

〔金史百官志〕殿前都點檢司屬官器物局提點正五品使從五品副使從六品掌進御器械鞍轡諸物直長正八品都監正九品（明昌三年省罷）同監從九品（泰和四年設）武庫署令從六品丞從七品掌收貯諸路常課甲仗（以曉軍器女直人充）武器署提點從五品令從六品丞從七品掌祭祀朝會巡幸及公卿婚

葬鹵簿儀仗旗鼓笛角之事真長正八品或二員頓舍官二員泰和令總格作四員正八品直長見士民須知泰和令無○少府監屬官尚方令一人丞一人軍器監承安二年設泰和四年罷復並甲坊利器兩署爲軍器署直令丞直長直隸兵部至寧元年復爲軍器監軍器庫利器署隸焉舊轄甲坊利器兩署監從五品少監從六品丞從七品掌修治邦國戎器之事直長正八品泰和令無總格有○八作左右院使一人副使一人掌收軍須軍器

謹案金以武庫武器二署屬之殿前都點檢而器物局提點專掌進御器械鞍轡等物置使副使以重其職猶今武備院卿之所掌也軍器監始隸兵部後復別設八作左右院亦似宋之將作監屬官改而別置皆掌軍須軍器蓋進御器械固非專職而成造監製恆必由之器物局但掌儲藏供進而已故並列於篇中

元

（元史百官志）大都留守司屬官器物局秩從五品掌內府宮殿及御用

各位下鞍轡瑚格原作忽歌今改正 轎子帳房凡精巧之藝大使一員從五品副

使一員正七品直長二員正八品吏目一員司吏二人中統四年始立御

用器物局受劄至元十年改爲器物局其屬成鞍局提領三員掌造御用

鞍轡象轎中統四年置羊山鞍局提領一員掌造常課鞍轡諸物至元十

八年置刀子局提控二員掌造御用及諸宮邸寶貝佩刀之工中統四年

置轎子局提領一員掌造御用異樣木植鞍子諸物中統四年置

謹案元制御府器備盡領於大都留守司其設官最爲詳備如器物局

大使統掌都用及各位下鞍轡蓋如今武備院卿之職其成鞍局提領

專掌御用鞍轡如今北鞍庫羊山鞍局提領掌常課鞍轡如今南鞍庫

刀子局提控如甲庫之司轎子局提領亦北鞍庫之所理也

（元史百官志）武備寺從三品掌繕治戎器兼典受給卿四員正三品同

判六員從三品少卿四員從四品丞四員從五品經歷知事各一員照磨

兼提控案牘一員承發架閣庫管勾一員辨驗弓官二員辨驗筋角翎毛

等官二員令史十有三人至元五年始立庫器監秩四品十九年陞正三
品二十年立衞尉院改軍器監爲武備監秩四品隸衞尉院二十一年改
監爲寺與衞尉並立大德十一年陞爲院至大四年復爲寺所轄屬官則
自爲選擇其匠戸之能者任之
謹案元武備寺承唐宋之軍器監而設其所掌兼各路軍器與今院職
不同今因其時以武備名官其屬官皆寺所自選足爲武備院考證故
並採錄於篇中
（元史百官志）尙乘寺從三品掌上御鞍轡及領隨路局院鞍轡等造作
收支行省歲造鞍轡等事卿四員正三品少卿二員從四品丞二員從五
品經歷知事照磨管勾各二員至元二十四年罷衞尉始設尙乘寺領資
乘庫
謹案元尙乘寺事務其初爲太僕及衞尉所掌後廢衞尉特設寺官所
掌有上用鞍轡及隨器鞍轡則亦今北鞍南鞍二庫之所掌也

明

（明史職官志）工部所轄皮作局鞍轡局軍器局大使一人副使一人凡軍裝器械下所司造牌符火器鑄于內府禁其以法式洩於外

（王圻續文獻通考）皮作局掌硝熟皮張成造靴鞋鞍轡兵仗局掌造各項軍器每局設大使一人正九品副使一人從九品皆于流官內選用隸工部

（明史職官志）宦官兵仗局掌印太監一員提督軍器庫太監一員管理僉書掌司寫字監工無定員掌製造軍器火藥司屬之盔甲廠即舊鞍轡局掌造軍器

謹案明代不設軍器監而以皮作鞍轡軍器諸局隸之工部至於上用兵仗則以宦官之兵仗局盔甲廠理之戎器之政視前代尤爲疎略矣考天文奎十六星著於垣象爲天之武庫聖王象之重戎兵之制故成周夏官冬官各有戈盾弓矢之職而職金玉府所藏以良兵器與祕器圖球並重漢自蕭何營未央宮輒首及武庫之建而考工尚方隸於少

府其職亦非輕也晉宋以後遞有變易而大槪不殊自後始立軍器監
而唐因之甲坊弩坊專掌繕造史稱秦王大弓長矢藏之武庫蓋帝王
威御之器歷世寶藏與漢武庫藏高祖斷蛇劍者同意至宋而弓箭弩
劍等庫初隸衞尉後入工部南渡置御前軍器所每用內侍爲提舉廷
臣力爭始隸工部此所以戎兵不飭而國勢日弱也金元設官進御器
械鞍轡諸物與御仗鑾儀恆相兼攝而元之器物局尙乘寺尤臻詳備
迄於明室自工部所隸而外一委之宦者之手而宦官所掌自司禮御
用寶鈔銀作等司局統轄甚爲詳密惟至進御器械則止有兵仗盔甲
二職亦未嘗視之爲重務是其玩褻戎兵聲靈靡振古聖王張皇六師
作弧矢以威天下之制蕩然盡失卽漢唐愼重戎器之意亦無復存矣
我
朝自
列祖

列宗神武開國初設鞍樓肅堂武器自後改爲武備院隸內務府典之以三品
卿職復
特簡大臣管理事務以重其職守
皇上天授聖武自行圍進哨閱武校射咸
躬御甲冑弓矢
命將出師則頒發甲仗弓矢以震懾
天威武備院卿敬供厥事每修繕器械必進呈
睿覽文䇿武爍赫業肅莊洵非歷代飭戎之政所得比隆於萬一者矣

欽定歷代職官表卷四十一

欽定歷代職官表卷四十二

鑾儀衛表

	掌鑾儀衛事大臣
三代	夏車正　周大馭中大夫　戎右中大夫　戎僕中大夫
秦	
漢	
後漢	
三國	
晉	督攝鹵簿典兵中郎將
宋齊梁陳	
北魏	
北齊	
後周	大馭中大夫　司右中大夫　左右武伯
隋	
唐	典掌儀衛十六衛將軍
五季	鹵簿使
宋	鹵簿使　儀仗使
遼	
金	左宣徽使　右宣徽使
元	拱衛直達嚕噶齊
明	領錦衣衛都督等官

鑾儀使	左所冠軍使等官
周巾車下大夫太僕下大夫齊右下大夫齊僕下大夫	周巾車上士中士下士典路中士下士道僕上士田僕上士馭夫中士
太僕	中車府令
奉車都尉駙馬都尉太僕	車府令丞路軨令丞奉車郎輦郎
太僕卿奉車都尉駙馬都尉	車府令未央廄令
蜀漢駙馬都尉魏太僕奉車都尉駙馬都尉	魏車府署令乘黃廄令
奉車都尉太僕	車府令丞乘黃廄丞
奉車都尉	車府令丞乘黃令丞
奉車都尉	車府令乘黃令奉乘郎翼馭郎奉車郎
奉車都尉	乘黃署令車府署令
奉車都尉奉騎都尉司車路小馭戎馭齊馭小司右戎右齊右等下大夫	小司車司道路田馭少馭右司右賓右田下等典士司路等車士中士下
奉車都尉	乘黃署令丞車府署令丞尚輦局奉御主乘官
奉車都尉衛尉卿太僕卿	尚輦局奉御尚輦局直長乘黃署令丞車府署令丞
儀鑾司	
六軍儀仗司儀鑾司	尚輦局典御奉御尚輦局提舉官幹官車輅院
	車輿局車輿郎君尚乘局奉御尚輦局奉御
拱衛直使司都指揮使	尚輦局使副使直長典輿都轄侍衛司令直長
拱衛直都指揮使	
錦衣衛使	左所指揮使

右所冠軍使等官	中所冠軍使等官
周道右上士司戈盾下士節服氏下	周司常中士下士
奉蓋羽林郎	旄頭郎
武庫署令	武庫署令
道右上士司仗上士中士司刀盾中士下士	司常中士下士司仗上士中士
武庫令丞	武庫令丞
武庫署令丞武器署令丞	武庫署令丞武器署令丞
尚衣庫使副使內弓箭庫監官金鎗班指揮弓箭直弩直指揮	朝服法物庫監官御龍直指揮骨朵子直指揮
侍衛司令直長武器署提點令丞直長	侍衛司令直長武器署提點令丞直長
右所指揮使	中所指揮使

前所冠軍使等官	後所冠軍使等官
周條狼氏下士	
武道候	
	金顏督將
武庫署令	武庫署令
司仗上士中士	司仗上士中士
武庫令丞	武庫令丞
武庫署令丞武器署令丞掌扇直長	武庫署令丞武器署令丞
尚衣庫使副使	朝服法物庫官監
侍衛司令直長武器署提點令丞直長	侍衛司令直長武器署提點令丞直長
前所指揮使	後所指揮使

馴象所冠軍使等官	旗手衛冠軍使等官
周服不氏下士	周鼓人中士
	承華令
	鼓吹令丞
	鼓吹令丞
	鼓吹令丞
	司鼓中士下士司吹中士下士
	鼓吹令丞
	鼓吹署令丞
養象所監官	鼓吹局令丞
	鼓吹令丞諢子部
武器署提點令丞直長	武器署提點令丞直長鼓吹署令
馴象所指揮使	旗手衛指揮使

主事	經歷	筆帖式
主簿		
主簿		督整車騎令史
拱衛直司知事	拱衛直司經歷	拱衛直司令史 拱衛直司譯史
	錦衣衛經歷	

鑾儀衛

國朝官制

鑾儀衛掌衛事大臣一人（正一品無專員以王公滿洲蒙古文武大臣管理）鑾儀衛使三人（正二品內二人以滿洲蒙古兼授一人以漢人漢軍兼授）

掌供奉

乘輿秩序鹵簿辨其名數與其班列凡祭祀朝會

時巡

大閱則帥所司而敬供之既事復進而藏之所屬有左右中前後五所分鑾輿馴馬擎蓋弓矢旌節旛幢扇手斧鉞戈戟班劍十司馴象一所分東西二司旗手一衛分左右二司初順治元年置錦衣衛指揮使等官二年改爲鑾儀衛四年罷指揮使置鑾儀使及副使等官五年罷鑾儀副使定鑾儀使滿洲漢人員額各二九年始以內大臣掌衛事康熙三十年省漢人鑾儀使一人所隸有軍尉旗尉民尉凡陳設鹵簿儀刀弓矢殳戟用親軍豹

尾槍仗馬用護軍蒙古畫角用蒙古畫角軍奉請乘輿用旗尉擎執各項儀仗用民尉（由內府選充者為旗尉五城選充者為民尉）奉輦旗尉百六十八人民尉六十人各執事旗尉二百四十六人民尉一千八百五十六人皆分隸各所（乾隆四十四年定凡民尉籍隸大興宛平者有缺仍以兩縣人充補其籍隸外州縣者有缺則以包衣閑散人等改補）三旗蒙古布勒器三十人漢軍吏夫四十人

左所掌所印冠軍使滿洲一人（正三品凡滿洲員額皆以蒙古兼授各所衛同）掌鑾輿司馴馬司司印雲麾使滿洲二人閑散雲麾使滿洲一人雲麾使漢軍二人（俱正四品各所衛同）治儀正滿洲四人漢軍五人（俱正五品各所衛同）整儀尉滿洲二人漢軍八人（俱正六品各所衛同）

掌輿乘輦輅之事凡各所衛官制員額皆順治十一年定

右所掌所印冠軍使滿洲一人掌擎蓋司弓矢司司印雲麾使滿洲二人閑散雲麾使滿洲一人雲麾使漢軍一人治儀正滿洲三人漢軍二人整儀尉滿洲三人

掌繖蓋儀刀弓矢槍戟之事

中所掌所印冠軍使滿洲一人掌旌節司幡幢司司印雲麾使滿洲二人閑散
雲麾使滿洲一人雲麾使漢軍一人治儀正滿洲三人漢軍二人整儀尉滿洲
二人漢軍一人
掌麾氅旛幢纛幟節鉞仗馬之事
前所掌所印冠軍使滿洲一人掌扇手司斧鉞司司印雲麾使滿洲二人閑散
雲麾使滿洲一人雲麾使漢軍一人治儀正滿洲三人漢軍三人整儀尉滿洲
二人漢軍二人
掌扇鑪瓶盂杌椅星拂御仗欆鷹靜鞭及品級山之事
後所掌所印冠軍使滿洲一人掌班劍司戈戟司司印雲麾使滿洲二人閑散
雲麾使滿洲一人雲麾使漢軍一人治儀正滿洲三人漢軍三人整儀尉滿洲
二人
掌旗幟立瓜臥瓜吾仗之事
馴象所掌所印冠軍使滿洲一人掌東司西司印雲麾使滿洲二人閑散雲麾

使滿洲一人雲麾使漢軍一人治儀正滿洲二人漢軍二人整儀尉滿洲二人
掌儀象騎駕鹵簿鐃歌前部大樂
旗手衞掌衞印冠軍使滿洲一人掌衞事冠軍使漢軍一人掌左司右司印雲
麾使滿洲二人治儀正滿洲二人漢軍二人整儀尉滿洲三人
掌金鉦鼓角鐃歌大樂及午門司鐘神武門鐘鼓樓直更之事乾隆七年
以鼓手旗尉八十人並頭尉八人隸樂部改名署史學習音律又民尉六
十人舊以內府匠役閑散人借補者亦改用旗人並隸樂部焉
陪祀冠軍使漢軍二人鑾儀管理雲麾使漢軍一人治儀正漢軍三人鑾庫管
理整儀尉漢軍二人
各以其事隸屬於衞無專領職掌品秩與各所衞同
謹案以上八員雖定置額缺而與七所之各有司存者不同今據現在
員數另爲一條次於各所衞之後
主事滿洲一人經歷漢人一人正七品

掌章奏文移員額俱康熙十六年定

筆帖式滿洲七人漢軍三人

員額康熙十六年定職事具吏部篇

鳴贊官四人

掌贊鳴鞭初制以本衛官八人兼之乾隆三十七年改定於太常寺鴻臚寺贊禮郎鳴贊官內送衛選擇補用

漢人侍衛無定員

乾隆十三年定制每科以武進士簡拔侍衛者派撥數員在衛行走以備差委不為額缺其陞轉仍依侍衛之例

歷代建置

三代

（春秋左氏定公元年傳）薛宰曰薛之皇祖奚仲居薛以為夏車正（注）皇大也奚仲為夏禹掌車服大夫

（荀子）奚仲作車正（楊倞注）夏禹時車正

（後漢書輿服志）奚仲爲夏車正建其斿旐尊卑上下各有等級

（竹書紀年）殷太戊三十一年命費侯中衍爲車正

謹案管子奚仲之車也方圓曲直皆中規矩鉤繩呂氏春秋寒哀作御奚仲作車淮南子胡曹爲衣奚仲爲車山海經番禺生奚仲奚仲生吉光以木爲車郭璞謂言吉光明其父子共創意惟宋志謂包羲畫八卦而爲大輿奚仲乃夏之車正安得始造荀子解蔽篇註黃帝已有車服奚仲亦改制耳則是奚仲造車之說或以其爲車正而附會之奚仲爲夏車正中衍爲殷車正蓋卽今鑾儀衞職事所自昉也

（周禮春官）巾車下大夫二人上士四人中士八人下士十有六人府四人史八人工百人胥五人徒五十人掌公車之政令辨其用與其旗物而等敘之以治其出入（鄭康成注）巾車車官之長典路中士二人下士四人府二人史二人胥二人徒二十人掌王及后之五路辨其名物與其用說（鄭康成注）路王之所乘車

司常中士二人下士四人府二人史二人胥四人徒四十人〔鄭康成注〕司常主王旗
掌九旗之物名各有屬以待國事日月爲常交龍爲旂通帛爲旜雜帛爲
物熊虎爲旗鳥隼爲旟龜蛇爲旐全羽爲旞析羽爲旌
〔大戴禮記〕上車以和鸞爲節下車以佩玉爲度行以采茨趨以肆夏步
還中規折還中矩進則揖之退則揚之然後玉鏘鳴也古之爲路車也蓋
圓以象天二十八橑以象列星軫方以象地三十輻以象月故仰則觀天
文俯則察地理前視則睹和鸞之聲側聽則觀四時之運此巾車教之道
也
〔穆天子傳〕天子主車造父爲御
〔周禮夏官〕司戈盾下士二人府一人史二人徒四人掌戈盾之物而頒
之祭祀授旅賁殳故士戈盾授舞者兵亦如之軍旅會同授貳車戈盾建
乘車之戈盾授旅賁及虎士戈盾太僕下大夫二人王出入則自左馭而
前驅〔鄭康成注〕前驅如今道引也道而居左自馭不參乘辟王也戎右中大夫二人上士二人會同充

革車〔鄭康成注〕充之者謂居左也　齊右下大夫二人掌祭祀會同賓客前齊車王乘則持馬行則陪乘道右上士二人掌前道車王出入則持馬陪乘如齊車之儀自車上諭命于從車詔王之車儀王式則下前馬王下則以蓋從大馭中大夫二人掌馭玉路以祀及犯軷王自左馭馭下祝登受轡犯軷遂驅之凡馭路行以肆夏趨以采齊凡馭路儀以鸞和爲節戎僕中大夫二人掌馭戎車〔鄭康成注〕戎車革路也　掌王倅車之政凡巡狩及兵車之會亦如之齊僕下大夫二人掌馭金路以賓朝覲宗遇饗食皆乘金路其灋儀各以其等爲車送逆之節道僕上士十有二人掌馭象路以朝夕燕出入其灋儀如齊車田僕上士十有二人掌馭田路以田以鄙掌佐車之政設驅逆之車馭夫中士二十人下士四十人掌馭貳車從車使車

〔周禮秋官〕條狼氏下士六人胥六人徒六十人掌執鞭以趨辟

〔王應麟玉海〕鳴鞭唐有之周條狼氏之遺法也

〔周禮夏官〕服不氏下士一人徒四人掌養猛獸而教擾之〔鄭康成注〕教習使之馴服

節服氏下士八人徒四人掌六人維王之太常〔鄭康成注〕維維之以縷王旌十二旒兩兩以縷綴連旁三人持之禮天子旌曳地王者之教無不服

〔周禮地官〕鼓人中士六人府二人史二人徒二十人掌教六鼓四金之音聲以節聲樂

謹案車路之等旌旗之飾至周而文物始盛後世儀衞大抵本周制而損益之故其設官亦最爲詳備以今制相準巾車掌公車政令當即如今鑾儀使之職典路道僕田僕馭夫分掌車路當如今左所之職司常掌九旗當如今中所之職司戈盾掌授戈盾節服氏維王之太常而道右兼之蓋從又當如今右所之職條狼氏爲鳴鞭所自始當如今前所之職服不氏掌養猛獸當如今馴象所之職而又與旗手衞同掌鐃歌大樂則又並有地官鼓人之職爲後世鼓吹令所因今故互見于樂部表以明源流所自至周之太僕一官主左馭前驅又兼有今鑾儀使之職故自秦漢以後太僕並主乘輿鹵簿不獨典司牧政至元明而始專

爲養馬之官今並互見此表以著其實云

秦

（唐六典）秦有六尙尙乘局自秦漢以來其職皆在太僕

（杜佑通典）秦有車府令

（史記秦始皇本紀）中車府令趙高（裴駰集解）主乘輿路車

謹案宋宋綬作景祐鹵簿圖記稱秦兼屬車九九之數沈約謂古者諸侯貳車九乘秦滅九國兼其車服故八十一乘則儀物之容至秦而益加詳備故特仿周制置太僕以掌之當如今之鑾儀衛而中車府令主乘輿路車則亦近今左所之職也

漢

（漢書百官公卿表）奉車都尉掌御乘輿車駙馬都尉掌駙馬顏師古注駙副馬非正駕車皆爲駙馬一曰駙近也皆武帝初置秩比二千石

謹案魯峻石壁殘畫象載南郊大駕出時有云小使持騎幢有云持騎

馬有云駙馬上下文殘缺不可讀考百官公卿表駙馬都尉掌駙馬顏注以駙馬爲副馬魯峻石壁所謂持駙馬蓋維持此駙駕之馬則正駙馬都尉之職爾其云大駕出時郎大駕鹵簿其云小史持騎幢郎輿服志所云尚書主者郎令史副御史蘭臺令史副皆執注以督整車騎是也

〔漢書霍光列傳〕光爲奉車都尉光祿大夫出則奉車入侍左右

〔漢書百官公卿表〕太僕掌輿馬屬官有車府路軨令丞武帝太初元年初置路軨顏師古注伏儼曰主乘輿路車又主凡小車軨今之小馬車曲輿也軨音零

〔漢書梁邱賀列傳〕先驅旄頭〔顏劭注〕旄頭以羽林爲之髮正上向而長衣繡衣在乘輿車前

〔宋書禮志〕晉武帝問侍臣旄頭何義彭推對曰秦國有奇怪觸山截木惟畏旄頭故虎士服之則秦制也張華曰有是言而事不經臣謂壯士之怒髮踊衝冠義取於此徐爰曰彭張各言意義無所承據案天文畢昴之中謂之天街故車駕以畢罕前引畢方昴圓因其象星經昴一名旄頭故

使執之者冠皮毛之冠也
〔漢書東方朔列傳〕宋萬爲式道候〔顏師古注〕式表也表道之候若今之武候引駕
〔蔡邕獨斷〕天子出車駕次第謂之鹵簿有大駕有小駕有法駕大駕則公卿奉引大將軍參乘太僕御屬車八十一乘備千乘萬騎在長安時出祠天於甘泉備之百官有其儀注名曰甘泉鹵簿中興以來希用之先帝時時備大駕上原陵他不常用法駕公卿不在鹵簿中唯河南尹執金吾洛陽令奉引侍中參乘奉車郎御屬車三十六乘北郊明堂則省諸副車小駕祠宗廟用之每出太僕奉駕上鹵簿於尚書侍中中常侍侍御史主者郎令史皆執注以督整諸軍車騎春秋上陵令又省於小駕直事尚書一人從令以下皆先行法駕上所乘曰金根車駕六馬有五色安車五色立車各一皆駕四馬是謂五時副車俗人名之曰五帝車非也
〔西京雜記〕漢朝輿駕祠甘泉汾陰備千乘萬騎太僕執輿大將軍陪乘名爲大駕車有司馬辟惡記里靜室象車武剛九斿雲罕皮軒闟戟鸞旌

建華相風烏金根之名儀衛有騎隊鼓吹黃麾騎罼罕節御馬華蓋棡鼓之制或分八校或分十六校式道有候護駕有官

〔漢書文帝本紀〕奉天子法駕迎代邸〔如淳注〕法駕侍中驂乘奉車郎御屬車三十六乘

〔漢書劉向列傳〕任爲輦郎〔顏師古注〕如今引御輦郎也

謹案鹵簿之名始見於西漢李善文選注引胡廣漢官制度曰天子出車駕次第謂之鹵簿唐人謂鹵櫓也甲盾之別名兵衛以甲盾居外爲前導皆著之簿故曰鹵簿王應麟引五禮精義謂鹵大盾也以大盾領一部之人故言鹵簿其爲說稍殊而其釋鹵爲盾則無異蓋亦本武衛之義以立此名在漢時屬太僕所掌觀夏侯嬰傳嬰事高祖爲太僕常奉車後事惠帝高后皆爲太僕至文帝入立嬰復以太僕具法駕奉迎終身未嘗遷官蓋亦以典司輿輦爲近御之官故特隆其任寄與今鑾儀衛之職實爲相合所屬若車府路軨諸令丞及式道候奉車郎輦郎則皆今各所所有事而西京雜記稱儀衛分八校或十六校則以事區

分職掌亦猶今之有左右中前後五所也又旄頭郎以羽林爲之而所
掌爲乘輿前驅則其職當亦隸於太僕漢書外戚傳上官桀爲羽林期
門郎從武帝上甘泉天大風車不得行解蓋授桀桀奉蓋雖風常屬車
兩下蓋輒御上奇其材力是漢時華蓋本在車上因風而使桀解下奉
持正如周官道右之王下則以蓋從可知期門羽林固得並兼奉車之
事耳又漢初以奉車駙馬二都尉供奉乘輿最稱親近故霍光任此者
幾二十年至三國時乃多以戚畹勳舊爲之迨東晉而後惟尚主者始
授此職他人皆不得與嗣遂爲主壻之定名而不知其初實主侍從車
駕卽如管鑾儀衞大臣之職今故並著于表以從其朔焉

〔後漢書百官志〕太僕卿一人中二千石掌輿馬天子每出奏駕上鹵簿
用大駕則執御車府令一人六百石主乘輿諸車未央廏令一人六百石
主乘輿

〔宋書禮志〕漢制每出警蹕清道建五旗太僕奉駕條上鹵簿

（後漢書禮儀志）車府令設鹵簿駕

（後漢書輿服志）東都大駕太僕校駕法駕黃門令校駕乘輿法駕公卿不在鹵簿中河南尹執金吾雒陽令奉引奉車郎御侍中參乘屬車四十六乘前驅有九斿雲罕鳳凰闟戟皮軒鸞旂皆大夫載鸞旂者編羽旄列繫幢旁民或謂之雞翹非也後有金鉦黃鉞黃門鼓車大駕屬車八十一乘法駕半之屬車皆皁蓋赤裏朱轓戈矛弩箙尙書御史所載最後一車懸豹尾豹尾以前比省中行祠天郊以法駕祠地明堂省什三祠宗廟尤省謂之小駕每出太僕奉駕上鹵簿中常侍小黃門副尙書主者郎令史副侍御史蘭臺令史副皆執注以督整車騎謂之護駕春秋上陵尤省於小駕直事尙書一人從其餘令以下皆先行後罷

謹案續漢書輿服志云法駕屬車四十六乘蔡邕獨斷云三十六乘三輔黃圖則從獨斷或續漢書四字爲三字之誤

（張衡東京賦）及將祀天郊報地功乃整法服正冕帶珩紞紘綖玉笄綦

會火龍黼黻藻繂盤厲結飛雲之袷輅植翠羽之高蓋建辰旒之大常紛颷悠而容裔六元虬之奕奕齊騰驤而沛艾龍輈華轙金鑁鏤錫方釳左纛鉤膺玉瓖鸞聲噦噦和鈴鉠鉠重輪貳轄疏轂飛軨羽蓋葳蕤葩瑵曲莖順時服而設副咸龍旂而繁纓立戈迤戛農輿木輅屬車九九乘軒並轂鞏弩重旃朱旄青屋奉引既畢先輅乃發鸞旗皮軒通帛綪旆雲罕九斿鈒戟轇轕髶毛被繡虎夫戴鶡駙承華之蒲梢飛流蘇之騷殺總輕武於後陳奏嚴鼓之嘈囋戎士介而揚揮戴金鉦而建黃鉞清道按列天行星陳

謹案東京賦云奉引既畢先輅乃發卽輿服志所云河南尹執金吾洛陽令奉引是也又云鸞旗皮軒卽輿服志所云皮軒鸞旗皆大夫載是也云屬車九九卽輿服志所云屬車八十一乘也云雲罕九斿卽輿服志所云前驅有九斿雲罕是也云鈒戟轇轕卽輿服志所云鳳凰闟戟是也云奏嚴鼓之嘈囋卽輿服志所云黃門鼓車是也云戴金鉦而建

黃鉞卽輿服志所云後有金鉦黃鉞是也漢賦之有關于典制如此

（李善文選注）漢官儀曰大駕鹵簿五營校尉在前者名曰塡衞

謹案後漢天子每出皆太僕條上鹵簿與今鑾儀衞之制尤爲相合至

漢有充庭之制凡臨軒大會陳乘輿車輦旌鼓於殿庭張衡東京賦所

云龍路充庭鸞旗拂霓者是也今制朝會

御殿陳設鹵簿實權輿於此其在漢世當亦屬太僕所條上歟

（唐六典）後漢少府屬官有承華令典黃門鼓吹一百三十五人百戲師

二十七人

謹案後漢之承華令至晉以後改爲鼓吹令今馴象所旗手衞所典鐃

歌前部樂實卽其職故旣繫之樂部表而仍互見於此焉

（孫逢吉職官分紀）漢鹵簿之制衞尉駕四馬主簿前車八乘

（後漢書百官志）奉車都尉比二千石無員駙馬都尉比二千石無員（

劉昭補注）漢官曰奉車都尉三人駙馬都尉五人

三國

（三國魏志后妃列傳）卞蘭爲奉車都尉郭詳遷爲駙馬都尉

（三國蜀志諸葛亮列傳）亮兄子喬拜爲駙馬都尉

（通典）後漢太僕奏駕上鹵簿魏因之後漢太僕有未央廏令魏改爲乘黃廏乘黃古之神馬因以爲名歷代皆有悉掌乘輿車府署令魏屬太僕

謹案曹魏太僕之制同於東漢當亦有今鑾儀衞之一職其乘黃令雖以馬爲名而所掌實乘輿車輅當如今左所之職也至太僕一官魏志所載諸臣自潘尼以外罕有居此職者惟齊王紀引魏書載羣臣奏事有太僕臣嶷列於太常衞尉之後廷尉大鴻臚之前則其位任亦不爲輕矣

晉

（晉書職官志）武帝以宗室外戚爲奉車駙馬都尉而奉朝請焉元帝爲晉王以參軍爲奉車都尉掾屬爲駙馬都尉皆奉朝請後罷奉車都尉惟

留駙馬都尉奉朝請諸尚公主者劉惔桓溫皆爲之
謹案自此以後駙馬都尉遂爲主壻加官無復供奉乘輿之事矣
〔王應麟玉海〕晉中朝大駕鹵簿靜室令中道式道候分左右次洛陽尉
令亭長河南掾尹簿記次司隸廷尉太常光祿衞尉太尉司徒司空或駕
一或駕三或駕駟次中護軍步兵長水射聲翊軍越屯騎校尉驍騎游擊
左右前後領軍將軍並鹵簿左右二行鼓吹一部次領護驍騎游軍校尉
繖扇幢麾各一騎鼓吹一部七騎領護加大車斧終於金顏督將此百官
之儀也
〔晉書職官志〕太僕統車府乘黃等令
〔馬端臨文獻通考〕尚輦車府令掌之東晉省太僕遂隸尚書駕部
〔通典〕晉置鼓吹令丞屬太常
謹案晉鹵簿之制以太僕卿與大將軍驂乘則晉之太僕亦兼有今鑾
儀衞之職然考晉書又稱陳勰爲典兵中郎將武帝每出入持白獸旛

在乘輿左右鹵簿陳列齊肅輿服志載鹵部儀式亦有典兵中郎中道
督攝之文典兵中郎將爲令領侍衞之職而得兼司鹵簿則正如今管
衞事之大臣也

宋齊梁陳

〔宋書百官志〕周官巾車尙車太僕兼其任宋以來不置郊祀則權置太
僕執轡事畢卽省乘黃令一人掌乘輿車屬太常車府令一人隸尙書駕
部

〔南齊書百官志〕太僕掌郊禮執轡有事權置兼官畢乃省乘黃令一人
掌五路安車

〔隋書百官志〕梁太常統鼓吹乘黃等令丞陳依梁制

〔冊府元龜〕梁乘黃令品第七秩四百石銅印墨綬進賢一梁冠絳朝服

〔玉海〕梁乘輿行則有大駕法駕小駕行幸則鑾仗近蹕則隊仗三駕法

天二仗法地大同五年賀琛奏南北二郊耤田御輦不復乘路以侍中陪

乘停大將軍及太僕

謹案南朝鹵簿之法具載史志而當時不置太僕其司存所在蓋當分屬於太常及駕部也又考南史齊武陵昭王曄傳稱牛羸不能取路上敕車府給副御牛一頭云云據此則是乘黃令所掌者爲車輅輿輦以備郊廟儀物而車府所掌乃主供奉御前之用其職又稍有不同耳

（隋書百官志）梁奉車都尉無員

北魏

（魏書官氏志）太和中定百官奉乘郎從第五品中翼馭郎從第五品下二十三年復次職令奉車都尉從第五品正始四年詔曰奉車都尉禁侍美官顯加通貴世移時變遂爲冗職既典名猶昔宜有定員可二十人

（魏書禮志）太祖天興二年命禮官捃採古事制三駕鹵簿一曰大駕設五輅建太常屬車八十一乘平城令代尹司隸校尉丞相奉引太尉陪乘太僕御二曰法駕屬車三十六乘平城令代尹太尉奉引侍中陪乘奉車

都尉御三曰小駕屬車十二乘平城令太僕奉引常侍陪乘奉車郎御

（冊府元龜）後魏殿中監有乘黃車府令後又省乘黃令

謹案北魏車府乘黃二令俱改屬於殿中監又與魏晉之制有殊至官氏志之奉乘郎翼馭郎禮志之奉車郎皆主供奉輿輦則今左所之冠軍雲麾諸使當卽其職也

北齊

（隋書百官志）後齊衞尉寺統武庫署令掌甲兵及儀仗太僕寺統乘黃車府等署令丞乘黃掌諸輦輅車府掌諸雜車太常領鼓吹署令丞掌鼓吹樂人等事左右衞府奉車都尉十人

謹案歷代執仗兵士皆卽以衞卒充之北齊儀仗掌諸衞尉其由來當本於此然自是而鑾儀衞之職遂分爲兩官蓋武庫署如今之右中前後四所而乘黃署則如今之左所也

後周

（通典）後周官品正五命夏官大馭司右中大夫五命奉車都尉奉騎都尉正四命春官司車路夏官小馭戎馭齊馭小司右戎右齊右等下大夫正三命春官小司車路夏官道馭田馭小司右賓右道右田右司仗等上士正二命春官典路司庫司常司鼓司吹夏官司仗司刀盾等中士正一命春官典路司車司常司鼓司吹夏官司刀盾等下士

（隋書禮儀志）周氏設六官置司路之職以掌公車之政辨其名品與其物色

謹案隋書禮儀志又稱後周置左右武伯掌內外衞之禁令皇帝臨軒則備三仗於庭蓋當時用衞士立仗故即以左右武伯專司其事實兼有今鑾儀衞之職正如今掌衞事之大臣也

隋

（隋書百官志）高祖置衞尉寺統武庫令丞太僕寺統乘黃車府署各置令丞煬帝加置主乘官

〈唐六典〉煬帝置尙輦局奉御正五品

〈隋書百官志〉奉車都尉六人掌馭副車

〈隋書閻毗列傳〉帝曰開皇之日屬車十二乘今八十一乘欲減之毗曰八十一乘起於秦遂爲後式次及法駕三十六乘三十六乘此漢制也晉遷江左唯設五乘宋時設十二乘開皇平陳因以爲法今憲章往古大駕依秦法駕依漢小駕依宋以爲差等帝曰大駕宜三十六法駕宜十二小駕除之

〈通志〉隋有鼓吹令丞

謹案隋書稱陳承梁末王琳縱火延燒車府因重造五輅及副車是南朝輦輅皆藏於車府也又稱周大象初遣鄭譯閱視武庫得魏書舊物有乾象輦大樓輦象輦等皆魏天興中所置宣帝咸服御之則是魏周及隋輦輅皆藏於武庫與南朝制異故武庫令兼掌儀仗正如今之有鑾駕庫也

唐

〔唐六典〕殿中省尙輦局奉御二人從五品上直長四人正七品下掌輦二人正九品下主輦四十二人奉轝十五人掌輿輦繖扇之事分其次序而辨其名數直長爲之貳凡大朝會則陳於庭大祭祀則陳於朝凡繖扇大朝會則繖二扇一陳之於庭若常聽朝皆去扇左右各留其三以備常儀○衞尉寺卿一人從三品少卿二人從四品上掌邦國器械文物之政令凡大祭祀大朝會則供其羽儀節鉞金鼓帷帟茵席之屬武庫令兩京各一人從六品下掌兵仗器械武器署令一人正八品下丞二人從九品下掌在外戎器辨其名物會其出入凡大祭祀大朝會大駕巡幸則納於武庫供其鹵簿○太僕卿之職凡國有大禮大駕行幸則供其五輅屬車之屬乘黃署令一人從七品下丞一人從八品下掌天下車輅辨其名數與馴馭之法丞爲之貳凡乘輿五輅皆有副車又有指南車記里鼓車白鷺車鸞旗車辟惡車皮軒車耕根車安車四望車羊車黃鉞車豹尾車屬

車一十有二大駕則用之車府署令一人正八品下丞一人正九品下掌

王公以下車輅

〔新唐書百官志〕少府監左尚署令一人從七品下丞五人從六品下掌

供翟扇蓋繖五路五副七輦十二車

〔唐六典〕尚輦局置掌扇直長掌執扇供奉之事

〔新唐書百官志〕鼓吹署令二人從七品下丞二人從八品下樂正四人

從九品下掌鼓吹之節以備鹵簿之儀

〔通典〕天寶以前選奉車都尉五員掌馭副車不常置若大備陳設則以

餘官攝行屬左右衛

〔新唐書儀衛志〕朝會之仗分爲五仗號衙內五衛一曰供奉仗以左右

衛爲之二曰親仗以親衛爲之三曰勳仗以勳衛爲之四曰翊仗以翊衛

爲之五曰散手仗以親衛翊衛爲之

謹案唐六典駕部郎中員外郎掌邦國之輿輦車乘庫部郎中員外郎

掌邦國之戎器儀仗及冬至元旦之陳設是唐代鹵簿之制實領其成於兵部而以衞尉之武庫武器二署太僕之乘黄車府二署殿中之尙乘局少府之左尙署分司厥事並不專屬於一官也至唐時鹵簿皆用五衞之士分隊前後領以折衝都尉其左右廂儀仗內鍪鎧弓箭刀楯纛麾之類左右衞以黄左右武衞以白左右威衞以黑左右領軍衞以青各有定色御仗之物二百一十有九羽儀之物三百自千牛以下各分而典掌之則其時鹵簿陳設之事又領於十六衞將軍亦猶今之以大臣管衞事矣

五季

（職官分紀）梁開平初置儀鑾司

（玉海）後唐明宗時始有鹵簿使兵部侍郎爲之

謹案宋五朝志稱五代漢乾祐中始置主輦十六人掌扇四人則當時儀衞節略可以概見故其設官亦多不備然儀鑾司之名實刱見於此

至鹵簿使雖兼攝之官而職在排列督整則亦如今之管鑾儀衛大臣也

宋

（政和五禮新儀）建隆初選從臣嫺習禮儀者爲鹵簿使

（宋綬天聖鹵簿記）序曰黃帝創軒冕之容列營衛之警輿駕儀物蓋本於此唐堯彤車有虞鸞和夏后之綏商人之路周官有司常巾車之職虎賁旅賁之從三五之際所由來尚矣秦幷六國兼屬車九九之數漢上甘泉備千乘萬騎之衆自時厥後損益可知藝祖始議郊饗卽諏典文扞衛旣崇羽儀兼備初吏士所服皆用畫帛乃命易以厚繒加之文繡采綷相錯煥乎一時至道中詔翰林承旨宋白與內侍畫郊丘仗衛緘在祕府景德中資政殿學士欽若上鹵簿記三卷敕付太史皇上紹庭正統粤再郊之明年命華光侍臣圖寫大簿臣充儀仗使督攝容衛又以太僕奉車承顧問乃與侍讀馮元侍講孫奭議曰前二圖書寫形紀事不相參會盍象

設而又文陳乎繇是著爲圖記十篇歲在戊寅燔祀有期敕重飾帝車爰

及法物並加釐正

謹案宋綬充儀仗使又兼太僕奉車之職故作鹵簿圖記今鑾儀衞使

掌秩序鹵簿也

（李燾續資治通鑑長編）眞宗大中祥符元年命馮拯爲儀仗使陳堯叟

爲鹵簿使

謹案儀仗鹵簿二使宋亦以他官兼攝當時故事中丞領儀仗使天聖

二年用中丞薛奎領鹵簿而翰林學士領儀仗治平二年詔中丞賈黯

爲儀仗使翰林學士范鎭爲鹵簿使是其事

（周必大繡衣鹵簿記）藝祖皇帝受天眷命用肇造區夏武功旣成文治

斯廣躬郊禋正會朝祲威盛容以次畢行惟是承五季搶攘之後鹵簿雖

設踳駁爲甚易而新之茲惟其時於是制誥范質張昭等正其繆盭參定

典式已而禮儀使陶穀奏言金吾諸衞將軍暨押仗導駕等官服皆以紫

於禮未稱請按開元禮咸用繡袍至若執仗之士舊服五色畫衣先後靡倫無所准式請以黑爲先而青赤黃白以次分列用協五行相生之序逮有司以儀注上帝御便殿陳而閱之凡馬步儀仗總萬有一千二百二十有二人悉以綜絲袍繡文代彩畫之服揚揮絢采丕釐舊弊亹亹三代兩漢之盛矣稽諸會要始造於乾德之四年而告備於開寶之三年越明年謁款圜邱實始用之想夫虣矟前驅五輅增副里以鼓記車以南指雞翹豹尾夭嬌婀娜公卿執事前導後陪細仗大角壯其容幰蓋繖扇備其飾耋老幼稚族觀聚歎向也目熟乎兵革今乃窺文物旗常之美向也耳厭乎金鼓今乃聞錫鑾和鈴之音皇哉治世之鉅典華夏之偉觀也竊讀三聖寶訓而知藝祖恭儉之德出於天資衣用澣濯器御質素齊官無三服之獻織室罷纂組之工顧於羽衛乃顯設藩飾如此得無意乎蓋恭儉者帝王之盛德也備羽衛者國家之上儀也在漢孝文殿設書囊之帷身以敦朴爲先及其詔令則曰鑾旗在前屬車在後儀物明盛猶可想於千載

之下然則聖人所以奉己與華國者固自殊轍也耶是以知藝祖之意有在也列聖繼承制作益詳曰大駕曰法駕曰鑾駕曰黃麾仗或施之躬郊或用之封祀或設之朝覲其多寡有差其先後有序揆厥所元皆自繡衣啓之貽謀垂裕永永無極肆皇帝陛下紹復祖宗之大業迺紹興十有三年築壇而郊共祀天地鹵簿之制實纂乾德至於歲用癸亥則視建隆初郊之歲若合符節夐觀簡冊未之攸聞蓋莫爲於前無以彰異時創業之功莫繼於後無以知中興之治是不可以不特書也

〔玉海〕宋大駕鹵簿自開寶定通禮之後彌有增益鹵簿使專掌定字圖排列儀仗使糾督之凡車路太僕寺主之輦輿繖扇御馬殿中省主之皁纛襈矟十六騎引駕細仗牙門金吾主之檜仗六軍主之六引諸隊大角五牛旗兵部主之寶案門下省掌之鐘漏司天臺掌之鼓吹太常鼓吹局掌之旗器名物衣冠寶蓋錦繡等飾朝服法物庫出焉䝿弩弓矢戎裝雜仗軍器庫內弓箭庫出焉總大駕鹵簿二萬六十一人法駕三分減一鑾

駕又減半兵部麾仗又減於鑾駕

謹案政和新儀兵部言國初大駕儀仗總一萬一千二百二十二人今已有黃麾半仗三千四百八十三人玉輅腰小輿大輦平逍遙輦下一千九人外其金象革木輅芳亭鳳輦屬車寶輿一千二百七十三人天武捧日奉宸隊六千四百五十七人仗內六引鼓吹前後部一千五百人法物儀仗望下有司製造詔令文繡並代以纈命兵部錢時敏戎監劉才邵等參訂兵部掌貳提舉然則鹵簿雖設諸官分掌而制度創造則仍兵部統主之蓋猶沿唐代之制玉海謂兵部主六引特舉其職之分見者耳

〔宋史職官志〕殿中省尙輦局掌輿輦之事有典御一人奉御六人又置提舉及管幹官一員尙衣庫使副使二人以內侍三班充掌駕頭服御繖扇之名物朝服法物庫監官二人以諸司使副及三班內侍充掌諸司儀仗之名物○衞尉寺內弓箭庫掌藏兵仗器械儀鑾司掌供幕帟供帳六

軍儀仗以肅禁衞凡儀物以時修飭選募人兵而校其遷補之事○太僕寺車輅院掌乘輿法物凡大駕法駕小駕供輦輅及奉引屬車辨其名數與陳列先後之序養象所掌調御馴象

（陳世崇隨隱漫錄）孟享駕出則軍器庫御酒庫御廚祗候庫儀鸞司御藥院從物前導騏驥院馬引從舍人內外諸司庫務官繼之

謹案儀鸞司卽今鑾儀使之職漫錄云從物前導卽宋職官志所云儀鸞司掌供幕帟供帳之類是也

（章如愚山堂考索）鼓吹局令一人丞一人

（職官分紀）慶曆四年鼓吹局移就武成王廟

（宋記職官表）殿前司騎軍有金槍班東西班諸軍指揮步軍有御龍直骨朵子直弓箭直弩直諸軍指揮

謹案宋鹵簿有排列字圖掌於兵部而以鹵簿儀仗二使總其成蓋卽今管鑾儀衞大臣之比其車輅院尚輦局則如今之左所尚衣庫朝服

法物庫內弓箭庫則分隸今之右中前後四所養象所如今之馴象所

鼓吹局如今之旗手衞而六軍儀仗司主選募人兵校其遷補則如今

鑾儀衞之有旗尉民尉也

遼

〔遼史百官志〕北面官有車輿局車輿郎君南面官殿中司有尙乘局奉御尙輦局奉御太常寺有鼓吹署令丞

〔文獻通考〕契丹有諢子部每謁拜木葉山唱歌前導

金

〔金史職官志〕尙輦局使從五品副使從六品掌承奉輿輦等直長正八品典輿都轄從九品〇武器署提點從五品令從六品丞從七品掌祭祀朝會巡幸鹵簿儀仗旗鼓笛角之事直長正八品頓舍官二員正八品右屬殿前都點檢司〇宣徽院左宣徽使右宣徽使掌殿庭禮儀所隸弩手傘子二百三十九人控鶴二百人〇拱衞直使司都指揮使從四品副都指揮使從

五品掌總統本直謹嚴儀衞鈐轄正六品都從九品○侍衞司舊名攀執局大定元年改爲陛侍局大定五年局衞爲司令從六品掌侍奉朝儀率捧案擎蓋奉輦各給其事直長正七品右屬宣徽院○大樂署兼鼓吹令一人從六品丞從七品掌施用之法樂右屬太常寺

謹案金史凡儀衞執仗之士其名有六曰護衞曰親軍曰弩手曰控鶴曰傘子曰長行分隸於殿前司及宣徽院蓋如今鹵簿之制以親軍護軍及各校尉分司執事也

元

〔元史百官志〕拱衞直都指揮使從四品掌控鶴六百餘戶及儀衞之事至元三年始置都指揮使一員副使一員鈐轄一員提控案牘一員十六年陞正三品隸宣徽院二十年復爲從四品二十五年改隸禮部元貞元年陞正三品皇慶元年置經歷一員二年改鈐轄爲僉事至順二年定置達嚕噶齊解見戶部篇一員正四品都指揮使四員正三品副指揮使二員從

三品僉事二員正四品經歷一員從七品知事一員從八品令使八人譯
史一人其屬控鶴百戸所從七品總十三所儀從庫掌收儀衛器仗大使
一員從七品副使一員從八品
謹案元有儀仗軍据元史所載武宗至大二年十二月行朝賀禮樞密
院調軍一千人備儀仗英宗至治元年十一月命有司選控鶴衛士及
色目漢軍以備鹵簿儀仗文宗天曆元年十一月親祭太廟用儀仗併
五色甲馬軍一千六百五十名仍命洪副使攝折衝都尉提調之是當
時亦多出臨事調撥並無定額不必盡取於拱衛直都指揮所屬之六
百戸也
明
(明史職官志)錦衣衛恆以勳戚都督領之凡朝會巡幸則具鹵簿儀仗
率大漢將軍共一千五百七員等侍從扈行統中左右前後五所分鑾輿擎蓋扇
手旌節旛幢班劍斧鉞戈戟弓矢馴馬十司各領將軍校尉以備法駕馴

象所領象奴養象以供朝會陳列駕輦馱寶之事
（明會典）吳元年置拱衛司秩正七品後改拱衛指揮使秩正三品尋又改爲都尉司洪武三年改爲親軍都尉府管左右中前後五衛軍士而設儀鸞司隸焉四年定儀鸞司爲正五品設大使一人副使二人十五年罷儀鸞使改置錦衣衛秩從三品其屬有御椅等七員皆正六品設經歷掌文移出入
（孫承澤春明夢餘錄）錦衣所掌者乃鹵簿儀仗之事旗手所司者乃金鼓之物諸衛皆統軍卒而錦衣獨領校尉力士諸衛正倅一惟其世獨錦衣之任則不必世而以能蓋御座則夾陛而立御輦則扶轅以行出警而入蹕承旨而傳宣皆在所司而治獄所寄則又重矣
（明史職官志）旗手衛本旗手千戶所洪武十八年改置掌大駕金鼓旗纛帥力士隨駕宿衛
謹案古者文謂之儀武謂之衛天子車駕次第謂之鹵簿歐陽修謂儀

衞鹵簿之設所以尊君而肅臣故宋綬稱唐堯彤車有虞鸞和夏后之

綏商人之路輦駕法物其權輿已肇於此至周而巾車司常之屬職掌

始著嗣是代有損益大約漢以後之太僕北齊以後之衞尉俱兼司其

任至唐宋而儀文更臻詳備然考之於史唐宋法駕鹵簿執掌兵士至

用二萬二千二百二十一人南宋省約過半猶用六千六百八十九人

冗役太多故當時郊祀賞賚靡濫最甚以致惜費憚行相沿成習殊爲

繁縟無當明初詔鹵簿彌文務從省節其數視唐宋爲差少而錦衣掌

衞者不惟供清道奉引之職乃復令兼司治獄事得專達中葉以後權

勢大張擅竊國威恣行凌虐其權任遠出法司之上流弊至不可勝言

而爲之長者反得以恩倖受賞往往加至保傅公侯其權貴子弟冒銜

錦衣者至有二三千人歲耗度支無算名器冗褻至是爲已極矣我

朝鑾儀衞即明代錦衣之職而官守嚴肅度數精詳翊奉禮儀無不各共

其事凡鹵簿儀仗之制皆經

睿裁考定準今酌古條理得中超三代之隆文昭一王之盛軌列史儀衛志

所載固未有如今日之整齊典重者洵足永垂法則焉

欽定歷代職官表卷四十二

欽定歷代職官表卷四十三

領侍衞內大臣表

	領侍衞內
三代	周宮正
秦	郎中令
漢	衞將軍 光祿勳
後漢	光祿勳
三國	蜀漢光祿勳 魏武衞將軍 都督中軍宿衞 光祿勳 吳武衞將軍 光祿勳
晉	領軍 左衞將軍 右衞將軍
宋齊梁陳	領軍 左衞將軍 右衞將軍
北魏	領軍 左衞將軍 右衞將軍 領左右
北齊	領軍大將軍 左衞將軍 右衞將軍 領左右將軍
後周	掌禁旅 柱國大將軍
隋	左右衞大將軍 左右領左右大將軍
唐	左右衞上將軍 左右驍衞上將軍 左右武衞上將軍 左右威衞上將軍 左右領軍衞上將軍 左右千牛衞上將軍
五季	侍衞馬步軍都指揮使 侍衞軍都虞候 殿前都指揮使 殿前都點檢
宋	殿前司指揮使 侍衞親軍馬步軍各都指揮使 殿前都點檢 殿前司都虞候 侍衞親軍都虞候
遼	侍衞太師 侍衞太保 侍衞司徒 侍衞司空 宿衞司總宿衞事 禁衞局總禁衞事 殿前都點檢 侍衞親軍馬步
金	殿前都點檢兼侍衞將軍都指揮使
元	四集賽大臣
明	掌領侍衞侯伯駙馬官

大臣	內大臣
	周宮伯
	中領軍
	中領軍左右驍騎將軍左右游擊將軍朱衣直閣將軍
	內都幢將軍
	左右衛府武衛將軍
	左右宮伯
	左右衛將軍左右領左右將軍
左右羽林軍大將軍左右龍武軍大將軍	左右衛左右驍衛左右武衛左右威衛左右領軍衛左右千牛衛各大將軍左右龍武軍統軍
	殿前司副都指揮使殿前副都點檢侍衛親軍各副都指揮使
軍都指揮使	殿前副點檢宿衛司總知宿衛事
	殿前左右副都點檢兼侍衛將軍副都指揮使

散秩大臣
光祿大夫太中大夫中大夫中散大夫
光祿大夫太中大夫中大夫中散大夫
魏宂從僕射
宂從僕射宂從將軍
宂從僕射
左右小宮伯
左右衛左右驍衛左右武衛左右威衛左右領軍衛左右千牛衛各將軍左右羽林軍左右龍武軍各將軍
殿前同知點檢宿衛司同掌宿衛事

御前乾清門侍衛
虎賁中郎將羽林中郎將騎都尉常侍騎羽林監期門僕射
虎賁中郎將虎賁左右僕射虎賁左右陛長羽林中郎將羽林左監羽林右監期門僕射
蜀漢虎賁中郎將中部督殿中督吳宮下鎮禁中候
殿中將軍殿中司馬督殿中典兵中郎將虎賁中郎將羽林郎將
虎賁中郎將羽林監殿中將軍殿中司馬督直閣將軍齋帥殿上將軍虎賁羽林將軍四廂頒直
大內行長羽林中郎將千牛備身直閣直齋直寢
朱衣直閣直閣將軍直齋直寢虎賁中郎將羽林監殿中將軍殿中司馬督武騎常侍領千牛備身
虎賁給事
直閣將軍直齋直寢殿內將軍殿內司馬督武騎常侍領千牛備身
宿直詳袞宿衛司宿衛官禁衛局禁衛長侍衛

一等侍衛
虎賁氏下大夫
五官中郎將左中郎將右中郎將左右郎中車將左右郎中戶將左右郎中騎將
五官中郎將左中郎將右中郎將羽林左騎丞羽林右騎丞
蜀漢五官中郎將左中郎將右中郎將吳五官中郎將
左中郎將右中郎將細鎧主細仗主虎賁主隊主仗主
內三郎將戟楯虎賁將軍募員虎賁將軍
左右中郎將左右備身正都督刀劍備身正都督備身正督
右虎賁率右旅賁率右驍騎率右羽林率
親衛府中郎將
侍衛軍指揮使侍衛軍虞候
殿前司四廂都指揮使都虞候侍衛司四廂都指揮使都虞候
宿直都監
殿前左衛將軍殿前右衛將軍
左右中前後五衛都指揮
京衛各指揮

二等侍衛	三等侍衛
周虎賁氏中士旅賁氏中士	旅賁氏下士
中郎車郎戶郎騎郎	五官侍郎左署侍郎右署侍郎
五官中郎左署中郎右署中郎虎賁中郎	五官侍郎左署侍郎右署侍郎
細鎧將隊副仗副	
羽林中郎羽林郎將虎賁郎將宿衛軍將	
左右備身副都督刀劍備身副都督備身副督	左右備身五職刀劍備身五職備身五職
右虎賁率倅長右旅賁率倅長右驍騎率倅長右羽林率倅長	
	備身左右
親衛府左右郎將	
殿前司四廂指揮使侍衛司四廂指揮使	殿前司四廂副指揮使侍衛司四廂副指揮使
宿直將軍	宿直小將軍
殿前左衛副將軍殿前右衛副將軍	左右宿直將軍
左右中前後五衛都副指揮	左右中前後五衛僉事
京衛各指揮同知	京衛各指揮僉事

藍翎侍衛
五官郎中 左署郎中 右署郎中
五官郎中 左署郎中 右署郎中 虎賁郎中 羽林郎中
刀戟左右 細鎧左右 直後
內三郎 羽林郎 戟楯虎賁將 募員虎賁將 高車虎賁將 高車羽林郎 宿衛統虎賁郎 直後
直後 左右備身 刀劍備身
備身
殿前司四廂都頭 副都頭 侍衛司四廂都頭 副都頭
宿直護衛
大漢將軍 紅盔將軍 明甲將軍 帶刀官 勳衛 散騎舍人

親軍校
節從虎賁
戟楯虎賁 募員虎賁 高車虎賁 宿衛幢將
親衛府 校尉 旅帥 隊正 司戈 長上 執戟 長上
殿前司十將 侍衛司十將

侍衛處主事	侍衛處筆帖式
	衛將軍掾　光祿勳掾
領軍長史　左右衛長史　領軍司馬　左右衛司馬　領軍功曹　左右衛功曹　領軍主簿　左右衛主簿	
領軍長史　領軍司馬　領軍功曹　領軍主簿	
二衛主簿　宿衛軍司馬	宿衛軍史　虎賁軍書令史
領軍長史　領軍司馬　領軍功曹　領軍主簿	領軍錄事
領軍長史　領軍司馬	
左右衛等府長史	左右衛等府錄事
侍衛都孔目官　侍衛孔目官	
殿前司承勾押官　侍衛司承勾押官	
殿前都點檢判官	殿前司點檢知事
五衛經歷	五衛譯史
京衛經歷	

領侍衛內大臣

國朝官制

三旗領侍衛內大臣六人（正一品鑲黃正黃正白三旗每旗各二人）內大臣六人（從一品）散秩大臣無定員（一品班次從二品銜二品俸）

領侍衛內大臣掌統領侍衛親軍與內大臣散秩大臣俱先後

宸御左右翊衛出入扈從

國初以八旗將士平定海內鑲黃正黃正白三旗皆

天子所自將爰掄其子弟命曰侍衛用備隨侍宿直統以勳戚大臣而宗室之

秀外藩之侍子亦咸得以選預環列焉凡輪直殿庭以領侍衛內大臣等

總統之若祭祀

朝會燕饗

時巡

大閱則率其屬以執事領侍衛內大臣皆由

特簡內大臣亦如之散秩大臣由
特恩簡授無定額其勳舊後裔世襲者以次承襲
御前侍衛
乾清門侍衛俱無定員（於三旗侍衛內擢用）一等侍衛三旗六十人宗室九人（正三品）二等侍衛三旗一百五十人宗室十八人（正四品）三等侍衛三旗二百七十人宗室六十三人（正五品）藍翎侍衛三旗九十人（五六品）漢人侍衛無定員（分一二三等及藍翎侍衛品秩俱同）
掌宿衛扈從更番輪直凡六班班分兩翼宿衛
乾清門
內右門
神武門
寧壽門為內班宿衛
太和門為外班
行幸駐蹕宿衛如

宮禁之制扈從前導領侍衛內大臣侍衛班領帶領執豹尾槍侍衛佩長把
刀侍衛扈從隨行侍衛班領委署侍衛班領侍衛按隊扈從隨行其散秩
大臣侍衛什長帶領執纛親軍扈從隨行
大閱則按隊環衛各共其事其分司執守者有粘杆處侍衛三十四人上駟院
侍衛二十四人養鷹狗處侍衛九人善撲處武備院及諳達侍衛無定員
皆統於三旗員額順治初以漢蔭生簡選侍衛尋罷康熙二十九年以武
進士之嫻騎射者擢置侍衛附于三旗三十七年設宗室侍衛雍正三年
于藍翎侍衛中選其材技爲四等侍衛後仍爲藍翎侍衛五年定制武進
士一甲一名授一等侍衛二名三名授二等侍衛在二甲者得選三等侍
衛三甲者選藍翎侍衛七年以宗室侍衛併入三旗舊設三旗印務班領
十二人班領十二人乾隆三十六年改印務班領爲一等侍衛班領爲二
等侍衛凡侍衛十人則設之長三旗侍衛什長六十人宗室侍衛什長九
人

親軍校鑲黃旗二十五人正黃旗二十六人正白旗二十五人（正六品）掌率其屬隨侍衛以執事所轄藍翎長三旗各八人親軍鑲黃旗二百七十七人正黃旗二百九十五人正白旗二百八十七人舊設親軍校四十五人後增置乾隆四十年增委署親軍校七十七人（鑲黃旗二十五人正黃旗正白旗各二十六人）

主事一人署主事二人（繙筆帖式內題署）筆帖式三旗各四人貼寫筆帖式三旗各九人

掌章奏案牘繙譯文移

歷代建置

三代

〔周禮天官〕宮正上士二人中士三人下士八人府二人史四人胥四人徒四十人掌王宮之戒令糾禁以時比宮中之官府次舍之衆寡（〔賈公彥疏〕以時校比官府在宮中者及宿衛者）宮伯中士二人下士二人府一人胥二人徒十人掌王宮

之士庶子凡在版者授八次八舍之職事〔鄭康成注〕伯長也衞王宮者必居四角四中于徼候便也鄭司農云庶子衞王宮在內爲次在外爲舍

〔鄭康成周禮纂人注〕卿大夫士之子弟宿衞王宮

〔王應麟玉海〕魯公之子伯禽衞康叔之子牟齊太公之子伋俱事成王伯禽牟伋蓋宿衞國子也

〔毛應龍周官集傳〕陳傅良曰環衞有二其一是公卿大夫之子弟分置八隅宮伯領之一是凡宮中官府之徒役錯置於庶子八次八舍之間宮正領之皆屬冢宰宮伯所掌在漢時爲郎衞屬郎中令宮正所掌在漢爲兵衞屬衞尉

〔葉時禮經會元〕宮正宮伯所掌皆郎衞也官府次舍在宮中有故而令宿者宮正掌之卿大夫之嫡子庶子入衞王宮者宮伯掌之眡朝則司士正其儀大事則諸子掌其政此入直環列之衞也虎士八百人先後王而趨以卒伍居則守王宮舍則守王閑眡朝則在路門之右虎賁氏掌之而

旅賁氏屬焉此奔趨擁護之衛也

謹案周制以宮正爲王宮宿衛官之長而宮伯掌宿衛士庶子以環侍周廬大抵非王族卽功臣之後俾親勳世胄執戈戟以宿直王宮無腹心之虞而有承弼之益於灋制最稱詳審秦漢以後此制旣廢環衛官多失其職我

朝以上三旗子弟充選侍衛而領以勳戚重臣規則昭垂蓋鑒周典而益加精密矣今以侍衛官制準之周禮宮正當如今之領侍衛內大臣宮伯當如今之內大臣而宮伯所領衛士在王宮之四角四中分置八隅則又兼近今護軍統領之職蓋當時宿衛者皆統於一官無所區別也

(尚書小序)武王戎車三百兩虎賁三百人戰于牧野(孔安國傳)勇士稱也若虎賁言其猛也

(孟子)武王之伐殷也革車三百兩虎賁三千人(趙岐注)虎賁武士(黃震日鈔)三千人書序作三百傳聞異辭

（周書立政）王左右常伯常任準人綴衣虎賁（孔安國傳）虎賁以勇力事王皆左右近臣宜得其人

（周禮夏官）虎賁氏下大夫二人中士十有二人府二人史二人胥八十人虎士八百人掌先後王而趨以卒伍軍旅會同亦如之舍則守王閑王在國則守王宮（賈公彥疏在外守王閑則為周衞在國亦為周衞也）旅賁氏中士二人下士十有六人史二人徒二人掌執戈盾夾王車而趨左八人右八人車止則持輪凡祭祀會同賓客則服而趨（鄭康成注夾王車者其下士也下士十有六人中士為之帥焉）

（王與之周禮訂義）胡安國曰康王初立太保俾齊侯呂伋以虎賁百逆子于南門外伋太公望子以勳德世臣總司禁旅虎賁勇士宿衞王宮其為國家計深遠矣

（國語魯語）天子有虎賁習武訓也（韋昭注）訓教也虎賁掌先後王而趨舍則守王閑在國則守宮門所以習武教也

謹案周之虎賁旅賁有下大夫中士下士之別與今侍衞分頭二三等

及藍翎者最爲貂合又夏官司士云虎士在路門之右司戈盾云授旅賁及虎士戈盾亦與今侍衞職掌相同至齊侯呂伋以王室懿親爵列公侯入典禁旅則正今領侍衞內大臣之職所由昉也

(韓非子說疑)凡術也者主之所執也灋也者官之所師也然使郎中日聞道於郎門之外以至於境內日見灋又非其難者也(外儲說)郎中皆曰兵秋起攻韓犀首爲將於是日也郎中盡知之於是日也境內盡知之

謹案秦王與犀首計攻韓樗里疾道穴聽之則其地亦甚密矣而郎中皆知之則秦之郎中侍左右可知漢三署郎職掌蓋倣乎此又考韓非子內儲說齊中大夫有夷射者御飲於王醉甚而出倚於郎門門者刖跪進曰足下無意賜之餘瀝乎夷射曰叱去刑餘之人何事乃敢乞飲長者刖跪走退及夷射去刖跪因捐水郎門霤下類溺者之狀外儲說晉文公曰吾民之有喪資者寡人親使郎中視事有罪者赦之貧窮不足者與之戰國趙策趙王有此尺帛何不令前郎中以爲冠王郎中不

知爲冠補註曰郎中官不獨秦淮南子人閒訓楚令尹子國伏郎尹而笞之三百註郎尹主郎官之尹也據此則春秋戰國時齊楚晉趙諸國皆有郎署官明矣其以郎中爲近侍之臣則又秦制之所自昉也

秦

〔顏師古急就篇注〕郎中令掌宮殿門戶及從官秦所置

謹案郎中令之官始於秦時而秦始皇本紀又有近官三郎之稱司馬貞索隱云三郎謂中郎外郎議郎是秦亦有三署郎與漢制相仿特史文不備耳

漢

〔漢書文帝本紀〕皇帝即日夕入未央宮夜拜宋昌爲衞將軍領南北軍張武爲郎中令行殿中

〔漢書張安世列傳〕更爲衞將軍兩宮衞尉城門北軍兵屬焉

〔史記周勃世家〕拜勃爲虎賁令

（班固西都賦）虎賁綴衣閹尹閽寺陛戟百重各有典司（李善注）尚書
周公曰綴衣虎賁漢書曰太后盛服坐武帳武士陛戟陳列殿下也
（漢書百官公卿表）郎中令秦官（臣瓚注）主郎內諸官故曰郎中令掌宮殿掖門戶有丞
武帝太初元年更名光祿勳胡廣曰勳之言閽也閽者古主門官也光祿主宮門屬官有大夫郎又
期門羽林皆屬焉大夫掌議論有太中大夫中大夫皆無員多至數十人
太初元年更名中大夫爲光祿大夫秩比二千石太中大夫秩比千石如
故郎掌守門戶出充車騎有中郎侍郎郎中皆無員多至數千人中郎秩
比六百石郎中比三百石中郎有五官左右三將秩皆比二千石郎中有
車戶騎三將秩皆比千石期門掌執兵送從武帝建元三年初置比郎無
員多至千人有僕射秩比千石平帝元始元年更名虎賁郎置中郎將秩
比二千石羽林掌送從次期門武帝太初元年初置名曰建章營騎後更
名羽林騎又取從軍死事之子孫養羽林官教以五兵號曰羽林孤兒羽
林有令丞宣帝令中郎將騎都尉監羽林秩比二千石

（漢紀惠帝紀）郎中令掌宮殿門戶宿衞屬官武帝更名光祿勳

（程大昌雍錄）張安世持槖簪筆事孝武皇帝十數年此郎今世侍從之事也蓋安世嘗爲光祿勳

（揚雄光祿勳箴）經兆宮室晝爲中外廊殿門闥限以禁衞國有固衞人有藩籬各有攸保守以不岐昔在夏殷桀紂淫湎持牛之飲門戶荒彌郎雖執戟謁者參差殿中成市或室內鼓鼙忘其廊廟而聚失逋迹四方多罪戴號載呶內不可不省外不可不清德人立朝義士充庭祿臣司光敢告執經

（惠士奇禮說）周之內宰猶漢之內卿內卿光祿也漢初爲郎中令後轉爲光祿勳其府在宮中故曰內卿胡廣曰勳之言閽也閽者古主門官光祿寺宮門故曰勳然則古勳閽通矣易艮卦九三厲熏心虞翻云古閽字作熏艮爲閽坎盜動門故厲閽心書曰戩黥詩云昏椓椓與戩通去陰之刑也故箋云昏官名椓奄人韓詩曰若無此皐勳胥以痡勳猶昏也言夭

昏札瘥相瀸汙而病漢書贊云嗚呼史遷熏胥以刑蓋謂腐刑即詩所謂
昏椓也爾雅昏爲強力勳爲功營故勳昏通用之昏人屬內宰司昏守夜
給使省闥亦不全用宦者而漢光祿勳掌期門羽林郎內宰之人民也期
門掌執兵送從羽林次之又取死事之孤養之羽林名曰孤兒如周之死
政之孤司門以其財養之者養孤而兼及其老則周之忠厚踰於漢矣
〔雍錄〕漢世之謂侍從者以其職掌近君也行幸則隨從在宮則陪侍故
總攝凡最而以侍從名之也武帝之詔嚴助曰君厭直承明之廬勞侍從
之事助時爲中大夫是之謂中朝臣中朝臣者唐以來名內諸司也謂其
職任得在內朝故皆冠以中字也
謹案中大夫屬於光祿勳者也以其近侍左右故謂之中朝臣考管子
山權數賜若服中大夫注若汝也中大夫齊爵也韓非子外儲說王登
爲中牟令上言於襄王曰中牟有士曰中章胥己者其身甚修其學甚
博君何不舉之王曰子見之我將爲中大夫相室諫曰中大夫晉重列

也今無功而受非晉臣之意漢世中大夫之名蓋昉於此

（宋書百官志）中散大夫平帝時置

（漢書如淳注）郎中令主郎中左右車將主左右車郎左右戶將主左右

戶郎

（漢書蓋寬饒列傳）遷諫大夫行郎中戶將事顏師古注郎中令屬官有

郎中戶將主戶衞也

（漢書楊惲列傳）補常侍騎（顏師古注）爲騎郎而常侍故謂之常侍騎也遷中郎將郎官故事

令郎出錢市財用給文書乃得出名曰山郎移病盡一日輒償一沐或至

歲餘不得沐其豪富郎日出游戲或行錢得善部貨賂流行轉相倣效惲

爲中郎將罷山郎移長度大司農以給財用其疾病休謁洗沐皆以灋令

從事郎官莫不自厲絶請謁貨賂之端宮殿之內翕然同聲由是擢爲諸

吏光祿勳親近用事

（漢書王嘉列傳）以明經爲郎坐戶殿門失闌免光祿勳子丞除爲掾

〔漢書蕭由列傳〕爲衞將軍掾

〔漢書東方朔列傳〕武帝微行常用飲酎已八九月中與侍中常侍武騎及待詔隴西北地良家子能騎射者期諸殿門故有期門之號

〔錢文子補漢兵志〕期門至千人或曰三百人羽林七百人或曰羽林郎百一十八人左右騎各八九百人皆以三輔六郡良家子補期門羽林

〔漢書地理志〕武帝選天水隴西安定北地上郡西河凡六郡補羽林以材力爲官名將多出焉

〔陳元粹補漢兵志注〕漢舊儀羽林從官百人取三輔良家子自給鞍馬按漢用六郡良家補羽林期門蓋三輔園陵賴爲藩蔽趙充國傳以六郡良家子善騎射補羽林甘延壽傳少以良家子善騎射爲羽林

〔漢書霍光列傳〕羽林監任勝

謹案漢京師有南北軍之屯南軍衞尉主之掌宮殿門衞屯兵當如今之護軍統領北軍中尉主之掌巡徼京城當如今之提督九門步軍巡

捕五營統領而光祿勳統三署諸郎專司殿內門舍則正如今之領侍衞內大臣故易袚謂光祿勳乃親近天子之官別爲一府非卽南軍而漢書儒林傳稱光祿勳王龔以外屬內卿如淳注謂光祿勳治宮中故稱爲內卿者是也其所謂三署諸郎乃五官中郎將左中郎將右中郎將所屬而別有郎中車戶騎三將亦率車郎戶郎騎郎以隸於光祿勳皆卽今之侍衞漢書趙廣漢傳富人蘇回爲郎二人劫之廣漢曉賊曰此宿衞臣也是其明證而又有光祿大夫太中大夫中散大夫等皆無員額惟入直禁廷以聽任使則頗近今之散秩大臣當時郎選皆以明經孝廉賢良方正及衣冠子弟充之故劉向揚雄皆嘗執戟宿衞說者謂其猶有三代遺制惟武帝以後增置羽林期門始以六郡良家材力勇健者充其選觀霍光傳載太后坐武帳中期門武士陛戟陳列殿下則其職亦最爲親近故一時名將多出其中蓋頗近今之

御前侍衞

乾清門侍衞矣
〔後漢書百官志〕光祿勳卿一人中二千石掌宿衞宮殿門戸丞一人比千石五官中郎將一人比二千石主五官郎五官中郎比六百石五官侍郎比四百石五官郎中比三百石皆無員凡郎官皆主更直執戟宿衞諸殿門出充車騎左中郎將比二千石主左署郎中郎侍郎郎中比三百石皆無員右中郎將比二千石主右署郎中郎侍郎郎中比三百石皆無員虎賁中郎將比二千石主虎賁宿衞左右僕射左右陛長各一人比六百石僕射主虎賁郎習射陛長主直虎賁朝會在殿中虎賁中郎比六百石虎賁侍郎比四百石虎賁郎中比三百石節從虎賁比二百石皆無員掌宿衞侍從羽林中郎將比二千石主羽林郎羽林郎比三百石無員掌宿衞侍從常選漢陽隴西安定北地上郡西河凡六郡良家補本武帝以便馬從獵還宿殿陛巖下室中故號巖郎羽林左監一人六百石主羽林左騎丞一人羽林右監一人六百石主羽林右騎丞一人光祿大夫比二千

石太中大夫千石中散大夫六百石無員凡大夫皆掌顧問應對無常事唯詔命所使凡諸國嗣之喪則光祿大夫掌弔

（後漢紀光武紀）李通爲光祿勳

（洪适隸續）司徒掾梁休碑仕郡歷五官下闕遂察孝廉除郎中光祿主闕辟司徒府光祿雖有主簿而戴就傳云舉孝廉光祿主事注引風俗通云光祿奉貯上就爲主事此碑光祿主之下未可斷以爲簿也

（王楙野客叢書）陳蕃爲光祿勳范滂爲主事以公儀詣蕃執版入閤至坐蕃下奪滂版滂投版振衣而起郭泰責蕃曰以級階言之滂宜有敬以類數推之至閤而省敬止在門漢世三公之禮與百僚絕席如此之異至入坐之禮則殺矣此有以見其大略沈約宋書亦嘗引以爲言

謹案光祿勳主事主簿之名可以補後漢志之闕

（錢文子補漢兵志）中興以五官左右虎賁郎將併將中郎侍郎郎中而廢車戶騎三將

（杜佑通典）虎賁中郎將主虎賁宿衛冠插兩鶡尾紗縠單衣虎文錦袴有虎賁中郎虎賁侍郎虎賁郎中節從虎賁皆父死子繼若死王事亦如之

（後漢書陰興列傳）興爲黃門侍郎守期門僕射將武騎從征伐平定郡國興每從出入常操持小蓋障翳風雨躬履塗泥率先期門

（張衡東京賦）郎將司階虎戟交鎩（李善注）言虎賁中郎將主夾階而立虎賁或執戟或持鎩而相對也交鎩謂交加而設兵器也

謹案後漢光祿勳所屬惟省車戶騎三將其三署郎及虎賁羽林之制一如西京後漢書禮儀志載國有大事虎賁羽林郎中署皆嚴宿衛五官左右虎賁羽林五將各將所部執虎賁戟屯殿端門陛左右廂又章懷太子注引蔡質漢儀天子幸德陽殿臨軒虎賁羽林弧弓撮矢陛左右戎頭偪脛陪前向後左右中郎將住東西羽林虎賁將住南北五官將住中央据此則五官左右虎賁羽林五將皆有今侍衛之職而馬第

伯封禪儀記云車駕宿奉高遣虎賁郎將先上山案行國家升山在臺上北面虎賁陛戟臺下則又如今之前導後扈也又考後漢郎將多典兵漢紀靈帝紀中郎將盧植左中郎將皇甫嵩右中郎將朱儁各持節征黃巾獻帝紀東中郎將董越屯澠池中郎將牛輔屯安邑其餘中郎校尉布在諸縣不可勝紀而當時又有使匈奴中郎將鮮卑中郎將則中郎將又多用以典邊兵蓋禁衛近臣奮武之外可備腹心之寄也

三國

（三國蜀志先主列傳）光祿勳黃權

（常璩華陽國志）光祿大夫義陽來敏

（三國蜀志杜微列傳）遷諫議大夫五官中郎將

（三國蜀志秦宓列傳）尋拜左中郎將

（三國蜀志董允列傳）允遷爲侍中領虎賁中郎將統宿衛親兵

謹案建安二十六年蜀黃龍甘露碑載五官中郎將一人碑陰載中郎

將十三人考續漢百官志五官中郎將一人左中郎將右中郎將虎賁中郎將皆不著員數是碑建於建安二十六年而同時稱中郎將臣者十三人以無常員故也至稱五官中郎將者止一人與漢志所云卿一人者合故知蜀承漢制也

（華陽國志）常勗州命辟從事入爲光祿郎中主事○何隨郡辟功曹州命辟從事光祿郎中主事除安漢令蜀亡去官○董允嘗與典軍義陽胡濟大將軍禕共期遊宴命駕將出郎中襄陽董恢造允修敬自以官卑年少求去

（三國蜀志向朗傳）朗兄子寵爲中部督典宿衞兵

（三國蜀志後主列傳）殿中督張通

謹案蜀漢宿衞之官其制皆沿漢舊惟中部督殿中督諸名漢制未見爲蜀所創設蓋亦宿衞之長也

（三國魏志許褚列傳）褚遷武衞中郎將武衞之號自此始也文帝踐祚

遷武衛將軍都督中軍宿衛禁兵甚親近焉
（通典）建安末改光祿勳爲郎中令魏黃初元年復爲光祿勳
（洪适隸釋）魏公卿上尊號奏有郎中令臣洽彭城之內有漢司徒袁安
魏中郎徐庶等數碑
（三國魏志張遼列傳）黃初三年選朝洛陽以遼所從破吳軍應募步卒
皆爲虎賁
（曹植謝賜柰表）殿中虎賁傳詔賜臣等冬柰一奩
（宋書百官志）冗從僕射魏世置
謹案曹魏始置武衛將軍以統宿衛禁兵蓋即今領侍衛內大臣之職
其冗從僕射當如今散秩大臣之職至光祿勳雖尚沿舊制而其職既
分事權不屬僅存虛名宜至晉而宮門屯衛遂專屬之左右衛矣
（三國吳志三嗣主列傳）永安元年武衛將軍恩爲御史大夫
（三國吳志孫綝列傳）使光祿勳孟宗告廟

〔三國吳志三嗣主列傳〕太平元年五官中郎將刁元告亂於蜀

〔三國吳志樓元列傳〕孫皓用元爲宮下鎭禁中候主殿中事元從九卿持刀侍衞王身率衆奉瀆而行

謹案武衞將軍魏所創置而吳亦有之蓋即襲用魏制至宮下鎭禁中候其官前未經見當亦㭊設於吳權樓元持刀侍衞則職甚親近疑即漢之虎賁羽林郎將也

晉

〔胡三省資治通鑑注〕晉武帝受禪置中軍將軍統宿衞七軍尋罷已而復置

〔晉書職官志〕中領軍將軍魏官也文帝始置武帝初省使中軍將軍羊祜統二衞前後左右驍衞等營即領軍之任也懷帝永嘉中改中軍曰中領軍江右以來領軍不復別領營總統二衞驍騎材官諸營資重者爲領事資輕者爲中領軍屬官有長史司馬功曹主簿五官左右衞將軍文帝

初置中衞及武帝受命分爲左右衞以羊琇爲左趙序爲右並置長史司

馬功曹主簿員江左罷長史

（通典）魏末晉文王置中衞將軍武帝受禪分中衞爲左右衞將軍並置

佐史皆掌宿衞營兵銀章青綬武冠絳朝服佩水蒼玉

（宋書百官志）殿中將軍殿中司馬督晉武帝時殿內宿衞號曰三部司

馬置此二官分隸左右二衞江左初員十人朝會宴饗則將軍戎服直侍

左右夜關城諸門則執白虎幡監之

（晉書職官志）陳勰爲殿中典兵中郎將遷將軍

（晉書王遜列傳）轉殿中將軍

（晉書職官志）光祿勳統虎賁中郎將羽林郎將哀帝興寧二年省孝武

寧康元年復置

（冊府元龜）光祿勳晉後不復居禁中又無三署郎唯外官朝會則名列

焉爾後雖取漢代舊名其職則別矣

謹案晉以領護左右衞驍騎游擊爲六軍而領軍及左右衞專司宿衞禁兵實卽今領侍衞内大臣之職其殿中將軍殿中典兵中郎將殿中司馬督則卽今之侍衞也至光祿勳雖沿故號而不復居於禁中已非漢制之舊至北齊而遂爲典膳之官今並別載入光祿寺篇不著於此表以符其實云

宋齊梁陳

（宋書百官志）領軍將軍一人掌内軍左衞將軍一人右衞將軍一人掌宿衞營兵左中郎將右中郎將虎賁中郎將宂從僕射羽林監先各置一人宋太宗太始以來多以軍功得此官今無復員殿中將軍殿中司馬督江左初員十人宋高祖增爲二十人其後過員者謂之殿中員外將軍司馬督其後並無復員武衞將軍無員宋世祖大明中復置代殿中將軍之任

（宋書文帝本紀）元嘉元年南蠻校尉到彥之爲中領軍

（胡三省資治通鑑注）江左以直閤將軍出入省閤總領宿衞又宿衞之官有細鎧主細鎧將細仗主等又隊有隊主副仗有仗主副

（南史王敬則列傳）補刀戟左右宋前廢帝使敬則跳刀撫髀拍張甚爲儇捷補俠轂隊主領細鎧左右明帝以爲直閤將軍

（司馬光資治通鑑）宋文帝元嘉二十八年殿上將軍黃延年（胡三省注殿上將軍當是宋置）元嘉三十年齋帥張超之（胡三省注齋帥主齋內仗衞）武帝大明二年虎賁主龐孟蚪（胡三省注虎賁主主虎賁士）

（南齊書百官志）領軍將軍中領軍爲中小輕司一官也置長史司馬五官功曹主簿左右二衞將軍置司馬次官功曹主簿以下左右二中郎將虎賁中郎將宂從僕射羽林監殿中將軍員外殿中將軍殿中司馬督武衞將軍自二衞以下謂之西省

（南史茹灋亮列傳）直後徐僧亮

（南齊書茹灋珍列傳）徐世檦自殿內主帥爲直閤將軍

（隋書百官志）梁武受命官班多同宋齊之舊領軍左右衛將軍左右中郎將虎賁宂從羽林三將軍殿中將軍武騎之職皆以司分丹禁侍衛左右天監六年置左右驍騎左右游擊將軍位視二率又置朱衣直閤將軍以經爲方牧者爲之其以左右驍游帶領者量給儀從陳承梁皆循其制

官

（資治通鑑）梁承聖元年以兄子項爲領直（胡三省注梁宿衛之官有四廂領直蓋領直衛之士因以名官）

（隋書韋載列傳）永定元年遷驍騎將軍領朱衣直閤驍騎之職舊領營兵兼統宿衛自梁代以來其任逾重出則羽儀清道入則與二衛通直臨軒則陛殿夾侍時人號之曰夾御將軍

謹案江左諸朝皆以領軍中領軍及左右二衛統領宿衛禁兵而梁陳以後令驍騎游擊將軍兼朱衣直閤與二衛通直則亦今內大臣之任至南史載宋蕭嶷以侍中總宮內直衛王敬則以輔國將軍領臨淮太

守知殿內宿衞兵事皆以他官兼領則事出一時非常制也又直閤將軍殿上將軍鎧主隊主仗主虎賁主殿內主帥齋帥四廂領直直後等官皆不見於史志蓋俱侍衞之職特因所掌而異其名耳

北魏

（魏書官氏志）驃騎將軍車騎將軍衞將軍第一品下左衞將軍從二品上武衞將軍右衞將軍從第二品下羽林中郎將第三品下羽林中郎羽林郎將從第四品上戟楯虎賁將軍募員虎賁將軍從第四品下虎賁司馬虎賁郎將宿衞軍將從第五品上羽林郎從第五品中戟楯虎賁司馬募員虎賁司馬高車虎賁司馬戟楯虎賁將募員虎賁將高車虎賁將高車羽林郎從第五品下二衞主簿宿衞統虎賁郎從第六品上戟楯虎賁募員虎賁高車虎賁從第六品下宿衞幢將從第七品上宿衞軍司馬宿衞軍史第九品上虎賁軍書令史第九品下

（楊衒之洛陽伽藍記）御道東有左衞府御道西有右衞府

〔冊府元龜〕魏以驃騎車騎武衛爲三將軍分掌禁旅當爪牙禦侮之寄

〔魏書于烈列傳〕除領軍將軍咸陽王禧求羽林虎賁執仗烈曰領軍但知典掌宿衛理無私給

〔洛陽伽藍記〕景仁會稽山陰人也正光年初從蕭保夤歸化拜羽林監

〔資治通鑑〕宋元嘉三年魏內三郎豆代田〔胡三省注〕魏宿衛之官也三郎將領之又案魏道武帝天興初置幢主幢將主內三郎內三郎衛士也　元嘉七年魏加豆代田散騎常侍右衛將軍領內都幢將〔胡三省注〕百人爲幢幢有帥柔然之瀍也魏幢將主三郎衛士直宿禁中者自侍中以下中散已上皆統之　元嘉十一年魏入內行長代人陳建〔胡三省注〕入內行長魏官也蓋選男力之士入直禁中行長則其部帥也　元嘉二十七年魏擒王羅漢使三郎將守之〔胡三省注〕三郎將蓋主內三郎　元嘉二十九年魏羽林郎中代人劉尼殿中尚書源賀俱典兵宿衛〔胡三省注〕羽林郎自漢以來有之漢羽林郎秩比三百石郎中可以概推矣魏以劉尼爲羽林郎中與殿中尚書俱典兵宿衛則其位任蓋重於漢朝也　梁普通二年魏以奚難當爲千牛備身〔胡三省注〕御左右有千牛刀謂之防身刀千牛備身執千牛刀以侍左右者也　魏直後元思輔〔胡三省注〕直後官直閣之屬也

（魏書爾朱榮列傳）以榮爲領左右胡三省通鑑注領左右千牛備身也

（魏書爾朱世隆列傳）肅宗末爲直齋轉直寢後兼直閣加前將軍

（魏書崔孝直列傳）爲宣威將軍仍以本官入領直後

謹案冊府元龜稱魏驃騎車騎武衛爲三將軍分掌禁旅然考之於史魏世專司宿衞者仍屬領軍左衞右衞三官通鑑載魏廣平王懷至太極西廡呼侍中領軍黃門二衞胡三省謂此二衞卽左右衞將軍而魏書載于烈于忠父子世爲領軍將軍總率禁衞者是也其驃騎車騎雖嘗爲領軍加官而實非宿衞之本職冊府元龜蓋考之未審矣至領左右一官史志失載而爾朱榮高歡等皆嘗以宰輔兼之則其職較重當亦如今之領侍衞大臣也

（洛陽伽藍記）惟中大夫楊元愼給事中大夫王昫是中原士族

謹案北魏猶存中大夫之名其云給事中大夫則猶給事中禁也與漢光祿勳所屬者職掌尚同

北齊

〔隋書百官志〕後齊領軍府將軍一人掌禁衞宮掖朱華閤外凡守衞官皆主之中領軍亦同有長史司馬功曹五官主簿錄事鎧其府事又領左右衞領左右等府左右衞府將軍各一人掌左右廂所主朱華閤以外各武衞將軍二人貳之直閤屬官有朱衣直閤直閤將軍直寢直齋直後之屬又有武騎雲騎將軍各一人驍騎游擊前後左右等四軍將軍左右中郎將各五人虎賁中郎將羽林監各十五人宂從僕射三十人騎都尉六十人積弩積射強弩等將軍及武騎常侍各二十五人殿中將軍五十人員外將軍一百人殿中司馬督十五人員外司馬督一百人領左右府有領左右將軍領千牛備身又有左右備身正副都督左右備身五職左右備身員又有刀劍備身正副都督刀劍備身五職刀劍備身員又有備身正副督備身五職員

〔北齊書高歸彥列傳〕除領軍大將軍領軍加大自歸彥始也乾明初拜

司徒仍總知禁衛

謹案北齊以領軍府總左右衛及領左右二府之事是領軍獨專宿衛之司其職甚重故當時如平秦王歸彥瑯邪王儼等皆以懿親爲之蓋領軍如今領侍衛大臣而左右衛將軍領左右將軍則其副也至領軍因平秦王歸彥始加大字而琅邪王儼傳又有右衛大將軍趙元侶其人則是左右衛後亦並加大字蓋其委寄亦不亞於領軍矣

後周

（周書趙貴獨孤信列傳）初魏拜爾朱榮柱國大將軍魏文帝復以太祖爲之自大統十六年以前任者八人太祖位總百揆廣陵王欣從容禁闥此外六人各督二大將軍分掌禁旅

（胡三省資治通鑑注）周置左右宮伯掌侍衛之禁各更直於內小宮伯貳之臨朝在前侍之首行則夾路車左右

（通典）從周官品正五命天官左右宮伯中大夫正四命天官小左宮伯

下大夫虎賁給事正三命天官小右宮伯夏官右虎賁率右旅賁率右驍

騎率右羽林率等上士正二命夏官右虎賁率右旅賁率右驍騎率右羽

林率倅長等中士

謹案後周以左右宮伯掌侍衞之禁令葢仿周官而設當如今之內大

臣而柱國大將軍專總禁旅則如今之領侍衞內大臣也

隋

(隋書百官志)左右衞大將軍一人將軍二人有長史司馬錄事功倉兵

騎等曹參軍灋曹鎧曹行參軍各一人行參軍六人掌宮掖禁禦督攝仗

衞又有直閤將軍六人直寢十二人直齋直後各十五人並掌宿衞侍從

武騎常侍十人殿內將軍十五人員外將軍三十人殿內司馬督二十人

員外司馬督四十人並以參軍府朝出使勞問左右領左右府各大將軍

一人將軍二人掌侍衞左右供御兵仗領千牛備身十二人掌執千牛刀

備身左右十二人掌供御弓箭備身六十人掌宿衞侍從左右領軍府各

掌十二軍籍帳差科辭訟之事不置將軍唯有長史司馬掾屬煬帝改左右衞爲左右翊衞領軍爲左右屯衞領左右府爲左右備身府

謹案隋置十二衞十六府以分司禁旅蓋即唐十六衞之權輿然其職事各有攸分故以今制相準如左右武候近今前鋒營左右監門近今護軍營今已各著於表惟左右衞領左右府專司宿衞侍從正今領侍衞之職而領軍府長史司馬掾屬亦如今侍衞處之有主事筆帖式也

唐

（新唐書百官志）左右衞上將軍各一人從二品大將軍各一人正三品將軍各三人從三品掌宮禁宿衞凡五府及外府皆總制焉凡五府三衞及折衝府驍騎番上者受其名簿而配以職皇帝御正殿則守諸門及內廂宿衞仗非上日亦將軍一人押仗將軍缺以中郎將代將軍掌貳上將軍之事

（孫逢吉職官分紀）左右衞長史各一人從六品上掌制諸曹五府外府

稟祿主伍軍團之名數器械車馬之多少小事則專達錄事參軍各二人
正八品上掌受諸曹及五府之外事句稽抄目印結紙筆
（舊唐書職官志）親衛之府一曰親府勳衛之府二曰勳一府曰勳二府
翊衛之府二曰翊一府曰翊二府兄五府三衛總四千九百六十三人每
府中郎將左右郎將各一人兵曹參軍各一人校尉各五人每校尉有旅
帥二人每旅帥各有隊正副隊正各二十人五府中郎將掌領校尉旅帥
親衛勳衛之屬宿衛者總其府事左右郎將貳焉番上者以名簿上于大
將軍而配以職武德貞觀世重資蔭二品三品子視親衛二品曾孫三品
孫四品子職事官五品子若孫勳官三品以上有封及國公子補勳衛及
率府親衛四品孫五品及上柱國子補翊衛及率府勳衛勳官二品及縣
男以上子若孫補諸衛及率府翊衛每月番上者數千人宿衛內廡及城
門給廩食執扇三衛三百人殿中省肄習
（唐六典）右左衛親勳翊及左右率府親勳及諸衛之翊衛通謂之三衛

擇其資蔭凡左右衞之三衞分爲五仗曰親仗供奉仗勳仗翊仗散手仗

〔章如愚山堂考索〕左右驍衞左右武衞左右威衞左右領軍衞左右千牛衞上將軍各一人大將軍各一人將軍各二人掌同左右衞

〔玉海〕左右衞以下皆有長史錄事倉曹兵曹騎曹胄曹司階中候司戈執戟長上

〔唐六典〕凡兵士隸衞各有其名左右衞兵曰驍騎威衞兵曰羽林驍衞兵曰豹騎武衞兵曰熊渠領軍衞兵曰射聲

〔新唐書百官志〕左右羽林軍大將軍各一人將軍各二人掌統北衞禁兵督攝左右廂飛騎儀仗左右龍武軍大將軍各一人統軍各一人將軍三人掌同羽林

謹案唐之十六衞左右衞左右驍衞左右武衞左右威衞左右領軍衞左右金吾衞左右監門衞左右千牛衞是也五府三衞者親衞一府勳衞翊衞各二府是也皆所稱環衞之官以今制準之惟左右衞掌宮禁

宿衞千牛衞掌侍衞及供御兵仗最與今領侍衞相合他若驍騎武衞
威衞領軍衞雖云掌同左右衞而兼知皇城四面助鋪則已並有今護
軍之職特其官皆以內廂宿衞爲主故仍係之此表至金吾衞掌巡警
監門衞掌諸門禁衞則職守攸殊今已別繫之步軍護軍各統領表內
又羽林龍武諸軍統北衙禁軍當時號爲天子親兵其領是軍者類多
近信之臣正今領侍衞大臣之比今亦並著於是篇焉

五季

〔五代會要〕顯德元年十月上謂侍臣曰侍衞兵士累朝以來老少相伴
強懦不分蓋徇人情不能進練今春高平與劉崇及蕃軍相遇臨敵有指
使不前者苟非朕親當堅陣幾至喪敗況百戶農夫未能贍一甲士且兵
在精不在衆宜令一一點選精銳者升在上軍懦怯者任從安便庶期可
用又不虛費

〔冊府元龜〕五代有侍衞親軍指揮及殿前都點檢殿前都指揮之職

（葉夢得石林燕語）侍衞親軍自梁起宣武軍乃以鎮兵因舊號置在京馬步都指揮使至後唐明宗遂改爲侍衞親軍

（五代會要）周廣順四年四月改侍衞馬軍曰龍捷左右軍步軍曰虎捷左右軍殿前始於周世宗顯德元年

（歐陽修五代史論）侍衞親軍此五代之遺制然原其始微矣當唐之末方鎮之兵多矣凡一軍有指揮使一人而合一州之諸軍又有馬步軍都指揮使一人蓋其卒伍之長也自梁以宣武軍建國因其舊制有在京馬步軍都指揮使後唐因之至明宗時始更爲侍衞親軍馬步軍都指揮使當是時天子自有六軍諸衞之職六軍有統軍諸衞有將軍而又以大臣宗室一人判六軍諸衞事此朝廷大將天子國兵之舊制也而侍衞親軍者天子自將之私兵也推其名號可知矣天子自爲將則都指揮乃其卒伍之都長耳然自漢周以來其職益重漢有侍衞司獄凡朝廷大事皆決侍衞獄是時史宏肇爲都指揮使與宰相樞密使並執國政而史宏肇尤

專任以至於亡親軍之號始於明宗其後又有殿前都指揮使亦親軍也

〔五代史景延廣列傳〕高祖以爲侍衞步軍都指揮使又爲馬步軍都虞候遷馬步軍都指揮使

〔五代史劉贇列傳〕侍衞馬軍指揮使郭崇

〔五代史孫晟列傳〕侍衞軍虞候韓通

〔五代史王章列傳〕漢高祖典禁兵補章都孔目官

〔五代史史宏肇列傳〕侍衞孔目官解暉

謹案五季始改唐制其專司宿衞者以侍衞馬步軍都指揮使侍衞軍都虞候及殿前都指揮使殿前都檢點爲之長其下又有指揮使虞候及都孔目等官蓋亦如今領侍衞之職也至十六衞將軍雖有其名但以爲外官加銜蓋名存而實巳亡矣

宋

〔宋史職官志〕殿前司都指揮使副都指揮使都虞候各一人掌殿前諸

班直及步騎諸指揮之名籍凡統制訓練番衛戍守遷補賞罰皆總其政令而有都點檢副都點檢在都指揮之上後不復置入則侍衛殿陛出則扈從乘輿大禮則提點編排整肅禁衛鹵簿儀仗掌宿衛之事○侍衛親軍馬軍都指揮使副都指揮使副都虞候各一人掌馬軍諸指揮之名籍凡侍衛扈從大禮宿衛所掌如殿前司官○侍衛親軍步軍都指揮使副都指揮使都虞候各一人掌步軍諸指揮之名籍侍衛扈從如殿前司○殿前司有捧日天武左右四廂馬軍有龍衛左右四廂步軍有神衛左右四廂各有都指揮使都虞候指揮使副指揮使都頭副都頭十將將虞候

承勾押官

〈歐陽修歸田錄〉舊制侍衛親軍與殿前分爲兩司自侍衛不置馬步軍都指揮使止置馬軍指揮使步軍指揮使以來侍衛一司自分爲二故與殿前司列爲三衙也五代軍制已無典灋而今又非其舊制者多矣○唐制三衛官有司階司戈執戟謂之四色官今三衛廢無官屬惟金吾有一

人每日於正衙放朝唱不坐直謂之四色官尤可笑也
謹案唐會要載司階中候司戈執戟並天授二年四月五日置蓋即所謂四色官也唐諸衞皆有之歸田錄謂當時惟有金吾一人謂之四色官考唐六典金吾衞本有此四色官宋時於正衙放朝時猶以金吾一人當之則告朔之羊也
〔石林燕語〕殿前司與侍衞司馬軍步軍爲三衞其實兩司而侍衞司都指揮外又置馬步軍都指揮使耳殿前司亦參馬步軍而總於都指揮使
〔馬端臨文獻通考〕宋承前代之制者有左右金吾衞左右衞上將軍左右驍騎屯衞領軍衞監門衞千牛衞上將軍諸衞大將軍諸衞將軍並爲環衞官無定員皆命宗室爲之亦爲武臣之贈典大將軍以下又爲武臣責降散官
〔張邦基墨莊漫錄〕國朝宗室例除環衞裕陵始以非袒免補外官
謹案墨莊漫錄謂國朝宗室例除環衞宋文粹載皇兄皇弟皇姪授環

衞官諸誥可以考見宋制玉海載元豐二年十六衞大將軍二百九十
四員將軍一百六十二員並宗室蓋猶沿祖宗之制玉海又載太平興
國二年安遠節度使向拱換左衞上將軍張永德等皆罷節制歸環衞
則以勳臣及戚屬爲之矣隆興復祖宗環衞官蓋本此制
〔玉海〕隆興二年五月八日壬辰進呈洪适周操討論環衞官故事湯思
退奏環衞唐時有職事本朝無職事祖宗舊制自方鎭罷皆歸環衞先是
上欲復祖宗環衞官四月二十六日命學士院討論至是下詔曰祖宗選
用將帥以崇武節外建方鎭内則環尹品式備具近來久不除授非所以
儲才而均任也其依舊制應以材略聞者令兼領如節度使則領左右金
吾衞上將軍承宣使領左右衞上將軍之類既而閤門條具儀制詔以十
員爲額朝參侍殿依御帶例宗室不在此制仍不差戚里及非戰功人著
爲令二十五日詔臨安府建第舍以待環衞淳熙四年二月二十三日立
環衞官格其遷正任除上將軍遙郡除大將軍正使除將軍副使除中郎

將使臣已下左右郎將是時李顯忠首除左金吾衞上將軍上曰在內則兼在外則否此正如文臣館閣庶可見人才

謹案宋以殿前司與侍衞馬步司專司宿衞謂之三衙當時稱殿前都指揮使爲殿帥亦曰殿巖蓋本漢代巖郎爲名實卽今領侍衞大臣之職特宋制凡內外屯戍之兵皆號禁軍悉以屬之殿前侍衞二司管轄於是遂獨專兵柄則歷代所未有也至環衞諸官僅有其名並無職守已全非隋唐之舊今故不著於表

（玉海）崇寧四年二月十日己酉置三衞郎中郎博士二十六日詔三衞郎爲侍郎親衞勳衞翊衞皆有郎中郎

謹案玉海載崇寧四年所置三衞郎中郎博士蓋仿漢三署郎之遺制然徒有虛名不久旋廢故今亦不著於表

（沈括夢溪筆談）車駕行幸前驅謂之隊則古之清道也其次衞仗衞仗者視闌入宮門灋則古之外仗也其中謂之禁圍如殿中仗天官掌舍無

官則供人門今謂之殿門文武官極天下長人之選八人上御前殿則執
鉞立於紫宸門下行幸則爲禁圍門行於仗馬之前又有衡門十人隊長
一人選諸武力絶倫者爲之上御後殿則執撾東西對立於殿前亦古之
虎賁人門之類也

遼

〔遼史百官志〕北面御帳官○侍衛司掌御帳親衛之事侍衛太師侍衛
太保侍衛司徒侍衛司空侍衛○宿衛司掌宿衛之事總宿衛事亦曰
典宿衛事總知宿衛事同掌宿衛事宿衛官○禁衛局總禁衛事禁衛長
○宿直司掌輪直官員宿直之事宿直詳袞宿直都監宿直將軍宿直小
將軍宿直官宿直護衛○南面軍官○殿前都點檢司殿前都點檢副點
檢同知都點檢○侍衛親軍馬步軍都指揮使司侍衛親軍馬軍都指揮
使司侍備親軍步軍都指揮使司○侍衛控鶴兵馬都指揮使司○侍衛
漢軍兵馬都指揮使司

謹案遼御帳諸官以貴戚爲侍衞武臣爲宿衞親軍爲禁衞百官番宿爲宿直皆如今領侍衞之職至南面官之殿前侍衞兩司與宋制正同疑所領皆漢兵故與御帳別爲一職也

金

（金史百官志）殿前都點檢司掌親軍總領左右衞將軍宿直將軍諸局署隸焉殿前都點檢正三品兼侍衞將軍都指揮使掌行從宿衞關防門禁督攝隊仗總判司事殿前左副都點檢從三品兼侍衞將軍副都指揮使殿前右副都點檢從三品兼侍衞將軍副都指揮使掌宮掖及行從殿前都點檢判官從六品知事一員從七品殿前左衞將軍殿前右衞將軍殿前左衞副將軍殿前右衞副將軍掌宮禁及行從警嚴仍總領護衞左右宿直將軍從五品掌總領親軍凡宮城諸門衞禁並行從宿衞之事

（金史兵志）禁軍之制本於哈濟滿洲語親也原作合扎今改正明安哈濟者言親軍也以近親所領故以名焉貞元遷都更以太祖遼王宗幹秦王宗翰軍爲哈

濟明安謂之侍衛親軍故立侍衛親軍司以統之正隆五年罷親軍司置左右驍騎所謂從駕軍也置都副指揮使隸點檢司步軍都副指揮使隸宣徽院

謹案金改侍衛親軍爲殿前都點檢司蓋已合宋之三衙爲一官而宿衛以外兼防門禁則又並有今護軍之職矣至拱衛直之隸宣徽院者掌陳設儀仗則又近今之鑾儀衛故不著於此表

元

〔元史兵志〕太祖功臣博勒呼（蒙古語可也原作博爾忽今改正）博爾濟（蒙古語兩代奴也原作博爾木今改正）穆呼里（蒙古語純也原作木華黎今改正）齊拉袞（蒙古語石也原作赤老温今改正）太祖命其世領集賽（蒙古語班也原作怯辥今改正）之長番直宿衛凡宿衛每三日而一更申酉戌日博勒呼領之爲第一集賽卽伊克（蒙古語大也原作也可今改正）集賽博勒呼早絕太祖命以布色（蒙古語帶也原作別速今改正）部代之而非功臣之類故太祖以自名領之其名伊克者言天子自領之故也亥子丑日博爾濟領之爲第二集賽寅卯辰

日穆呼里領之爲第三集賽巳午未日齊拉袞領之爲第四集賽齊拉袞絕其後集賽常以右丞相領之凡集賽長之子孫或由天子所親信或由宰輔所薦舉或以其次序所當爲即襲其職以掌環衞雖其官卑勿論也及年勞既久則遂擢爲一品官而四集賽之長天子或又命大臣以總之然不常設也其他預集賽之職而居禁近者分冠服弓矢食飲文史車馬廬帳府庫醫藥卜祝之事悉世守之雖以才能受任使服官政貴盛之極然一日歸至內廷則執其事如故至於子孫無改非甚親信不得預也若夫宿衞之士則謂之集賽台（原作怯薛歹又作怯薛丹今並改正）亦以三日分番入衞其初名數甚簡後累增爲萬四千人揆之古制猶天子之禁軍是故無事則各執其事以備宿衞禁廷有事則爲天子之所指使比之樞密各衞諸軍於是爲尤親信者也

〔元史百官志〕右衞左衞中衞秩正三品中統三年初置武衞至元元年改爲侍衞八年改爲左右中三衞掌宿衞扈從置都指揮使二員副都指

揮使二員僉事三員經歷二員知事二員照磨一員令史七人譯史通事知印各一人○前衛後衛秩正三品至元十六年以侍衛親軍𠜇置前後二衛掌宿衛扈從置都指揮使三員副都指揮使二員僉事二員經歷二員知事二員照磨二員令史七人通事譯史知印各一人後衛譯史通事各二人

謹案元之四集賽以功臣之後世領宿衛與今侍衛官員定爲上三旗額缺者其制頗屬相近至侍衛親軍世祖設五衛以象五方各置都指揮使以領之而別無總統之官以百官志考之蓋亦隸於樞密院也

明

（明史職官志）京衛指揮使司指揮使一人正三品 指揮同知二人從三品 指揮僉事四人正四品 鎮撫司鎮撫一人從三品 其屬經歷司經歷從七品 知事從八品 吏目從九品 倉大使副使各一人京衛各有掌印有僉書其以恩蔭寄祿無定員凡上直衛親軍指揮使司二十有六曰錦衣衛曰旗手衛曰金吾前衛曰金吾後衛曰羽林左衛曰羽林右衛曰府軍衛曰府軍左衛曰府

軍右衛曰府軍前衛曰府軍後衛曰虎賁左衛（是爲十二衛洪武中置）曰金吾左衛曰金吾右衛曰羽林前衛曰燕山左衛曰燕山右衛曰燕山前衛曰大興左衛曰濟陽衛曰濟州衛曰通州衛（是爲上十衛永樂中置）曰騰驤左衛曰騰驤右衛曰武驤左衛曰武驤右衛（宣德八年置）番上宿衛名親軍以護宮禁不隸都督府

〔明會典〕掌領侍衛侯伯駙馬等官六員二員管錦衣衛府軍前衛四員管三千圍營

〔明史兵志〕侍衛上直軍洪武置錦衣衛所隸有將軍力士校尉掌直駕侍衛已又擇公侯伯都督指揮之嫡次子置勳衛散騎舍人而府軍前衛及旗手等十二衛各有帶刀官錦衣所隸將軍後改稱大漢將軍凡千五百人設千百戶總旗七員永樂中置五軍三千營增紅盔明甲二將軍及叉刀圍子手之屬備宿衛領以勳戚官官凡六管大漢將軍及散騎舍人府軍前衛帶刀官者一管五軍營叉刀圍子手者一管神樞營紅盔將軍

者四居常當直將軍朝夕分候午門外夜則司更共百人而五軍叉刀官
軍悉於皇城直宿掌侍衛官輪直日一員惟掌錦衣衛將軍及叉刀手者
每日侍共計錦衣衛大漢將軍一千五百七人府軍前衛帶刀官四十神
樞營紅盔將軍二千五百把總指揮十六明甲將軍五百二把總指揮二
大漢將軍八五軍營乂刀圍子手三千把總指揮八勳衛散騎舍人無定
員旗手等衛帶刀官一百八十此侍衛親軍大較也
謹案自古周廬千列設戟百重環衛之官其職綦重周禮宮正宮伯實
後世郎衛所由始其職皆以勳親入侍休戚一心灋制盡善漢代三署
郎多選經明行修者充之猶爲不失遺意其後漸有改更如南北朝之
領軍左右衛唐之十六衛宋之殿前侍衛司皆爲宿衛之長而或權移
宦豎或委寄非人代多流弊惟元之四集賽以功臣親信子弟世守其
官最爲近古明代以二十六衛爲天子親軍統以指揮使領以公侯伯
駙馬等官立灋非不詳備然自永樂以後京營悉有監視太監憲宗又

命汪直提督團營禁旅由是始專掌於中官嗣後神機三千四衛等營城門諸局無一不以中官監之宿衛諸軍盡歸掌握甚至領兵出征大帥悉受節制侵尅軍資冒功掩敗百弊叢生至皇城門禁多屬錦衣衛軍其東廠太監緝事官校亦皆從錦衣撥給由是衛帥每出內侍私人表裏爲奸擅作威福而於禁門守衛一切置之不問衛軍役於中官常至空伍賃市兒行丐以應點閱坐更將軍皆納月錢於所轄經時不至直廬當時人主晏處深宮不接見廷臣出入起居惟有羣閹在側倒持阿柄聽其所爲浸釀厲階致傾宗社禍患所中正不獨禁衛之積弛已

我

朝侍衛之職選上三旗中材武出衆之子弟及各執事効力人等之可任者爲

御前侍衛

乾清門侍衛而統以三旗領侍衛內大臣凡熊羆之士不二心之臣無不

培養生成敬共將事而諸藩之世爲臣僕者亦得以子弟入侍趨走
禁闈番直有期訓習有道稽覈有瀀選擢有方分職設官練材於素出則
當折衝之任入則備翊衞之班所以上應勾陳環拱
宸極者其規模實爲閎遠矣

欽定歷代職官表卷四十三

欽定歷代職官表卷四十四

八旗都統表

	八旗都統
三代	周鄉師遂人遂師軍將
秦	
漢	
後漢	
三國	
晉	
宋齊梁陳	
北魏	南北部大人四部大人八部大人
北齊	
後周	六柱國
隋	
唐	諸折衝都尉府折衝都尉
五季	
宋	
遼	各部大王左右宰相各部節度使各部族詳袞都監
金	諸部族節度使
元	
明	

副都統	參領	副參領
周鄉大夫遂大夫師帥	周州長縣正旅師	周黨正鄙師卒長
	八部大師	
十二大將軍	二十四軍開府	
	諸鷹揚府鷹揚郎將開府	鷹揚副郎將
諸折衝都尉府左右果毅都尉	諸折衝都尉府別將	諸折衝都尉府長史
各部節度副使	各錫林額爾奇木	
諸部族節度副使	諸明安	

佐領	驍騎校	筆帖式
周族師閭胥酇長里宰兩司馬	周比長鄰長	周遂人史
八部小師		
各府郎將		
諸衛揚府越騎校尉步兵校尉	坊主團主	
	諸折衝都尉府隊正	諸折衝府兵曹參軍事諸折衝府錄事
各錫林瑪爾布	各密拉鮮袞	各錫林牙書
諸穆昆	諸圖哩	諸部族判官知法

八旗都統

國朝官制

八旗都統滿洲蒙古漢軍旗各一人從一品 副都統旗各二人正二品

分掌滿洲蒙古漢軍二十四旗之政令以宣布教養整詰戎兵釐治土田稽覈戶口凡八旗次序以鑲黃正黃正白爲上三旗正紅鑲白鑲紅正藍鑲藍爲下五旗行軍蒐狩以鑲黃正白鑲白正藍四旗居左爲左翼正黃正紅鑲紅鑲藍四旗居右爲右翼我

朝自龍興東土諸部以次削平歸附日衆

太祖高皇帝辛丑年始編三百人爲一牛彔每牛彔設額真一先是我國出兵校獵不論人數多寡各隨族黨屯寨而行每人各取一矢十人設長一領之其長稱爲牛彔額真至是遂以名官尋復定戶籍分爲四旗曰黃旗曰白旗曰紅旗曰藍旗以純色爲辨乙卯年以初設四旗爲正黃正白正紅正藍增設鑲黃鑲白鑲紅鑲藍四旗黃白藍均鑲以紅紅鑲以白合爲八

旗每三百人設一牛彔額真五牛彔設一甲喇額真五甲喇設一固山額真每固山額真設左右梅勒額真二人以佐之天聰八年改梅勒額真以下爲章京惟固山額真如故其隨固山額真行營馬兵定爲阿禮哈超哈此爲驍騎營之始九年分設蒙古八旗旗色官制與滿洲八旗同崇德二年始立漢軍二旗四年以漢軍二旗分爲四旗七年定設漢軍八旗旗色官制與滿洲蒙古八旗同順治十六年鑄給八旗都統二十四印十七年定制固山額真漢字稱爲都統梅勒章京漢字稱爲副都統雍正元年改八旗都統印滿文固山額真字爲固山昂邦漢名如舊凡官職除授公差踐更以上下旗爲辨朝祭班列旗籍界止以左右翼爲辨京城八旗方位左翼自北而東自東而南鑲黃旗在安定門內正白旗在東直門內鑲白旗在朝陽門內正藍旗在崇文門內右翼自北而西自西而南正黃旗在德勝門內正紅旗在西直門內鑲紅旗在阜城門內鑲藍旗在宣武門內四周星拱以環衛

宸居焉

八旗驍騎參領滿洲旗各五人蒙古旗各二人漢軍旗各五人正三品副驍騎參領各如參領之數正四品

掌受都統副都統之政令以頒於佐領而行之天聰八年制管甲喇者卽爲甲喇章京順治八年定甲喇章京漢字稱爲參領滿字如舊康熙三十四年每甲喇增置委署參領各一人於世爵佐領等員內選用雍正元年改爲副參領七年又增置左右司掌關防參領旗各二人十三年省

八旗佐領滿洲六百八十一人蒙古二百有四人漢軍二百六十六人正四品驍騎校每佐領下一人正六品

掌稽所治人戶田宅兵籍以時頒其職掌初天命元年始編置滿洲牛彔八年增編蒙古牛彔天聰四年增編漢軍牛彔八年制管牛彔者卽爲牛彔章京順治十七年定牛彔章京漢字稱爲佐領分得撥什庫漢字稱爲驍騎校滿文如舊佐領所治以三百人爲率丁口滋生則遞有增設今以

見數計之滿洲佐領鑲黃旗八十六人（內二人半個佐領）正黃旗九十三人（內一人半個佐領一人兼辦番子事務）正白旗八十六人正紅旗七十四人鑲白旗八十四人鑲紅旗八十六人正藍旗八十四人（內一人半個佐領）鑲藍旗八十八人（內一人半個佐領）蒙古佐領鑲黃旗二十八人正黃旗二十四人正白旗二十九人正紅旗二十二人鑲白旗二十四人鑲紅旗二十二人正藍旗二十人鑲藍旗二十五人漢軍佐領鑲黃旗四十一人正黃正白二旗各四十人正紅旗二十八人鑲白旗三十人鑲紅正藍鑲藍三旗各二十九人佐領之制有世

襲有公中世襲佐領有四等

國初各部落長率其屬來歸授之佐領以統其衆爰及苗裔者曰勳舊佐領

其率衆歸誠功在旗常得

賜戶口者曰優異世管佐領其僅同弟兄族里來歸因授之以職奕葉相承者曰世管佐領其戶少丁稀合編佐領兩姓三姓迭爲是官者曰互管佐領

皆以應襲者引

見除授公中佐領則因八旗戶口蕃衍於康熙十三年以各佐領撥出餘丁增編佐領使旗員統之有缺則以本旗不兼部務之大臣世爵及五品以上文武官內簡選除授焉滿洲蒙古每佐領下領催五人驍騎二十人弓匠一人鞍匠或鐵匠一人漢軍每佐領下亦領催五人鳥槍驍騎四十一人擡鹿角兵八人每旗籐牌兵一百人礮手四十人

印務參領滿洲旗各二人蒙古旗各一人漢軍旗各二人（於本旗參領內選充）印務章京滿洲旗各八人蒙古旗各四人漢軍旗各六人（於佐領驍騎校世職內選充）印務筆帖式滿洲旗各八人蒙古旗各四人漢軍旗各六人（於生監甲兵內選充）隨印外郎滿洲漢軍旗各一人蒙古旗各二人（於滿洲官學生內考充）

掌章疏文移案牘及繙譯行遣之事雍正七年每旗設左右司掌關防參領章京及司務等員十三年俱省改設印務參領章京筆帖式員額乾隆元年定

謹案今制八旗有值年公署歲列都統副都統銜名奏請

飭派掌八旗會理之事選左右翼官校之賢能者分治之領催驍騎掌書鈔
各舉職以從其長課事考成歲終則會已結未結之事彙疏以
聞所屬之稱職者於每歲更代日咨本旗以應陞注冊立法最爲詳備謹附
識於此

歷代建置

謹案歷代兵制因革紛殊而推其建置之由大抵實同名異其有出於
特創無所因襲而足爲億萬世法程者則我
朝八旗之制是也敬惟
國家神武開基
龍興之初建旗辨色用飭戎行厥後歸附既衆卽案行軍旗色以定戶籍
先立四旗尋增建爲八旗然猶統滿洲蒙古漢軍而合于一迨後戶口
日繁乃次第編置蒙古漢軍八旗合爲二十四旗制度詳備及
定鼎京師分田授宅辨方正位在內則有親軍前鋒護軍驍騎步軍之分在

外則有各直省駐防之制而悉統之以八旗設官分職教養生成蓋以旗統人卽以旗統兵凡在隸乎旗者皆可以爲兵非如前代有僉派召募之煩而後收兵之用故不見異而遷則其心純壹相觀摩而善則其氣果敢居則環衞周防出則折衝禦侮臂指之使磐石之固洵可超越百代垂法億年規制之善實從來所未有非若他官遞相依仿有沿革之可言謹以周官大司馬職及列史兵志所載詳悉參證惟周之鄉遂出軍兵農各一者立法最爲相近秦漢而下改用募軍饋餉日以滋繁兵民不復相習非驕卽弱職此之由雖其得失亦有不同而以視今八旗定制俱不啻判若天淵並無可比擬於萬一者求其約略近似則獨唐之折衝果毅府差相彷彿而北魏之八部大人遼之諸部族節度使金之諸明安穆昆亦猶有大略椎輪之意謹各加採摭著之於篇而其餘諸代之無可比附者則並闕而不載亦以見

聖人首出顯庸刱制其精意所在固有媕邁古今無能媲美者爾

（周禮夏官）凡制軍萬有二千五百人爲軍王六軍軍將皆命卿二千五百人爲師師帥皆中大夫五百人爲旅旅帥皆下大夫百人爲卒卒長皆上士二十五人爲兩兩司馬皆中士五人爲伍伍皆有長一軍則二府六史胥十人徒百人（鄭康成注）軍師旅卒兩伍皆衆名也伍一比兩一閭卒一旅旅一黨師一州軍一鄉家所出一人將帥長司馬者其師吏也凡軍師不特置選於六官六鄉之吏自鄉以下德任者使兼官焉

（周禮地官）大司徒鄉一人小司徒中大夫二人鄉師下大夫四人鄉老二鄉則公一人鄉大夫每鄉卿一人州長每州中大夫一人黨正每黨下大夫一人族師每族上士一人閭胥每閭中士一人比長五家下士一人

大司徒之職令五家爲比使之相保五比爲閭使之相受四閭爲族使之相葬五族爲黨使之相救五黨爲州使之相賙五州爲鄉使之相賓小司徒之職會萬民之卒伍而用之五人爲伍五伍爲兩四兩爲卒五卒爲旅

五旅爲師五師爲軍以起軍旅以作田役以比追胥以令貢賦鄉大夫之職各掌其鄉之政教禁令州長各掌其州之教治政令之法黨正各掌其黨之政令教治族師各掌其族之戒令政事閭胥各掌其閭之徵令比長各掌其比之治○遂人中大夫二人遂師下大夫四人上士八人中士十有六人旅下士三十有二人府四人史十有二人胥十有二人徒百有二十人遂大夫每遂中大夫一人縣正每縣下大夫一人鄙師每鄙上士一人酇長每酇中士一人里宰每里下士一人鄰長五家則一人遂人掌邦之野造縣鄙形體之法五家爲鄰五鄰爲里四里爲酇五酇爲鄙五鄙爲縣五縣爲遂皆有地域溝樹之以歲時稽其人民而授之田野簡其兵器教之稼穡以歲時登其夫家之衆寡及其六畜車輦辨其老幼廢疾與其施舍者以頒職作事以令貢賦以令師田以起政役遂師各掌其遂之政令戒禁遂大夫各掌其遂之政令縣正各掌其縣之政令徵比以頒田里以分職事掌其治訟趨其稼事而賞罰之鄙師各掌其鄙之政令祭祀酇

長各掌其酇之政令里宰掌比其邑之衆寡與其六畜兵器治其政令鄰長掌相糾相受凡邑中之政相贊

（崔靈恩三禮義宗）周制天子六鄉六遂諸侯大國三鄉三遂小國一鄉一遂鄉及遂各萬二千五百家鄉內則立比閭族黨州鄉之名遂內則立鄰里酇鄙縣遂之名俱有六等異其屬官之名者别內外也

（易祓周禮總義）先王軍制調兵必五數出兵必百數五家爲比則五人之伍五比爲閭則五伍之兩以至五黨爲州則五旅之師五州爲鄉則五師之軍其積數實起於五人之伍不五數不足以調兵也百人之卒成一小陳五百人之旅成一中陳二千五百人之師成一大陳萬二千五百人之軍成五大陳其積數實起於百人之卒不百數不足以出兵也

（孔穎達春秋正義）家出一人故鄉爲一軍天子六軍出於六鄉大國三軍出於三鄉古者用兵天子先用六鄉六鄉不足取六遂六遂不足取公卿采邑及諸侯邦國若諸侯出兵先盡三鄉三遂鄉遂不足然後總征境

內之兵

〔漢書刑法志〕殷周以兵定天下天下既定設六軍之衆因井田以制軍賦地方一里爲井井十爲通通十爲成成方十里成十爲終終十爲同同方百里同十爲封封十爲畿畿方千里有稅有賦稅足以食賦足以兵

〔陳祥道禮書〕先王之於家也既以五家爲比爲鄰積之至萬二千五百家爲鄉爲遂其於人也既以五人爲伍爲兩積之至萬二千五百人而又十家爲聯以聯其居十人爲聯以聯其事如此則居作相友戰守相衞有同心而無離德也管子相齊使居則五家爲軌十軌爲里十里爲連十連爲鄉出則五人爲伍十伍爲戎十戎爲卒十卒爲旅蓋先王之遺制然也

謹案我

朝八旗之設實粉前古所未有而詳繹立法之意以上稽列代則惟成周之鄉遂制軍其規模頗有相似者蓋周人以田定賦以賦出兵征伐隸之司馬伍籍屬之司徒居則爲比閭族黨州鄉鄰里酇鄙縣遂以定戶

役出則爲伍兩卒旅師軍以敵王愾其兵卽六鄉六遂之民其官卽鄉大夫遂大夫州長縣正之屬法令簡而心志壹故其恩足相恤義足相救服容相別音聲相識無事則各安其作息之常有事則戰無不克洵一代之良法也特是周制王畿千里爲六十四萬井五百一十二萬家家一夫五百一十二萬夫以此夫衆而供萬乘之賦爲七家而賦一兵則亦未必民皆可戰

國家八旗分建教育精詳凡在隸籍於旗者無不可以膺折衝之選其風俗淳厚有勇知方視周之盛時較爲過之至於設官分職則雖不襲古制而自有相合者如今之都統副都統頗近鄉師鄉大夫遂人遂師遂大夫之職參領副參領頗近州長縣正黨正鄙師之職佐領頗近族師閭胥鄰長里宰之職驍騎校頗近比長鄰長之職而小司徒所謂以起軍旗以作田役以比追胥以令貢賦者其職掌所在亦復約略相同仰見

聖朝制作建諸天地攷諸三王洵所謂揆一源同若合符節者矣

（周禮夏官）司常師都建旗

（周禮地官）遂人若起野役則令各帥其所治之民而至以遂之大旗致之

（劉熙釋名）熊虎爲旗旗期也軍將所建象其猛如熊虎與衆期其下也

謹案史記天官書正義河鼓兩旗左旗九星在河鼓左右旗九星在河鼓右皆天之旗鼓以爲旌表又九斿九星在玉井西南則天子之兵旗也故自古聖人皆憲天垂象以旗爲莅軍徵衆之物

本朝始立八旗其取義實本於此謹附識大略以明

昭代刱建隆規有與天地合其德者也

秦未置

漢未置

三國未置

晉

（司馬光資治通鑑）晉孝武帝太元八年秦王堅拜秦州主簿趙盛之爲少年都統（胡三省注）都統官名起于此

謹案秦王堅選良家子年二十以下有材勇者拜羽林郎得三萬餘騎故爲趙盛之特設是官以領之與八旗之制本不相合然都統官號實肇見於此故附載以著權輿所自焉

宋齊梁陳未置

北魏

（魏書官氏志）昭成即位諸方雜人來附者總謂之烏丸各以多少稱酋庶長分爲南北部復置二部大人以統攝之時帝弟觚監北部子寔君監南部分民而治若古之二伯焉太祖登國元年因而不改南北猶置大人對治二部是年置都統長領殿內之兵天興元年十二月置八部大人於皇城四方四維面置一人以擬八座謂之八國天賜元年十一月以八國

姓族難分故國立大師小師令辨其宗黨品舉人才四年增置侍官命取

八國良家有器望者充之

（資治通鑑）宋高祖永初三年魏典東西部劉絜營陽王景平元年魏世

祖以襄城公盧魯元會稽公劉絜司衛監尉眷散騎常侍劉庫仁等八人

分典四部（胡三省注）四部東西南北四部也魏初置四部大人坐王庭

決辭訟以言語約束刻契記事無囹圄考訊之法犯罪者皆臨時決遣後

又有八部大人既得中原建平城爲代郡分布八部于畿內

（魏書太祖本紀）登國元年以長孫嵩爲南部大人叔孫普洛爲北部大

人天賜三年發八部男丁築灅南宮

（魏書賀狄干列傳）稍遷北部大人登國初與長孫嵩爲對

謹案魏書稱北魏初安帝統國諸部有九十九姓至獻帝時七分國人

使諸兄弟各攝領之乃分其氏七族之與自此始其後又分南北部又

分爲南北東西四部各置大人尋又改爲八部謂之八國亦設大人以

領之其制頗與今八旗相近其各部大人卽如今之都統而八國各置大師小師卽如今之參領佐領也特當時規制率略遷洛以後頓忘舊風八部之在平城者無所統率以致六鎭淪胥政歸高氏代都舊姓竟不能共效干城亦可以見其建置之不善矣至魏以都統長領殿內之兵則都統已爲常設之職亦與苻秦之以行軍暫置者不同也

北齊未置

後周

〔馬端臨文獻通考〕周太祖輔西魏時用蘇綽言始仿周典置六軍籍六等之民擇魁健材力之士以爲之首盡蠲租調而刺史以農隙教之合爲百府每府一郞將主之分爲二十四軍開府各領一軍大將軍凡十二人每一將軍統二開府一柱國主二大將將復加持節都督以統焉凡柱國六員衆不滿五萬人

謹案後周始仿三代寓兵於農之意刱設府兵雖其初亦籍民爲之與

今八旗之制不合然其上下統治之法亦頗有相近者蓋郎將主一府如今之佐領開府領一軍如今之參領而柱國大將軍則如今之都統副都統也

隋

（隋書百官志）親衛府置開府一人有長史司馬錄事及倉兵等曹參軍法曹行參軍各一人行參軍三人諸府皆領軍坊每坊置坊主一人佐二人每鄉團置團主一人佐二人煬帝卽位改諸鷹揚府驃騎爲鷹揚郎將車騎爲鷹揚副郎將鷹揚每府置越騎校尉一人掌騎士步兵校尉二人領步兵又改副郎將並爲鷹擊郎將

（文獻通考）隋兵制仍周府兵之舊而加潤色諸府之兵有郎將副將坊主團主以相統治又別置折衝果毅此府兵之大略也

謹案隋仍用府兵之制其郎將以下諸官與後周略同惟坊主團主則後周所未及蓋使各掌其坊團之事正如周官之有比長鄰長也

唐

（新唐書兵志）武德初始置軍府以驃騎車騎兩將軍府領之析關中爲十二道皆置府置將副各一人以督耕戰以車騎府統之六年以天下既定遂廢十二軍改驃騎曰統軍車騎曰別將居歲餘十二軍復而軍置將軍一人軍有坊置主一人以檢察戶口勸課農桑太宗貞觀十年更號統軍爲折衝都尉別將爲果毅都尉諸府總曰折衝府凡天下十道置府六百三十四皆有名號而關內二百六十有一皆以隸諸衞凡府三等兵千二百人爲上千人爲中八百人爲下府置折衝都尉一人左右果毅都尉各一人長史兵曹別將各一人校尉六人士以三百人爲團團有校尉五十人爲隊隊有正十人爲火火有長火備六馱馬凡火具烏布幕鐵馬盂布槽鍤钁鑿碓筐斧鉗鋸皆一甲牀二鎌二隊具火鑽一胸馬繩一首羈足絆皆三人具弓一矢三十胡祿橫刀礪石大觿氈帽氈裝行縢皆一麥飯九斗米二斗皆自備幷其介胄戎具藏於庫有所征行則視其入而出

給之其番上宿衞者惟給弓矢橫刀而已凡民年二十而兵六十而免其
能騎而射者爲越騎其餘爲步兵武騎排穳手步射其隸於衞也左右衞
皆領六十府諸衞領五十至四十其餘以隸東宮六率凡發府兵皆下符
契州刺史與折衝勘契乃發若全府發則折衝都尉以下皆行不盡則果
毅行少則別將行當給馬者官予其直市之刺史折衝果毅歲閱不任戰
事者鬻之以其錢更市不足則一府共足之凡當宿衞者番上兵部以遠
近給番五百里爲五番千里七番一千五百里八番二千里十番外爲十
二番皆一月上若簡留直衞者五百里爲七番千里八番二千里十番外
爲十二番亦月上玄宗開元六年始詔折衝府兵每六歲一簡自高宗武
后時天下久不用兵府兵之法寖壞番役更代多不以時衞士稍稍亡匿
至是益耗散宿衞不能給宰相張說乃請一切募士宿衞天寶以後折衝
諸府至無兵可交李林甫遂請停上下魚書其後徒有兵額官吏而戎器
馱馬鍋幕糗糧並廢矣初府兵之置居無事時耕於野其番上者宿衞京

師而已若四方有事則命將以出事解輒罷兵散於府將歸於朝故士不

失業而將帥無握兵之重所以防微漸絕禍亂之萌也及府兵法壞而方

鎮盛武夫悍將雖無事時據要險專方面既有土地又有其人民又有其

甲兵又有其財賦以布列天下然則方鎮不得不強京師不得不弱故曰

措置之勢使然者以此也

〔新唐書百官志〕諸衞折衝都尉府每府折衝都尉一人左右果毅都尉

各一人別將各一人長史各一人兵曹參軍事各一人校尉五人旅帥十

人隊正二十人副隊正二十人折衝都尉掌領屬備宿衞師役則總戎資

糧點習以三百人爲團一校尉領之左右果毅都尉掌貳都尉每府錄事

一人府一人史二人

謹案唐之府兵一寓於農其居處教養畜材待事動作休息皆有節目

說者謂歷代以來最爲良法推其所自蓋亦本周官鄉遂出軍之法而

變通之而其兵皆隸十六衞以番上宿衞則與今親軍前鋒護軍之皆

統于八旗其規制亦頗有相似者特十六衞將軍專領禁兵近今領侍
衞大臣及前鋒護軍統領之職而不可以當八旗都統惟折衝果毅二
都尉各領一府雖其秩止四品而以職掌論之實爲今都統副都統之
比故當時大將如薛仁貴王忠嗣郭知運張守珪哥舒翰邢君牙段秀
實王方翼楊朝晟等皆曾領此職亦可知其選之非輕矣至别將如今
參領每團各一校尉如今佐領而隊正如今之驍騎校其體制大小亦
有差相彷彿者謹並著之於表以見唐代府兵散居諸道遠不及我
朝之八旗勁旅環拱京城而史稱其番調有時教閱有法統御有律團伍
有籍則其制兵之術固猶爲彼善於此也
〔舊唐書百官志〕都統乾元中始置或總五道或總三道上元末省大中
後討徐州以康承訓討黃巢以王鐸皆爲都統
〔李涪刊誤〕辛丑歲大駕在蜀以巨寇未殄命中書令王鐸仗節鎮滑臺
且統關東諸將收復京國時有論曰京西北言統者三四人慮不稟鐸之

節制宜立其號曰都都統自秦漢已降將相統戎蓋多無有都都統之號
所引故事則曰先帝時命李可及爲都都知此則故事也然中令急於殄
寇不以是爲辱曷不曰諸軍四面行營都統制帥之號莫過于斯
〔資治通鑑〕僖宗中和二年以王鐸兼中書令充諸道行營都都統〔通
鑑攷異〕舊紀傳新傳鐸爲都都統新紀作都統實錄初除及罷時皆爲
都統中閒多云都都統又西門思恭爲都都監案此時諸將爲都統者甚
多疑鐸爲都都統是也
〔王應麟玉海〕唐天寶末置天下兵馬大元帥都統朔方盧龍節度都統
之名始于此乾元元年李峘爲都統淮南江東西節度使都統之官始于
此唐制或總五道或總三道又有行營都統副都統一時兵與稱謂不一
〔葉夢得石林燕語〕唐乾元中以戶部尚書李峘爲都統淮南江東江西
節度使始立都統之號其後以節度使充者建中二年李勉以汴州節度
使充汴宋滑亳河陽等道都統是也宰相充者中和二年王鐸以司徒中

書令爲京城四面諸道行營兵馬都統是也

謹案唐時始以都統爲軍帥之號爲仗鉞專征者始得授以此職與今八旗都統不同然稱名沿革所由未可概略今併附識於此

五季 未置

宋 未置

遼

〔遼史營衞志〕部落曰部氏族曰族契丹故俗分地而居合族而處有族而部者五院六院之類是也有部而族者奚王室韋之類是也有部而不族者托里（蒙古語鏡也原作特里今改正）特默（蒙古語駝也原作特勉今改正）刷（滿洲語山後叢林也原作稍瓦今改正）哈準（滿洲語器械之械也原作葛朮今改正）之類是也有族而不部者約尼（滿洲語全也原作遙輦今改正）九帳皇族三父房是也契丹之初草居野次靡有定所至聶哷（滿洲語單弱也原作涅里今改正）始置部族各有分地太祖之興以德哷勒（索倫語臉也原作迭刺今改正）部強熾析爲五院六院奚六部以下多因俘降而置勝兵甲者卽著軍籍分隸諸路

詳袞統軍招討司各安舊風狃習勞事不見紛華異物而遷故家給人足戎備整完虎視四方強朝弱附部族實爲爪牙云○遼內四部族約尼九帳族橫帳三父房族國舅帳巴哩伊蘇濟勒（蒙古語巴哩執長也伊蘇九數也濟勒年也原作拔里乙室已今改正）族國舅部族○太祖二十部二國舅升帳分止十八部五院部隸北府錫林（滿洲語精銳也原作石烈今改正）四六院部隸北府錫林四伊實（唐古特語智慧也原作乙室今改正）部隸南府錫林二丕勒（滿洲語數衍也原作品今改正）部屬西北路招討司錫林二卓特（原作楮特今從八旗氏族通譜改正）部屬西北路招討司錫林二威（唐古特語叢林也原作烏隗今改正）部屬東北路招討司錫林二納喇（原作剌涅剌今從八旗氏族通譜改正）部屬西南路招討司錫林二圖魯卜（蒙古語形勢也原作突呂不今改正）部屬西北路招討司錫林二圖古（滿洲語雲也原作突舉今改正）部隸南府錫林二奚王六部五帳分隸北府○聖宗三十四部以舊部族置者十六增置十八

〔遼史百官志〕部族詳見營衛志設官之制具如左○大部族○某部大王本名額爾奇木（蒙古語貴也原作夷離菫今改正）某部左宰相某部右宰相某部太師

某部太保某部太尉某部司徒本名特哩袞蒙古語頭也原作惕隱今改正○某部節度使司某部節度使某部節度副使某部節度判官○某部族詳袞司某部族詳袞某部族都監某部族將軍某部族小將軍○某錫林某錫林額爾奇木某錫林瑪爾布唐古特語紅色也原作麻普今改正亦曰馬步本名錫林達爾罕蒙古語凡有勤勞者免其差役之謂原作達剌干今改正某錫林牙書○某密拉滿洲語洞開也原作彌里今改正密拉鄉也某密拉詳袞本名曰穆特布滿洲語令其成就也原作馬特本今改正○小部族○某部族司徒府某部族司徒某部族司空○某部族節度使司○某部族詳袞司○某錫林詳袞原作令穩今改正瑪爾布牙書○某密拉詳袞

謹案遼部族有大小之分又多分居邊境兼轄於統軍招討各司與今八旗之制較爲不同然設官分職其規模亦頗相近如諸部所屬之錫林其數互有多寡蓋卽如今之編設佐領而帳分諸部族則如今之上三旗也

〔遼史百官志〕遼北面行軍官有行軍都統所行軍都統行軍副都統

謹案都統副都統之名至遼而始備金初之伐遼也以貝勒杲爲內外諸軍都統宗翰宗磐副之而伐宋之役以宗望爲南京路都統劉彥宗爲漢軍都統其餘軍官多用此名蓋亦沿遼之制而加詳者也

金

（金史兵志）金之初年諸部之民無宅徭役壯者皆兵平居則聽以佃漁射獵習爲勞事有警則下令部內及遣使詣諸貝勒（滿洲語管理家人之稱原作孛堇今改正）徵兵凡步騎之仗糗皆取備焉其部長曰貝勒行兵則稱曰明安穆昆（解俱見理藩院卽仿佛今之佐領）從其多寡以爲號穆昆之副曰富祿伊（滿洲語多餘也原作蒲里衍今改正）卽仿佛今之驍騎校也士卒之副從曰伊勒希（滿洲語副也原作阿里喜今改正）部卒之數初無定制至太祖卽位之二年既以二千五百破耶律色寶（滿洲語豆麪餑子股也原作謝十今改正）始命以三百戶爲穆昆穆昆十爲明安繼而諸部來降率用明安穆昆之名以授其首領而部伍其人出河之戰兵始滿萬而遼莫能敵矣及東京既平山西繼定內收遼漢之降卒外籍部族之健士嘗用遼人額哩頁（蒙古

語花紋也原作譌里野今改正以北部百三十戶爲一穆昆漢人王六兒以諸州漢人六十五戶爲一穆昆王伯龍及高從祐等並領所部兵爲一明安至天會二年宗望恐風俗糅雜民情弗便乃罷是制諸部降人但置長吏以下從漢官之號五年伐宋之役調燕山雲中中京上京東京遼東平州遼西長春八路民兵隸諸萬戶其間萬戶亦有專統漢軍者熙宗皇統五年又罷遼東漢人渤海明安穆昆承襲之制寖移兵柄於國人乃分明安穆昆爲上中下三等宗室爲上餘次之至海陵庶人天德二年省併中京東京臨潢咸平泰州等路節鎮及明安穆昆削上中下之名但稱爲諸明安穆昆循舊制間年一徵發以補老疾死亡之數貞元遷都遂徙上京路太祖遼王宗幹秦王宗翰之明安併爲哈濟解具領侍衞篇明安及右諫議沃哩布滿洲語存留也原作烏里補今改正明安太師勗宗正宗敬之族處之中都沃倫滿洲語馬肚帶也原作斡論今改正和尚呼喇蒙古語雨也原作胡剌今改正三國公太保昂詹事烏哩頁蒙古語請也原作烏里野今改正輔國博勒和滿洲語潔淨也原作爲魯骨今改正定遠蘇勒庫滿洲語花架也原作許烈故今改正杲國公伯

特滿洲語無能爲者之稱原作勅迭今改正入明安處之山東阿嚕蒙古語山陰也原作阿魯今改正之族處之北京詣達滿洲語夥伴也原作按達今改正族屬處之河間皆授田牛使之耕食以藩衞京國世宗大定初散契丹隸諸明安穆昆十五年遣吏部郎中富察烏琿富察原作蒲察今從八旗氏族通譜改正烏琿滿洲語包裹也原作兀虎今改正等十人分行天下再定明安穆昆戶每穆昆戶不過三百七穆昆至十穆昆置一明安二十年以祖宗平定天下以來所建立明安穆昆因循既久其閒有戶口繁簡地理遠近不同又自正隆之後所授無度及大定閒亦有功多未酬者遂更定以詔天下復命新授者並令就封其穆昆人內有六品以下職及諸局承應人皆爲還之三從以上族人願從行者明安不得過十戶穆昆不得過六戶二十一年詔遣大興尹完顏托果斯蒙古語孔雀也原作迪古速今改正還河北東路兩明安上曰朕始令移此欲令與女直戶相錯安置久則自相姻親不生異意此長久之利也今者尹瑪蒙古語小羊也原作移馬今改正河相錯以居甚符朕意而納羅蒙古語藏狗也原作遙落今改正河明安不如此可再遣兵部尚書張納延蒙古語八十數也原

作那也今改正按視其地以離居之二十三年遷山東東路八穆昆處之河間其棄地以山東東路特赫滿洲語潦水也原作忒黑今改正河明安下札哈滿洲語刀船也原作韃苔今改正穆昆額勒敏滿洲語劣馬也原作移里閔今改正鄂勒歡滿洲語乾燥也原作斡魯渾今改正明安下錫布滿洲語令塞也原作翕浦今改正穆昆佛們滿洲語脣也原作付母温今改正山穆昆九村人戸徙于瑠僧安和二穆昆之舊地上嘗以率賓呼爾哈解具奉天將軍篇人驍勇可用二十四年以上京地廣而腴遂遷率賓一明安呼爾哈一明安二十四穆昆以實之蓋欲上京兵多宅日可爲緩急之備也當是時多易置河北山東所屯之舊括民地而爲之業戸頒牛而使之耕畜甲兵而爲之備乃大重其權授諸王以明安之號或新置者特賜之名制其奢靡禁其飲酒習其騎射儲其糧糒其備至嚴也是時宗室戸百七十明安二百二穆昆千八百七十八戸六十一萬五千六百二十四所謂渤海軍則渤海八明安之軍所謂奚軍者奚人紛尼扎古雅蒙古語欲咬之謂原作召古牙今改正九明安之兵也

〈金史百官志〉諸明安穆昆隸焉明安從四品掌修理軍務訓練武藝勸課農

桑司吏四人譯一人塔瑪索倫語行圍收合也原作撻馬今改正差役人數並同舊例諸穆
昆從五品掌撫輯軍戶訓練武藝女直司吏一人譯一人塔瑪○諸部族
節度使節度使一員從三品統制各部鎮撫諸軍節度副使一員從五品
判官一員知法一員○諸乣詳衮一員從五品掌守戍邊堡餘同穆昆皇
統八年六月設本班左右詳衮定為從五品默濟格滿洲語傳信之信也、原作歷忽今改正
一員從八品掌貳詳衮司吏三人實納昆蒙古語實納新也昆人也原作習尼昆今改正掌本乣
差役等事塔瑪隨從也○諸額爾奇木解見上司額爾奇木一員從八品分
掌部族村寨事司吏女直一人漢人一人實納昆塔瑪○諸圖哩滿洲語豆也原
作禿里今改正圖哩一員從七品掌部落詞訟訪察違背等事女直司吏一人通
事一人

謹案金之部伍似近本
朝八旗子弟兵其以三百戶為穆昆穆昆十為明安與今之參領佐領相
近其以契丹漢人及渤海軍奚軍俱設明安與今之蒙古漢人並列八

旗相近然天會以後屢設屢罷又散處中都上京西京河北山東河東陝西諸州縣此疆彼界失所統轄法制未能嚴密稽核未能精詳其視

我

朝八旗之部伍整肅體制相維盡統領之方效指臂之用不可同日語也遼制有部有族部族所屬有錫林元亦有蒙古軍特默齊軍於編置部伍規模亦約略近似顧條制尚多疏略豈如我

朝規制以旗隸人即以旗隸兵統之以八分之以二十四意精法善備極嚴密可以爲億萬世法則乎

元

（元史兵志）元初有蒙古軍特默齊（蒙古語牧駝人也原作探馬赤今改正）軍蒙古軍皆國人特默齊軍則諸部族也其法家有男子年十五以上七十以下無衆寡盡僉爲兵十人爲一牌設牌頭上馬則備戰鬬下馬則屯聚牧養孩幼稍長又籍之曰漸丁軍既平中原發民爲卒是爲漢軍或以貧富爲甲乙戸

出一人曰獨戶軍合二三而出一人則爲正軍戶餘爲貼軍士卒之家爲富商大賈則又取一人曰餘丁軍或取匠爲軍曰匠軍或取諸侯將校之子弟充軍曰質子軍又曰圖嚕格（蒙古語質物也原作秃魯華今改正）軍是皆多事之際一時之制天下既平嘗爲軍者定入尺籍伍符不可更易以兵籍係軍機重務漢人不閱其數雖樞密近臣職專軍旅者惟長官一二人知故有國百年而內外兵數之多寡人莫有知之者

謹案元之軍制本由僉發故隨時調遣並無一定之籍其所謂蒙古軍特默齊軍者亦但有是名其實征戍之法與漢軍無殊未嘗別爲條制也

明末置

謹案明代京兵三大營曰五軍曰三千曰神機後變爲十二團營又變爲兩官廳其兵則糾集市儈全無紀律其提督坐營等官亦多世胄紈袴雖其制亦略似我

朝之步軍統領管轄五營而軍務盡領于內監腐身熏子掣肘戎行至營中將卒類爲中官私人毫不知兵濫秏名糧注名買替溷充冊籍一旦有事相率潰奔將不知兵兵不習將所謂三大營者有其名而失其實京兵之弱莫有如明代之甚者蓋緣明制召募烏合本無部伍子弟可備簡擇之人遼金元有其人而立法未臻詳備豈如我
國家八旗勁旅法良制密平時則守衛巡防征討則折衝禦侮有治人且有治法者乎明之京兵營制雖不可與八旗同言並論要其因仍積弱不能自振可爲鑒戒故特附著于此以揭其弊焉

欽定歷代職官表卷四十四

欽定歷代職官表卷四十五

前鋒護軍統領表

	前鋒護軍統
三代	周宮伯掌舍司隸
秦	衛尉
漢	衛尉
後漢	衛尉卿
三國	蜀漢衛尉魏護軍將軍都督徼道虎賁衛尉吳衛尉
晉	護軍將軍中護軍都督前鋒軍事衛尉
宋齊梁陳	護軍將軍中護軍領軍前鋒騎右軍將衛尉
北魏	護軍將軍衛尉卿
北齊	衛尉寺卿護軍將軍
後周	左右武伯左右小武伯
隋	左右武衛大將軍將軍左右武候大將軍將軍左右監門衛將軍
唐	左右監門衛大將軍將軍
五季	皇城使御營使
宋	皇城司提舉皇城司提點皇城司幹當官御營使御營宿衛使
遼	北護衛府太師太保司徒南護衛府太師太保司徒總領左右護衛護軍司護軍司徒先鋒使司先鋒都統
金	
元	右阿蘇衛親軍都指揮使司達魯噶齊都指揮使左阿蘇衛親軍都指揮使司達魯噶齊都指揮使哈喇婁萬
明	管皇城守衛軍僉書侯伯

前鋒護軍參領等官	領
衛令僕射	
衛士令衛士丞諸屯衛候司馬	
南宮衛士令丞北宮衛士令丞左右都候南屯司馬蒼龍司馬元武司馬北屯司馬朱爵司馬東明司馬朔平司馬	
衛士令左右都候	
衛尉丞	
司衛監	
衛士署令勳武前鋒正副都督前鋒正副都督勳武前鋒散都督	
司衛上士	
左監門衛郎將右監門衛郎將虎賁郎將虎牙郎將	
左右監門衛中郎將	
皇城司親從指揮中郎將皇城司親從指揮左右郎將行營五護軍	
左護衛太保右護衛太保	
左右宿直將軍	
哈喇婁萬戶府萬戶	戶府達魯噶齊
上直各京衛指揮皇城把總	

司鑰長	前鋒護軍校
	公車司馬尉
城門寺校尉	勳武前鋒五藏
門正上士	
	門尉門候
城門郎監門校尉	監門衛直長長人長上直長直上
	左護衛右護衛
	護衛
	左右阿蘇衛把門千戶百戶門尉彈壓哈喇婁萬戶府千戶百戶彈壓
	上直各京衛帶刀千百戶

隨印參領等官	圓明園護軍營總統等官
	長樂衛尉建章衛尉甘泉衛尉小苑東門候
護軍將軍長史司馬功曹主簿	
衛尉府功曹主簿	宏訓衛尉
護軍府長史司馬功曹主簿錄事	
左右武衛武候監門等衛長史司馬錄事參軍	
左右監門長史錄事	左右領軍衛大將軍將軍互見領侍衛府表
左右阿蘇衛經歷知事照磨 哈喇婁萬戶府經歷知事吏目	

御營鑾導總統等官附見

掌前 置事 車騎 將軍
知頓 使置 頓使
相度 行營 道路 使 橋道 頓遞 使

前鋒護軍統領

國朝官制

前鋒統領左右翼各一人（正二品或以王公大臣兼領）

掌本翼四旗前鋒之政令（鑲黃正白鑲白正藍四旗爲左翼正黃正紅鑲紅鑲藍四旗爲右翼）初天聰八年

定巴牙喇營前哨兵爲噶布什賢超哈順治十七年定噶布什賢噶喇衣

昂邦漢字稱爲前鋒統領每翼各設一人以總其事焉

前鋒參領前鋒侍衛左右翼各八人（參領正三品侍衛正四品凡前鋒營各官皆滿洲蒙古兼用）委署前鋒

侍衛左右翼各四人（以前鋒校或親軍校選委從五品）前鋒校左右翼各四十八人（正六品）

掌督率前鋒警蹕宿衛凡

行幸止頓於

御營一二里外安設卡倫立前鋒旗以爲門戶列帳守衛以前鋒參領前鋒侍

衛共四人前鋒校前鋒共百二十人董其役焉

國初設噶布什賢章京順治十七年定爲前鋒參領並置前鋒侍衛前鋒校

等員額乾隆十七年增置委署前鋒侍衛旗各一人前鋒軍人旗滿洲蒙古每佐領各二人分其半以兼習鳥槍設之什長隊長以時訓練而黜陟之

隨印協理事務前鋒參領侍衛左右翼各一人隨印前鋒校左右翼各二人隨印筆帖式左右翼各二人

掌案牘文移隨印參領侍衛及前鋒校俱雍正三年定筆帖式初制每翼各一人康熙四十六年省雍正三年復增置

護軍統領每旗各一人正二品

掌護軍之政令

國初設巴牙喇營統以巴牙喇纛章京順治十七年定漢字稱為護軍統領設員額如今制

護軍參領每旗滿洲十人蒙古四人正三品 內司鑰長署司鑰長每旗各一人以前鋒參領護軍參領鳥槍護軍參領遴選除授 副護軍參領每旗滿洲十人蒙古四人初置五品雍正十二年定為正

四品委署護軍參領每旗各七人以護軍校選委從五品護軍校滿洲蒙古每佐領各一人正六品

掌董率護軍守衛
宮殿門戶及
紫禁城外環列周廬番上宿直傳籌巡警凡禁門扃鑰啓閉以時置籍以驗
出入
車駕行幸則宿衛
御營專司網城推鋪及清道警蹕之禁令

國初設巴牙喇營甲喇章京順治十七年定漢字稱爲護軍參領又設署護軍參領雍正元年改爲副護軍參領乾隆十七年復設委署護軍參領員額護軍八旗滿洲蒙古每佐領各十七人初制以上三旗護軍參領護軍校護軍等守衛
禁門下五旗各守王公府門遇行圍出征則八旗一律分撥雍正七年始定

八旗護軍均司禁衛焉

隨印協理事務護軍參領副護軍參領每旗各一人隨印護軍校每旗各二人

隨印筆帖式每旗各二人門筆帖式鑲黃正黃正白三旗各十人

掌案牘文移隨印參領副參領及護軍校俱雍正三年定筆帖式初制每旗各一人康熙四十六年省雍正三年復增置門筆帖式初制未設後增置

圓明園八旗護軍營總統無定員（以王公大臣兼任）

掌

圓明園翊衛之政令雍正二年始置于

禁苑周圍建營房八所選

京中八旗官軍分地駐劄專司宿直以王公大臣統轄營務焉

營總護軍參領每旗各一人（均正三品）副護軍參領每旗各二人（初制五品雍正十年升為正四品）

署副護軍參領每旗各四人（初制六品雍正十年升為正五品）護軍校每旗各八人（正六品）副護

軍校每旗各八人從八品

掌守衛

御園番直巡警凡

車駕出入則率其徒以司清蹕之事營總副參領署副參領俱雍正三年置參領雍正十年增置護軍校初置八十人雍正十年增置三十二人乾隆十二年又增十六人副護軍校雍正七年置初定七十二人十年增置四十人乾隆十二年又增十六人護軍三千六百七十二人教養兵四百八十人

隨印協理事務營總護軍參領各二人隨印護軍校四人隨印筆帖式八人

掌案牘文移乾隆十六年置

御營嚮導總統無定員以前鋒統領護軍統領八旗副都統兼任嚮導處參領侍衛各四人前鋒校護軍校各六人皆于前鋒護軍營內選用

嚮導之職凡遇

時巡省方以總統一人先期率官校詣
車駕經行之地周覽山川通橋梁夷險隘計程入告
駕行佩櫜韃前導每日
駐蹕後以次日程途及
駐蹕之所奏
聞交兵部曉諭闔營
回鑾亦如之凡
御營及頓營看營均由嚮導總統先期指示飭所在有司敬謹修治焉
謹案嚮導雖無專設之員非定有常額者可比然翊衛
蹕途責任綦重今以其隨時
簡任者皆在前鋒護軍營官內謹附載于此篇
歷代建置
三代

（周禮天官）宮伯掌王宮之士庶子凡在版者授八次八舍之職事（鄭康成注）衞王宮者必居四角四中於徼候便也鄭司農云庶子衞王宮在內爲次在外爲舍元謂次其宿衞所在舍其休沐之處

（周禮天官）掌舍下士四人府二人史四人徒四十人掌王之會同之舍設梐枑再重設車宮轅門爲壇壝宮棘門爲帷宮設旌門凡舍事則掌之

（周禮秋官）司隸中士二人下士十有二人府五人史十人胥二十人徒二百人掌帥四翟之隸使之皆服其邦之服執其邦之兵守王宮與野舍之厲禁

（周禮地官）師氏使其屬帥四夷之隸各以其兵服守王之門外且蹕朝在野外則守內列

謹案周之宮伯掌王宮士庶子實近今領侍衞內大臣而所授八次八舍分置八隅以衞王宮則又兼有今護軍統領之職至掌舍于王行所止舍設梐枑再重鄭康成謂行馬再重以周衞有內外列正如今前鋒

統領于

御營安設卡倫之職也若師氏所掌使其屬帥四夷之隸守王之門外司隸所掌帥四翟之隸以守王宮葉時禮經會元謂爲周防守禦之衞則與今護軍統領之職尤爲相合矣

秦

〔徐堅初學記〕案齊職儀云衞尉秦官也掌宮門衞屯兵（蓋周禮宮伯之職尉者尉也言以羅尉令主奸非）

〔史記秦始皇本紀〕閻樂將吏卒至望夷宮殿門縛衞令僕射曰賊入此何不止衞令曰周廬設卒甚謹安得賊敢入宮

謹案衞尉官始置于秦卽今護軍之職所自昉衞令蓋其所屬而衞令僕射爲衞令之長則如今之護軍參領也

漢

〔漢書百官公卿表〕衞尉掌宮門衞屯兵（〔顏師古注〕漢舊儀云衞尉寺在宮內胡廣云主宮闕之門

內衛士于周垣下爲區廬區廬者若今之仗宿屋矣有丞景帝初更名中大夫令後元年復爲衛尉屬官有衛士令丞衛士三丞又諸屯衛候司馬二十二官皆屬焉

（漢書顔師古注）司馬門者宮之外門也衛尉有八屯衛候司馬主衛士徼巡宿衛每面各二司馬故謂宮之外門爲司馬門

（王應麟玉海）西京賦衛尉八屯警夜巡晝注引八校尉非也校尉北軍衛尉南軍宮門四面每門各有二司馬凡八司馬故曰八屯

（太平御覽）漢官解詁曰衛尉主宮闕之內衛士于周垣下爲廬各有員部凡居宮中者皆施籍于掖門案其姓名若有醫巫僦人當入者本官長吏爲之封啓傳審其印信然後內之有籍者皆復有符符用木長二寸以所屬宮兩字爲鐵印亦太府卿炙符當出入者案籍畢復齒符識其物色乃引內之也其有官位得出入者令執御之官傳呼前後以相通從昏至晨分部行夜夜有行者輒前曰誰誰若此不懈終歲更始所以重愼宿衛也

謹案漢以南軍爲宮衞屯兵而衞尉主之雖與光祿勳同掌宿直而有郎衞兵衞之分其八屯司馬專率衞士守衞宮門譏察門籍晨昏巡警與今前鋒護軍統領之職實相脗合蓋衞尉如今之統領而屯衞司馬則如今之參領也

（漢書百官公卿表）長樂建章甘泉衞尉皆掌其宮職略同不常置

（漢書宣帝本紀）元康元年置建章衞尉（元帝本紀）初元三年罷甘泉

建章宮衞

（漢書蕭望之列傳）署小苑東門候（顏師古注）門候主候時而啓閉也

謹案漢時天子御未央宮屯衞皆在焉而長樂建章甘泉皆置衞尉以備臨幸守衞正如今

圓明園護軍營之比其小苑東門候不見于史當亦甘泉建章衞尉所屬耳

（馬端臨文獻通考）秦有護軍都尉漢因之高帝以陳平爲護軍中尉盡

護諸將然則復以都尉爲中尉武帝元狩四年以護軍都尉屬大司馬平時復爲都尉矣哀帝元壽元年更名司寇平帝元始元年更名護軍

謹案此卽護軍之名所由始然其所謂護軍乃調護諸將之義非護衛之護漢書漢安國爲護軍將軍護四將軍以伏單于者是也今護軍之稱名雖同而實不相襲故不著于表而謹識其異同于此

（後漢書百官志）衞尉卿一人中二千石掌宮門衞士宮中徼循事丞一人比千石公車司馬令一人六百石丞尉各一人丞選曉諱掌知非法尉主闕門兵禁戒非常（胡廣曰諸門部各陳屯夾道其旁當兵以示威武交戟以遮妄出入者）南宮衞士令一人六百石掌南宮衞士丞一人北宮衞士令一人六百石掌北宮衞士丞一人左右都候各一人六百石主劍戟士徼循宮及天子有所收攷丞各一人宮掖門每門司馬一人比千石南宮南屯司馬主平城門北宮門蒼龍司馬主東門元武司馬主元武門北屯司馬主北門北宮朱爵司馬主南掖門東明司馬主東門朔平司馬主北門凡七門凡居宮中者皆有口

籍于門之所屬宮名兩字爲鐵印文符案省符乃內之若外人以事當入
本官長吏爲封啓傳其有官位出入令御者言其官
（東觀漢記）建武二十三年太尉鮑顯兼衛尉永元三年司徒丁鴻兼衛
尉
（後漢書朱暉列傳）帝當幸長安欲嚴宿衛以暉爲衛士令
（文選東京賦注）衛士千人在端門外五營千騎在衛士外
（後漢書趙謙列傳）帝還都長安以謙行車騎將軍事爲前置
謹案後漢以衛尉典掌衛兵一如西京之舊觀鮑顯丁鴻等皆以三公兼領則其職較重而元武司馬班固亦嘗爲之則宿衛之官亦不專用武臣矣至趙謙以車騎將軍爲前置則正如今鑾導大臣之職也
三國
（三國蜀志陳震列傳）建興以震爲衛尉
（三國魏志辛毗列傳）毗爲衛尉稱平

（三國吳志嚴畯列傳）畯嘗爲衞尉使蜀

（三國吳志三嗣主列傳）太元二年使衞尉馮朝城廣陵

謹案三國皆有衞尉官見于諸傳史雖失載其職掌當亦尙沿漢舊也

（册府元龜）魏武置中領軍與護軍皆領禁兵

（魏志文帝本紀）黃初二年以許定都督徼道虎賁

謹案此爲護軍將軍領禁兵之始蓋已與漢制不同矣至都督徼道虎賁爲宮門徼巡之職亦如今之護軍統領也

晉

（晉書百官志）衞尉統尉士令左右都候渡江省護軍將軍魏初隸領軍晉世不隸元帝永昌元年省倂護軍明帝太寧二年復置各領營兵資重爲護軍資輕者爲中護軍屬官有長史司馬功曹主簿五官

（晉書應詹列傳）王敦作逆帝以詹爲都督前鋒軍事護軍將軍

謹案晉以護軍與領軍同領禁衞別設營兵故晉書淮南王允傳稱允

領中護軍宿衛將士皆畏服之蓋與今護軍營制頗爲相仿至應詹爲前鋒都督其官雖因行軍而設然前鋒之名實昉見于此且詹以前鋒兼領護軍亦可知本以禁旅出征故並綰二職也

宋齊梁陳

〈宋書百官志〉衛尉一人丞二人掌宮門屯兵晉江左不置宋世祖孝建元年復置舊一丞世祖增置一丞

〈南齊書百官志〉衛尉府置丞一人掌宮城管鑰張衡西京賦曰衛尉八屯警夜巡晝宮城諸卻敵樓上本施鼓持夜者以應更唱太祖以鼓多警眠改以鐵磬云

〈隋書百官志〉梁衛尉卿置丞及功曹主簿位視侍中掌宮門屯兵卿每月丞每旬行宮徼糾察不法又有宏訓衛尉亦置屬官陳承梁皆循其制

官

〈唐六典〉衛尉主簿宋齊並有梁天監七年置主簿位三班陳因之

謹案南朝衛尉職掌史文雖不詳具然攷南史載梁鄱陽嗣王範爲衛尉夜中行城常因風便鞭箠宿衛欲令帝知其勤而梁書亦稱其每夜自巡警則職在督率警衛與今前鋒護軍統領正無殊也

〔杜佑通典〕宋護軍將軍一人掌外軍資重者爲護軍將軍資輕者爲中護軍齊梁陳並有之

謹案宋齊梁陳皆有護軍將軍分掌外軍與領軍對職蓋亦司宮門屯衛之事又攷南史袁粲傳稱桂陽王休範爲逆已至南掖門諸將意沮粲慷慨謂之曰今日當與諸護軍同死社稷于是陳顯達等感激出戰案當時諸將陳顯達爲羽林監王敬則爲直閤將軍高道慶爲寧朔將軍而粲皆呼爲護軍南朝宿衛官得通是稱爲護軍也

〔南史薛安都列傳〕孝武踐阼除右軍將軍率所領騎爲前鋒入直殿廷其年以憚直免官

謹案薛安都以右軍將軍率前鋒騎入直雖非設有專官然亦前鋒宿

衞之始也

北魏

（魏書官氏志）衞尉卿第一品下護軍將軍第二品上司衞監第三品上

（魏書酷吏傳）胡泥歷官司衞監率勤禁中不憚豪貴殿中尚書叔孫侯頭應內直而闕于一時泥以繩之

（胡三省通鑑注）司馬監蓋魏所置以掌宿衞

謹案魏之衞尉卿第一品而司衞監第三品則司衞當爲衞尉之屬蓋衞尉如今之統領而司衞則如參領也

北齊

（隋書百官志）北齊衞尉寺置卿少卿丞各一人掌禁衞甲兵統城門寺置校尉二人掌宮殿城門幷諸倉庫管鑰等事又領衞士署令掌諸門兵士○領軍府直盪屬官有勳武前鋒正副都督勳武前鋒五藏等員直衞屬官有前鋒正副都督等員直突屬官有勳武前鋒散都督等員○護軍

府將軍一人掌輿駕出則護駕中護軍亦同有長史司馬功曹五官主簿

錄事釐其府事

謹案北齊宮衛之事皆領于衛尉故護軍將軍惟主扈從出入然史文

明言護駕則所謂護駕者已爲護衛之義矣至前鋒諸都督雖皆領軍

府屬未嘗別爲一隊而以前鋒入衛實始于是時也

後周

（胡三省通鑑注）周置左右武伯掌內外衛之禁令兼六率之士左右小

武伯各二人貳之

（隋書長孫晟列傳）周室尙虎賁貴遊子弟咸以相矜晟年十八爲司衛

上士人未之識也

（司馬光資治通鑑）周門正上士崔彭（胡三省注）門正掌門關啓閉之

節及出入門者

謹案周之左右武伯周書又稱爲司武武帝本紀載建德三年衛王直

反突入肅章門司武尉遲運等拒守直乃敗走是司武掌守衞諸門正今護軍統領之職也至司衞上士與虎賁各為一職則與今侍衞不同蓋亦護軍參領之比而門正上士則如今之司鑰長矣

隋

〔隋書百官志〕左右武衞左右武候各大將軍一人將軍二人並有長史司馬錄事功倉兵騎等曹參軍法曹鎧曹行參軍各一人行參軍左右武候六人左右武衞八人左右武衞領外軍宿衞左右武候掌車駕出先驅後殿晝夜巡察執捕姦非烽候道路水草所置巡狩師田則掌其營禁左右監門衞各將軍一人掌宮殿門禁及守衞事各置郎將二人校尉直長各三十人長史司馬錄事及倉兵曹參軍鎧曹行參軍各一人行參軍四人煬帝改左右武候為左右候衞其軍士總號衞士每衞置護軍四人掌副貳將軍將軍無則一人攝尋改護軍為虎賁郎將正四品而置虎牙郎將六人副焉從四品諸衞皆置長史從五品又有錄事參軍等員左右監

門改將軍爲郎將各置一人正四品直閤各六人正五品又增置左右門尉員一百二十人正六品置門候員二百四十人正七品並分掌門禁守衞

（鄭樵通志）隋文帝開皇三年廢衞尉等寺入太常及尚書省十三年復置掌軍器儀仗帳幕之事而以監門衞掌宮門屯兵

謹案衞尉自秦漢以後皆掌宮門屯衞至隋廢而復置始改典軍器帳幕全非舊職今據其所掌已分繫于鑾儀衞武備院表至隋之左右武衞掌外軍宿衞蓋卽前代護軍左右監門掌宮殿門禁蓋卽前代衞尉皆當爲今護軍統領之職左右武候掌先驅後殿巡狩營禁則當爲今前鋒統領之職而所司烽候道路水草所置則又兼有今鑾導大臣之職至每衞置護軍後改虎賁郎將與今之護軍參領亦頗相仿其門尉候尉屬于監門衞則又如今之護軍校也

唐

〔唐六典〕左右監門衞大將軍各一人將軍各二人掌諸門禁衞門籍之法凡京司應以籍入宮殿門者皆本司具其官爵姓名以移牒其宮門司送于監門勘同然後聽入凡財物器用應入宮者所由以籍榜取左監門將軍判門司檢以入之應出宮者所由亦以籍榜取右監門將軍判門司檢以出之其籍月一換若大駕行幸則依鹵簿之法率其屬於牙門之下以爲監守中郎將各四人掌諸監門及巡警之法凡宮殿門及城門皆左入右出其監門官司檢校者聽從便門出入長史一人掌判諸曹及諸禁門之事錄事參軍一人掌勾檢稽失諸司籍榜押于監門者印署而遣之兵曹參軍一人胄曹參軍一人監門校尉二百二十人直長六百八十人長人長上二十人直長長上二十人

〔新唐書百官志〕門下省城門郎四人掌京城皇城宮殿諸門開闔之節奉管鑰而出納之開則先外後內闔則先內後外啓閉有時不以時則詰閤覆奏有令史二人書令史二人武德五年置門僕八百人番上送管鑰

謹案唐之監門衛郎令護軍統領之職而城門郎專司管鑰則郎令司
鑰長之任以百官志攷之左右領軍衛大將軍掌分兵主守苑城諸門
則今
圓明園護軍營之職又當爲領軍衛所兼攝也
（資治通鑑）唐元宗開元五年行幸東都過崤谷道隘不治上欲免知頓
使官（胡三省注）車駕行幸有知頓使
（舊唐書元宗本紀）韋謣爲御史中丞充置頓使
謹案唐之知頓使郎今
御營嚮導大臣之職而舊唐書又作置頓使蓋本非常職故隨時置名無一定
之例也
（通典）唐採前代舊名置上護軍護軍
謹案唐之上護軍護軍皆勳官虛號並無職守其後又置神策軍護軍
中尉以寵宦官益乖典制今並不著于表

五季

（謝維新合璧事類）五代梁乾化六年詔曰端闈正門也宜以時開啟用達陽氣委皇城使

謹案據此則五季宮門啓閉之節實皇城使掌之當即今護軍統領之職然攷合璧事類又稱宋之皇城使其初本號武德司而五代史所載後唐有武德使史彥瓊爲内諸司之一是當時實有此官豈梁之皇城使後唐又改爲武德使歟

（資治通鑑）後唐明宗天成二年帝如汴州朱守殷反遣御營使石敬瑭將兵討之

謹案後唐始置御營使掌行營守衛之事正近今之前鋒統領也

宋

（宋史職官志）皇城司幹當官七人以武功大夫以上及内侍都知押班充掌宮城出入之禁令凡周廬宿衛之事宮門啓閉之節皆隸焉每門給

銅符二鐵牌一左符留門右符請鑰鐵牌則請鑰者自隨以時參驗而啓
閉之總親從親事官名籍辨其宿衛之地以均其番直人物爲冒不應法
則譏察以聞凡臣僚朝覲上下馬有定所自宰臣親王以下所帶人從有
定數揭榜以止其喧鬨元符元年詔應宮城出入請納官物呈稟公事傳
送文書并御廚翰林儀鸞司非次祗應聽于便門出入卽不由所定門者
論如闌入律政和五年詔皇城司可刱置親從第五指揮以七百人爲額
使爲將軍副使爲中郎將使臣以下爲左右郎將通以十員爲額六年詔
嘉王楷差提舉皇城司整肅隨駕禁衛中興初爲行營禁衛所差主管官
掌出入皇城宮殿門等敕號察其假冒車駕行幸則糾察導從紹興元年
改稱行在皇城司提舉官一員提點官二員幹當官五員以諸司副使內
侍都知押班充掌皇城宮殿門稽驗出入凡諸門必謹所守潔蠲齊肅郊
祀大禮則差撥隨從守衛有宴設則守門約闌嘉定閒臣僚言皇城一司
總率親從嚴護周廬參錯禁旅權亞殿巖乞專以知閤御帶並領從之

（合璧事類）紹興三年詔皇城司係專掌禁廷出入依祖宗法不隸臺察

謹案宋代雖有監門將軍之名然係虛銜並無職掌其門禁守衛之事專屬之皇城一司至以諸王領之蓋即今之護軍統領也

（李心傳建炎以來朝野雜記）御營使者建炎元年始命宰相李伯紀爲之御營使一員副使一員其將佐有都統制一員及五軍統制以下官四年罷紹興三十一年上臨江視師以和義郡王楊存中爲御營宿衛使明年孝宗即位又以御營使命之

（方以智通雅）建炎元年置都統制以王淵爲之其下分爲五軍紹興稱神武五軍俄又改爲行營五護軍

謹案宋之御營使以宿衛入銜則行幸所至巡警防護乃其專職正今前鋒統領之比而五軍統制嘗以五護軍命名蓋亦以其職隸御營而有是稱也

（李燾續資治通鑑長編）真宗大中祥符元年詔以十月有事於泰山命

引進使曹利用宣政使李神福相度行營道路以參知政事趙安仁爲橋

道頓遞使

謹案宋真宗以曹利用等相度行營道路卽今鑾導大臣所有事而橋

道頓遞使爲大禮五使之一宋時凡遇郊禋必命執政充之以重其事

蓋亦如唐之知頓使也

遼

〔遼史百官志〕北面御帳官○北護衞府掌北院護衞之事北護衞太師

北護衞太保北護衞司徒總領左右護衞司總領左右護衞左護衞司左

護衞太保左護衞右護衞司右護衞太保右護衞○南護衞府掌南院護

衞之事南護衞太師南護衞太保南護衞司徒總領左右護衞司總領左

右護衞左護衞司左護衞太保左護衞右護衞司右護衞太保右護衞○

北面軍官○護軍司護軍司徒○北面行軍官○先鋒使司先鋒都統所

御營都統所

謹案遼御帳諸官以出於貴戚者爲侍衛出于北南部族者爲護衛均
典司宿直則護衛卽今護軍之比若北面軍官之護軍司當亦領宿衛
之兵者而其制不詳至先鋒使先鋒都統雖因行軍而設而職在御營
實卽如今之前鋒統領也

金

（金史百官志）左右宿直將軍從五品掌總領親軍凡宮城諸門衛禁幷
行從宿衛之事八員大定二十九年作十員復作十一員
（金史兵志）設護衛二百人取五品至七品子孫及宗室幷親軍諸局分
承應人身長五尺六寸者選試補之
謹案金宿衛之士總號親軍而統于殿前都點檢司惟宿直將軍專司
宮門禁衛實兼有今護軍統領之職今故互著于此至兵志所載又有
護衛之名在親軍以外當卽如今之護軍也

元

〈元史百官志〉右阿蘇（蒙古語住守之意原作阿速今改正）衛親軍都指揮使秩正三品掌宿衛城禁達嚕噶齊（解見戶部篇）一員都指揮使三員副都指揮使二員僉事二員經歷二員知事二員承發架閣照磨一員令史七人譯史通事知印各一人鎮撫二員其屬把門千戶二員百戶五員門尉一員○左阿蘇衛親軍都指揮使司品秩職掌同右阿蘇衛達嚕噶齊一員都指揮使三員副都指揮使二員僉使一員經歷二員知事二員照磨一員鎮撫二員其屬圍宿把門千戶所一十三翼千戶二十六員百戶一百三十員彈壓一十三員（右屬樞密院）○哈喇婁（蒙古語哈喇黑色也婁龍也原作哈剌魯今改正）萬戶府掌守禁門等處應直宿衛達嚕噶齊一員萬戶一員經歷知事各一員提控案牘一員鎮撫一員吏目一員千戶所三翼千戶三員百戶九員彈壓三員（右屬大都督府）

〈元史兵志〉至元十四年以蒙古軍與漢軍相參備都城內外及萬壽山宿衛仍以伊蘇布哈（蒙古語伊蘇九數也布哈牡牛也原作也速不花今改正）領圍宿事皇慶元年樞密院臣言皇太后有旨禁掖門可嚴守衛臣等議增置百戶一員及千欽

察（回語額欽察各自之意）桂齊（蒙古語善走人也原作貴赤今改正）西域唐古（原作唐兀今從八旗氏族通譜改正）阿蘇等衛調軍士九十人增守諸掖門復命千戶一員帥領百戶一員備巡邏

從之

謹案元以左右阿蘇衛及哈喇婁萬戶府宿衛禁門皆如今護軍之職然攷之兵志則圍宿諸軍皆從各衛調撥故百官志所載唐古衛有門尉二員西域親軍都指揮使司有把門千戶二員百戶八員門尉一員皆有守衛之司或以其職事兼屬于左右阿蘇衛也

明

〔明史職官志〕金吾羽林等十九衛掌守衛巡警統所凡一百有二

〔明史兵志〕初太祖改都鎮撫司爲留守設左右前後中五衛關領內府銅符日遣二人點閱夜亦如之所謂皇城守衛官軍也二十七年申定皇城禁約凡朝參門始啓直日都督將軍入後百官始以次入上直軍三日一更番內臣出入必合符嚴索以金幣出者驗視勘合以兵器雜藥入門

者禽治失察者罪之民有事陳奏不許固遏二十八年復於四門置舍使

恩軍爲衛士執爨永樂中定諸衛各有分地自午門達承天門左右逮長

安左右門至皇城東西屬旗手濟陽濟川府軍前及虎賁右金吾前燕山

前羽林前八衛東華門左右至東安門左右屬金吾羽林府軍燕山四左

衛西華門左右至西安門左右屬四右衛元武門左右至北安門左右屬

金吾府軍後及通州大興四衛衛有銅符頒自太祖曰承曰東曰西曰北

各以其門名也巡者左半守者右半守官遇巡官至合契而從事各門守

衛官夜各領銅令申字牌巡警自一至十六內皇城衛舍四十外皇城衛

舍七十二俱設銅鐸次第循環內皇城左右坐更將軍百每更二十人四

門支更官八交互往來鈐印于籍以爲驗都督及帶刀千百戸各一人領

申字牌直宿及點各門軍士後更定都督府改命侯伯僉書焉正德初嚴

皇城紅鋪巡徼日令留守衛指揮五員督內外巡軍而兵部郎中主事各

一人同御史錦衣衛稽閱毋攝他務萬曆十一年於皇城內外設把總二

員分東西管理

謹案自周之宮伯掌八次八舍以宿衞王宮漢代以衞尉領南軍主宮門衞士及宮城徼巡之事於是兵衞之設實與郎衞而並重後世官稱雖互有同異而職任無殊然史稱漢之南軍無常在之兵以郡國民始傅者爲之如淳曰民年二十三之傅疇官傳著也立傅名籍以給公家之繇役也故每歲衞士轉置送迎常二萬人科調踐更俱不免於勞費唐之監門衞郎十六衞之一其府兵亦以番上執役久之而亡匿秏散宿衞不給遂改爲長募之軍而所募多出市人富者販繒綵食粱肉壯者爲角觝拔河翹木扛鐵之戲及有事皆不能受甲中葉以後浸爲弊藪明代以二十二衞卒守衞皇城其初未嘗不具存規制乃以狃于晏安不加訓練以致軍多隱占尺籍常虛其甚者諸門管鑰皆付諸寺人之手禁兵將吏至曠數日不至直廬而禁衞之事益不可問矣我

朝建旗分職碁布星羅以前鋒統領所轄之前鋒護軍統領所轄之護軍

專掌宿衞清蹕宮禁傳籌內禁門啓閉人

御營守衞之事蓋卽歷代兵衞之職而制度詳明規條嚴密復以時訓習操

肄黜陟懲勸無不奮興感勵簡練精純其

圓明園護軍營則所司屯衞

禁苑不復派出兵隨圍以專官守臂指相使內外相維環衞之制倍昭整

肅固非歷朝衞尉監門諸職所能企及于萬一也

欽定歷代職官表卷四十五

欽定歷代職官表卷四十六

步軍統領表

	提督九門巡捕五營步軍統領
三代	周司門下大夫 尉氏
秦	中尉
漢	中尉 執金吾 司隸 校尉 城門校尉
後漢	執金吾 司隸 校尉 城門校尉
三國	魏中尉 司隸 校尉 城門校尉 吳執金吾
晉	中尉 司隸 校尉 城門校尉
宋齊梁陳	衞尉兼掌
北魏	城門校尉
北齊	京畿大都督 領軍將軍 檢校虞候事 城門校尉
後周	司門下大夫
隋	左右武候大將軍
唐	左右金吾衞上將軍 大將軍
五季	左右金吾衞大將軍 京城巡檢使
宋	提舉皇城司兼掌
遼	
金	武衞軍都指揮使司都指揮使
元	大都留守司留守兼掌
明	提領錦衣親軍指揮使司都督等官

翼尉	協尉	副尉
周司門上下		周司門中士司隸中士
執金吾丞	執金吾司馬中司馬	執金吾候
執金吾丞		
京畿南面都督	武環率下大夫武候率下大夫	
小司門上士		
左右金吾衛將軍	金吾衛翊府中郎將	金吾衛翊府左右郎將
武衛軍副都指揮		武衛軍副都

步軍校	城門領	城門吏
周司隸禁殺戮禁暴氏野廬氏司寤氏修閭氏各下士		
執金吾千人	城門司馬	十二城門候
	城門司馬	城門候
		諸門候
羽林游軍將		
司門下士	城門中士	城門下士
	城門郎	城門直長
金吾衞翊府果毅		
	京城十四門尉	京城十四門副尉

門千總	步軍統領衙門員外郎等官
	寺互令丞 都船令丞 北軍尉
公車誰長	都官從事 功曹從事 別駕從事 簿曹從事 律令師
	功曹 都官從事 諸曹從事 部郡從事 武猛從事
	金吾衛長史 金吾兵曹參軍 金吾騎曹參軍 金吾胄曹參軍 金吾左右街判官
	左右軍巡司判官
	武衛軍判官 警巡院判官
	虎賁司經歷 大都路兵馬司知事

巡捕五營副將參將遊擊	巡捕五營都司守備
左右京輔都尉	中壘校尉
	逐賊軍將　游徼軍將
虞候大都督	
虞候大都督	
金吾左右街司	金吾旅師
左右金吾街司	
五京都虞候司　都虞候　五京警巡使　東京軍巡使　中京巡邏使	五京警巡副使
鈐轄司鈐轄　諸京警巡院使	諸京警巡院副
虎賁親軍都指揮使　大都路兵馬都指揮使	虎賁親軍副都指揮使　大都路兵馬副都指揮使

巡捕五營千總把總

金吾副隊正

左右廂緝捕使臣

步軍統領

國朝官制

提督九門巡捕五營步軍統領滿洲一人正二品近制以親信大臣兼任之

掌京城內外門禁鎖鑰統帥八旗步軍五營將備以徼巡京師詰禁奸宄

平易道塗肅清

輦轂初制九門步軍巡捕三營皆領於兵部職方司以漢人主事一員專司

政令康熙十三年始改設提督九門步軍統領一員

特簡八旗大臣綜理其事三十年以巡捕三營併隸於步軍統領乾隆四十六

年步軍統領和珅會議奏定以所轄三營地方遼闊增爲巡捕五營舊設

有協理步軍統領衙門刑名事務部臣一人乾隆四十三年省如步軍統

領有以都統副都統任者仍用部臣一人協理

左右翼步軍翼尉每翼各一人正三品 八旗步軍協尉每旗各三人正四品 步軍副

尉每旗各三人正五品 捕盜步軍校每旗滿洲三人蒙古漢軍各一人步軍校每

旗滿洲二十有一人蒙古漢軍各八人正五品委署步軍校每旗滿洲五人蒙古漢軍各二人

翼尉協尉副尉掌董率守衞巡警掃除捕盜步軍校掌緝捕盜賊稽察奸宄步軍校掌分汛警夜清道詰姦翼尉本名總尉康熙十三年置協尉本名副尉順治五年置副尉本名參尉雍正四年置乾隆十九年俱改今名步軍校亦順治中置捕盜步軍校委署步軍校俱康熙三十四年置所屬凡領催二千二十八人步軍一萬八千七百二十六人捕盜步軍三百二十人乾隆四十六年增步軍二千二十六人

步軍統領衙門員外郎滿洲二人主事滿洲二人司務滿洲一人筆帖式滿洲十有二人

員外郎主事掌句檢旗營簿書司務掌稽察簿籍兼理俸餉筆帖式掌文移繙譯員外郎初置一人康熙六十一年增一人司務雍正十三年增置筆帖式初置四人康熙三十年增四人雍正十三年又增四人

城門領滿洲十八人漢軍七人從四品　城門吏滿洲十八人漢軍七人正七品　門千總漢軍三十二人正六品

掌內城九門外城七門晨昏啓閉之節以嚴出入稽詐僞城門領初名城門尉城門吏初名城門校乾隆十九年俱改今名其員額內城每門各二人外城每門各一人門千總初爲指揮千戶順治四年改置內外城每門各二人所屬凡門甲三百二十人門軍六百四十人又礮手每門各二人

信礮總管滿洲一人正四品　司信礮官漢軍旗各一人正五品

掌守白塔信礮初順治十年以兵部尚書噶洪達奏始定置信礮五于白塔山及內九門各置信礮五設信礮官漢軍左右翼各二人以司其事雍正二年改定員額如今制乾隆八年定歸于步軍統領管轄又

紫禁城內西筩子河舊置步軍校二人步軍四十人以備緊急差傳乾隆四十八年增置協尉一員步軍六十名移駐造辦處外圍地方焉

巡捕中營副將一人從二品　遊擊一人從三品後同　都司一人正四品後同　守備四人正五品後

同千總十人(正六品後同)把總二十人(正七品後同)巡捕南營參將一人(正三品後同)遊擊一人都司一人守備五人千總十二人把總二十四人巡捕北營參將一人遊擊一人都司一人守備三人千總八人把總十六人巡捕左營參將一人遊擊一人都司一人守備三人千總八人把總十六人巡捕右營參將一人遊擊一人都司一人守備三人千總八人把總十六人

掌分汛防守譏察巡邏緝捕姦匪初制巡捕分南中北三營轄十九汛置官七十員馬步兵五千一百名乾隆四十六年增爲中南北左右五營分設二十三汛所置各汛名目中營汛五(曰圓明園汛暢春園汛靜宜園汛樹村汛樂善園汛)南營汛六(曰東河沿汛東珠市口汛花兒市汛西河沿汛西珠市口汛菜市口汛)北營汛四(曰德勝汛安定汛東直汛朝陽汛)左營汛四(曰河陽汛東便汛廣渠汛左安汛)右營汛四(曰阜城汛西便汛廣寧汛永定汛)共置官一百七十一員增兵四千九百名合爲一萬分馬戰守糧額仍撥兵二千依健銳營制以時操演訓練武備各置有外委千總把總以司協防差操之事並募民充番捕人役以伺察旗民牙錯星羅法制益加詳密焉

歷代建置

三代

（周禮地官）司門下大夫二人上士四人中士八人下士十有六人府二人史四人胥四人徒四十人每門下士二人府一人史二人徒四人掌授管鍵以啟閉國門幾出入不物者（鄭康成注）司門若今城門校尉主王城十二門（賈公彥疏）司門總監十二門每門下士二人據在門啟閉者

謹案周司門之職每門下士二人而主之以下大夫者蓋以王城管鑰之任非位尊權重則不能當防閑禁遏之責故特重其官秩即如今提督九門皆以大臣兼領也

（周禮秋官）司隸中士二人下士十有二人府五人史十人胥二十人徒二百人掌五隸之法帥其民而搏盜賊凡囚執人之事（鄭康成注）隸給勞辱之役者漢始置司隸亦使將徒治道溝渠之役後稍尊之使主官府及近郡　禁殺戮下士二人史一人徒十有二人掌司斬殺戮者凡傷人見血而不以告者攘獄者遏訟者以告而誅之（鄭康成注）

司猶察也察此四者告于司寇罪之也禁暴氏下士六人史三人胥六人徒六十人掌禁庶民之亂暴力正者撟誣犯禁者作言語而不信者以告而誅之凡國聚衆庶則戮其犯禁者以徇野廬氏下士六人胥十有二人徒百有二十人掌比國郊及野之道路宿息井樹若有賓客則令守涂地之人聚欜之有相翔者誅之凡道路之舟車擊互者敘而行之禁野之橫行徑踰者凡國之大事比修除道路者掌凡道禁司寤氏下士二人徒八人掌夜時以星分夜以詔夜士夜禁禦晨行者禁宵行者夜游者〔鄭康成注〕寤覺也主夜覺者夜時謂夜晚早若今甲乙至戊夜士主行夜行徼候者如今都候之屬修閭氏下士二人史一人徒十有二人掌比國中宿互欜者與其國粥而比其追胥者而賞罰之禁徑踰者與以兵革趨行者與馳騁于國中者邦有故則令守其閭互唯執節者不幾

謹案周官司隸爲漢司隸校尉所自出卽今步軍統領之權輿而秋官所屬自禁殺戮至修閭氏五官皆主幾防盜賊姦宄實亦今步軍統領衙門所有事蓋禁殺戮禁暴氏主禁庶民之斬殺亂暴者以告而誅之

正如今步軍統領衙門緝獲違禁犯法之民笞杖者審斷發落徒罪以
上送刑部審擬也野廬氏主修除道路正如今
乘輿經由內外城統領率所部官兵先時除道設幛衢巷以蹕行人也司寤
氏主夜禁修閭氏比國中宿互欜者惟執節者不幾正如今京城內傳
更閉柵王公官民皆禁行走惟奉
旨差遣及各部院傳事均詢明聽出也謹並繫於表以著於法禁所昭實有
與成周之制相爲表裏者爾
（春秋左氏傳）欒盈過於周辭於行人曰將歸死於尉氏（杜預注）尉氏
討姦之官（孔穎達疏）尉氏主刑人故爲討姦之官
謹案周禮無尉氏之官疑東遷後始置漢書地理志陳留郡有尉氏縣
應劭曰古獄官曰尉氏鄭之別獄也是列國後亦仿置此官秦漢中尉
之名其源蓋本於此當亦如今之步軍統領矣

秦

（唐六典）中尉秦官掌徼巡京師

（常璩華陽國志）中尉田真黃（秦中尉）

漢

（杜佑通典）北軍中尉主之掌京城門內之兵

（漢書百官公卿表）中尉掌徼循京師（如淳注）所謂游徼徼循禁備盜賊也（顏師古注）徼謂遮繞也有兩丞候司馬千人（顏師古注）候及司馬及千人皆官名也武帝太初元年更名執金吾屬官有中壘寺互武庫都船四令丞中壘兩尉及左右京輔都尉尉丞兵卒皆屬焉

（王應麟玉海）應劭曰吾禦也掌執金革禦非常師古曰金吾鳥名主辟不祥天子出行職主先導以禦非常故執此鳥之象因以名官崔豹古今注金吾棒也以銅爲之黃金塗兩末

（馬縞中華古今注）棒者崔正熊注車輻也漢朝執金吾亦棒也以銅爲之黃金塗兩足以謂之金吾御史大夫司隸校尉亦得執焉

（錢文子補漢兵志）三輔之兵中尉主之有大事發兵屯衛事已輒罷其
征伐四夷不輕用也
（漢書百官公卿表）中尉丞楊僕
（三國魏志王朗列傳）西京執金吾從騎六百走卒倍焉
（漢書百官公卿表）中壘校尉掌北軍壘門內
（漢書季布列傳）季心爲中司馬中尉郅都不敢加（如淳注）中尉之司
馬
謹案袁宏漢紀季布弟心立然諾作氣關中方千里士爭爲之死心爲
中尉司馬郅都爲中尉未敢加也如淳漢書季布傳注以中司馬爲中
尉之司馬與漢紀合
（漢書平帝本紀）元始二年九月遣執金吾候陳茂假以鉦鼓募勇敢吏
士
（史記灌夫列傳）夫以千人與父俱（裴駰集解）官主千人如候司馬

〔馬端臨文獻通考〕北軍徼巡京師屬中尉別有壘垣軍門在京城案胡建傳云監軍御史穿北軍壘垣爲賈區軍正丞胡建斬之而中壘校尉實掌北軍壘門內則是北軍自有壘垣軍門

〔漢書張蒼列傳〕蒼任人爲中候王應麟曰北軍中候也

〔漢書如淳注〕漢儀注有寺互都船獄令

〔漢書顏師古注〕北軍尉一人主上書者獄

謹案漢以執金吾掌北軍其職在徼巡京師而尹賞列傳稱賞遷執金吾督大姦猾則又主于緝匪禁邪實與今步軍統領之職最爲相合至北軍別有都尉校尉中候當如今之巡捕五營將備其丞候司馬千人則如今之協尉副尉等官而寺互都船令北軍尉等主治刑獄則如今之員外郎等官也

〔漢書百官公卿表〕司隸校尉武帝征和四年初置持節從中都官徒千二百人捕巫蠱督大姦猾後罷其兵察三輔三河弘農元帝初元四年去

節成帝元延四年省綏和二年哀帝復置但爲司隸冠進賢冠屬大司空
比司直
〔漢紀元帝紀〕諸葛豐爲司隸劾舉無迴避侍中許章不奉法度豐特劾
章顯奏其事適逢章私出豐駐車舉節詔章下獄收章窘迫馳車去豐追
之章因入宮自歸于上豐亦上奏因收奪豐節司隸去節自豐始也哀帝
紀諫議大夫鮑宣拜司隸校尉丞相光行園陵行馳道中宣出逢之使吏
拘止丞相吏沒入其車馬
〔玉海〕漢儀曰司隸校尉職在典京師外部諸郡無所不糾詣臺廷議處
九卿上朝賀處公卿下陪卿上
謹案漢之司隸校尉察三輔三河弘農乃兼有諸州部刺史之任故地
理志以京兆等郡爲司隸所部亦頗近於守土之官然其職得督察公
卿委寄甚重故漢書蓋寬饒傳寬饒爲司隸校尉宣帝予書曰命君以
司察之位鄭昌上書頌寬饒亦云職在司察諸葛豐傳又稱司隸刺舉

不法善善惡惡則所司全在詰禁姦非正如今之步軍統領也

（漢書百官公卿表）城門校尉掌京師城門屯兵有司馬十二城門候

謹案三輔黃圖都城十二門長安城東出南頭第一門曰霸城門東出第二門曰清明門東出北頭第一門曰宣平門南出東頭第一門曰覆盎門南出第二門曰安門南出第三門曰西安門西出南頭第一門曰章城門西出第二門曰直城門西出北頭第一門曰雍門北出東頭第一門曰洛城門北出第二門曰廚城門北出西頭第一門曰横門城門皆有候門候主候時啓閉此條可與百官公卿表互證

（玉海）環濟要略城門校尉高帝置從緹騎百二十人武帝始增屯兵

（漢書蔡義列傳）遷補覆盎城門候（顏師古注）候主候時而開閉也

（漢書功臣表）芒侯耏跖以門尉起碭

謹案漢代城門校尉其任至鉅如王譚王商王立等皆以特進相代領城門兵至募府得舉吏如將軍而孔光爲太師亦兼領城門兵谷永與

王譚書所謂至戚賢舅執管籥於外蓋因門禁之重故必擇大臣以兼

領其事今步軍統領之提督九門正其任也

（後漢書百官志）執金吾一人中二千石掌宮外戒司非常水火之事月

三繞行宮外及主兵器丞一人比千石緹騎二百人無秩比吏食奉中興

省中壘寺互都船令丞尉及左右京輔都尉北軍中候一人六百石

謹案後漢執金吾將兵之事屢見於史袁宏後漢紀所載如光武建武

二年執金吾賈復將兵擊郾和帝永元九年執金吾劉尙將兵擊隴西

羌順帝永建六年執金吾張喬屯兵三輔蓋執金吾本北軍中尉掌京

城門內之兵故常主征伐之事也又和帝永元四年上幸北宮詔公卿

百官使執金吾衞南北宮詔收竇憲大將軍印綬則後漢志所云掌宮

外戒司非常之事是也

（章懷太子李賢後漢書注）胡廣曰衞尉巡行宮中執金吾徼於外相爲

表裏以擒姦討猾漢官曰執金吾緹騎五百二十人輿服導從光滿道路

羣僚之中斯最壯矣世祖歎曰仕宦當作執金吾

（東觀漢記）馮魴爲執金吾將緹騎宿元武門複道上領南宮吏士

（洪适隸釋）執金吾丞武榮碑舉孝廉（缺二字）郎中遷執金吾丞山陽太守祝睦碑辟司空府北軍中候北軍中候郭仲奇碑復辟司徒拜軍中候釋云碑書其官無北字郭究碑但稱爲軍中若與額殊案祝睦嘗爲北軍中候而其後碑書云北軍軍中候則知此亦省文耳

（後漢書百官志）司隸校尉一人比二千石持節掌察舉百官以下及京師近郡犯法者成帝省建武中復置幷領一州都官從事主察舉百官犯法者功曹從事主州選署及衆事別駕從事校尉行部則奉引錄衆事簿曹從事主財穀簿書主簿主錄閤下事省文書律令師主平法律簿曹書佐主簿書

（袁宏後漢紀）獻帝紀初平八年大中大夫孔融上書頼川南陽陳留上黨三河近郡不封爵諸侯臣愚以爲千里國可略從周官六鄉六遂之文

分取北郡皆令屬司隸校尉帝從之
謹案後漢紀光武紀更始以世祖爲司隸校尉獻帝紀諸葛亮等上言
稱左將軍領司隸校尉宣城亭侯備世祖先主皆漢中興之君其始均
曾爲司隸校尉可知此官之重又攷獻帝紀董卓問司徒王允曰欲得
任司隸校尉誰可者允曰惟有蓋京兆耳卓曰此人明智有餘然不可
假以雄職也遂以勳爲越騎校尉卓以司隸校尉爲雄職誠如百官志
所云掌察舉百官以下及京師近郡犯法者是也桓帝紀黃門令瑗將
虎賁士千人與司隸共捕梁冀宗親洛陽獄河內張成知當大赦使子
殺人李膺爲司隸收成殺之此即所謂察舉京城犯法者也獻帝紀司
隸校尉鍾繇持節鎭撫關中是其察舉近郡之事也又攷後漢司隸校
尉與河南尹並重凡舉大事必先愼擇此二官靈帝紀蕃武得劉瑜書
于是以朱㝢爲司隸校尉劉祐爲河南尹蓋何武將奏收曹節王甫等
故先擢此二人以備京城內外之變故也其後尚方監渠穆旣斬何進

珪讓僞詔以故太尉樊陵爲司隸校尉故司空許相爲河南尹亦重此

二雄職也

（後漢書世祖本紀）司隸從事孟異成

（後漢書百官志）城門校尉一人比二千石掌雒陽城門十二所司馬一人千石生城門兵每門候一人六百石雒陽十二門其正南一門曰平城門北宮門屬衛尉其餘上西門雍門廣陽門津門小苑門開陽門秏門中東門上東門穀門夏門凡十二門

（李尤正陽城門銘）平門督司午位處分外臨僚侍內達帝宮正陽南面炎暑赫融

謹案李尤集載十二城門銘曰正陽城門銘所謂午位處分者也曰中東門銘所謂月值當卯者也曰上西門銘所謂位月惟戌者也曰上東門銘所謂厥位在寅者也曰關陽城門銘所謂位月惟巳者也曰津城門銘所謂位月在未者也曰旄城門一作秏誤銘所謂位月在辰者也曰廣

陽門銘所謂厥月在申者也曰雍城門銘所謂位月在酉者也曰夏城門銘所謂位月在亥者也曰穀城門銘所謂位當于丑者也惟無小苑門銘或褎集者佚之據後漢百官志此十二門皆有門候尤正陽門銘云平門督司卽謂門候主督司也十二門皆有督司獨于正陽門言之者午位正門于十二門爲特重故也三輔黃圖長安城南出第三門曰西安門一曰便門卽平門也古者平便皆同字取其道易直洛陽正陽門之名平門或亦取其易直乎

（後漢書郅惲列傳）惲爲上東城門候（張奮列傳）奮子甫官至津城門候（章懷太子注）謝承書曰何湯爲郎中守開陽門候

（隸釋）孫叔敖碑陰伯尉有一子字世伯舉江夏孝廉城門候太尉陳球碑換東城門候釋云漢志洛陽城有中東門後碑亦作中東城門此碑云換東城門候殆省文也司空宗俱碑俱以察孝爲城門候（方以智通雅）周禮司門干寶注每門下士二人如今候公車誰長之類

謹案東漢執金吾掌擒姦討猾及戒司非常水火之事與今步軍統領職掌正同若司隸校尉則專主糾察百官而後漢書鮑昱傳載昱爲司隸校尉坐救火遲免官則其所掌亦有與執金吾無異者至城門校尉職司啓閉其任並重故曹褒馬防竇武朱儁趙典皆嘗爲之今之步軍統領則以執金吾司隸校尉城門校尉而併爲一職者也

三國

（唐六典）漢執金吾徼巡宮外魏武執政復爲中尉

（通典）魏司隸與二漢同漢置城門校尉魏因之

（王楙野客叢書）魏晉以來御史中丞專督行馬內司隸專督行馬外

（崔豹古今注）兩漢京兆河南尹及執金吾司隸校尉皆使人導引傳呼使行者止坐者起四人各持角弓違者則射之有乘高窺闞者亦射之魏晉設角弩而不用也

謹案裴松之三國志注載魏校事劉肇出過成臯縣縣令沐並欲收之

肇以狀聞有詔肇爲牧司爪牙吏云云校事乃司隸之屬而詔旨稱爲
爪牙吏則以其職司糾察故特假以事權蓋卽如漢之都官從事也

三國吳志吳主權列傳嘉禾三年執金吾許晏

晉

〔文獻通考〕中尉晉初罷

〔太平御覽〕晉中興書陶回擢拜北軍中候

〔隸續〕晉右軍將軍鄭烈碑遷北軍中候典司禁戎

〔晉書職官志〕司隸校尉漢武置歷魏晉其官不替屬官有功曹都官從事諸曹從事部郡從事主簿錄事門下書佐省事記室書佐諸曹書佐守從事武猛從事等員凡吏一百人卒三十二人及渡江乃罷

謹案魏晉司隸校尉皆兼察列郡如部刺史之職然攷太平御覽引臧榮緒晉書稱傅咸以議郎長兼司隸校尉時豪右放恣郡縣容縱盜寇於是奏免河南尹京都肅然貴戚憚之則其官亦主糾舉非違督緝姦

盜賊如今之步軍統領也

（傳咸明司隸職掌書）案令御史中丞督司百僚皇太子以下其在行馬內有違法憲者彈糾之雖在行馬外而監司不糾亦得奏之如今之文行馬之內有違法憲謂禁防之事耳宮內禁防外司不得而行故專司中丞今道路橋梁不修鬬訟屠沽不絕如此之比中丞推責州坐即今所謂行馬內語施于禁防既云中丞督司百僚矣何復說行馬之內乎既云百僚而不得復說行馬之內者內外衆官謂之百僚則通內外矣司隸所以不復說行馬內外者禁防之事已於中丞說之故也中丞司隸俱糾皇太子以下則共對司內外矣不爲中丞專司內百僚司隸專司外百僚自有中丞司隸以來更互奏內外衆官惟所得糾無內外之限也而結一旦橫挫臣前所以不羅縷者冀因結奏得從私願也今既所願不從而敕云但爲過耳非所不及也以此見原臣忝司直之任宜當正己率人若有其過不敢受原是以申陳其愚司隸與中丞俱共糾皇太子以下則從皇太子以

下無所不糾也得糾皇太子而不得糾尙書臣之闇塞旣所未譬皇太子
爲在行馬之内也皇太子在行馬之内而得糾之尙書在行馬之内而不
以糾無有此理此理灼然而結以此挫臣臣可無恨耳其於觀聽無乃有
怪也臣識石公前在殿上脫衣爲司隸荀愷所奏先帝不以爲非于時莫
謂侵官今臣裁糾尙書而當有罪乎

謹案後漢紀光武紀是時有上書言宜令司隸校尉督察三公司徒掾
陳元上疏謂不宜有司察公輔之明上善其言據傅咸此書則漢晉之
制頗異

（春秋左氏傳）楚人以爲大閽謂之大伯（杜預注）若今城門校尉官
（通典）漢魏置城門校尉晉制銀章青綬絳朝服武冠佩水蒼玉

謹案通典謂晉亦有城門校尉攷杜氏左傳注謂若今城門校尉則晉
有此職尤屬確鑿而晉書職官志獨闕而不載殆南渡以後又經省併
之故歟

宋齊梁陳
〔文獻通考〕宋齊俱以衞尉掌宮城屯兵及管鑰之事梁齊二代無城門
之職
〔隋書百官志〕梁又有宣陽等諸門候爲三品蘊位
謹案江左諸朝皆不置執金吾及城門校尉其宮門及城門管鑰皆以
衞尉一官掌之則兼有今護軍步軍兩統領之職也而東晉以後揚州
刺史卽漢魏司隸校尉之任故當時多以親藩任之然其體制已全同
諸州方牧固無復督討豪猾之事矣
北魏
〔鄭樵通志職官略〕後魏置城門校尉
〔魏書職官志〕城門校尉第四品
〔魏書酷吏列傳〕時京師盜魁聚爲劫害以赦提爲逐賊軍將又爲游徼
軍將前後擒獲略盡

（魏書甄琛列傳）琛以羽林爲游軍於諸坊司察盜賊於是京邑清靜至今踵焉

謹案北魏京城巡徼之法卽此二條可以攷見大概蓋逐賊軍將游徼軍將如今之巡捕五營而羽林游軍則如今之步軍營也

北齊

（司馬光資治通鑑）齊以東平王儼爲京畿大都督凡京畿步騎莫不畢從儼被殺罷京畿府入領軍

（胡三省注）京畿大都督總京畿兵因儼以京畿兵弄兵故罷之

（北齊書顯祖本紀）授京畿大都督（世祖本紀）遷太傅領京畿大都督

（北齊書慕容儼列傳）授儼京畿南面都督

（北齊書莫多婁貸文列傳）中興初除伏波將軍領虞候大都督位至領軍將軍恆檢校尉虞候事督兵馬糾察盜賊

謹案北齊以京畿大都督領京城諸兵當時多由懿親授任正如今步

軍統領之職又有京畿南面都督分地管轄當如今翼尉之職而虞候
大都督掌率兵糺察盜賊則當如今巡捕五營之職又攷北齊書崔昂
傳稱議曹律令京畿密獄多委之元韶傳稱幽於京畿地牢是京畿府
又主刑獄其於今步軍統領衙門職掌尤爲相合也
〔隋書百官志〕北齊城門寺置校尉二人掌宮殿城門管籥
謹案北齊城門寺兼掌宮殿城門管籥則亦合今護軍步軍兩統領之
職而爲一也
後周
〔通典〕後周官品正四命地官司門下大夫正三命地官小司門上士夏
官武環率武候率上士正二命地官宮門城門中士正一命地官宮門城
門下士
〔文獻通攷〕後周司門上士下士掌皇城十二門之禁令
〔唐六典〕後周置武環率武候率下大夫各二人

（後周書齊王憲列傳）我虞候大都督也

謹案周有門正上士掌門關啓閉爲禁衛之職已別著於護軍統領表內至司門大夫以下各官則卽漢城門校尉之任實如今之提督九門也其武環率武候率爲執金吾遺職故亦並著於表焉

隋

（隋書百官志）隋城門局校尉二人直長四人左右武候大將軍一人將軍二人掌晝夜巡察執捕姦非煬帝改左右候衛所領名佽飛

（通典）隋門下省統城門局校尉二人大業三年又隸殿中省十二年又減一人後又改校尉爲城門郞置四人又隸門下省

謹案隋城門局兼掌宮門京城門管鑰而左右武候亦主烽候道路水草所置各有司存今故互見於前鋒護軍統領表以著其實云

唐

（唐六典）左右金吾衛大將軍各一人正三品將軍各二人從三品掌宮

中及京城晝夜巡警之法以執禦非違

〔舊唐書職官志〕左右金吾衞大將軍各一員將軍各二員掌京城晝夜巡警之法凡翊府及同軌等五十府皆屬之其屬長史錄事參軍倉兵騎冑四曹參軍司階中候司戈執戟翊府中郎將左右郎將兵曹校尉旅帥隊正副隊正

〔新唐書百官志〕左右金吾衞上將軍各一人大將軍各一人將軍各二人掌京城巡警凡大功役則與御史循行兵曹參軍事掌翊府外府武官騎曹參軍事掌外府雜畜簿帳冑曹參軍事掌兵械公廨長史各一人錄事參軍事各一人倉曹參軍事各二人兵曹參軍事各二人騎曹參軍事各二人冑曹參軍事各一人左右司階各二人右右中候各三人左右司戈各五人左右執戟各五人左右衞使各一人判官各二人左右翊中郎將府中郎將掌領府屬督京城左右六街鋪巡警以果毅二人助巡探

〔劉肅大唐新語〕金吾衞佐李元成

（趙璘因話錄）柳元公初拜京兆尹將赴府上有神策軍小將乘馬不避公於街中杖殺之憲宗詰公專殺狀曰卿何不奏公曰臣只合決不合奏上曰合是何人奏公曰在街中本街使金吾將軍奏若在坊內則左右巡使奏上乃止

謹案街坊之別雍錄謂其最當城中而南者爲朱雀門街朱雀東十坊縱而數之皆有直街北自宮城之安上門而南極乎京城南面之陰是爲朱雀街東之第一街朱雀西十坊之西亦有直街自北徹南是爲朱雀街西第二街自餘十坊可隨朱雀東西而命其方又曰坊皆南北相沓每坊之南皆有橫街橫街之北是爲諸坊之南諸坊之南皆有門自東西以出橫街坊之若東若西卽坊之左畔右畔也據此則坊在一方之內其東西南北皆有街限之蓋坊統於街也金吾將軍統察諸街巡使分察諸坊亦以秩之尊卑爲職之大小也

（胡三省通鑑注）金吾左右街使各一人掌分察六街徼巡凡城內坊角

有武候鋪衛士彍騎分守大城門百人大鋪三十人小城門二十人小鋪五人日暮鼓八百聲而門閉乙夜街使以騎卒巡行叫呼武官暗探五更二點鼓自內發諸街鼓承振坊市門皆啓鼓三千撾辨色而止

〈大唐新語〉舊制京城內金吾曉暝傳呼以戒行者馬周獻封章始置街鼓俗號鼕鼕鼓公私便焉

〈宋敏求春明退朝錄〉唐馬周始建議置鼕鼕鼓惟兩京有之是京都之制也二紀以來不聞街鼓之聲金吾之職廢矣

〈孫承澤春明夢餘錄〉番役在唐稱爲不良人有不良帥主之

謹案今步軍統領在唐當爲金吾上將軍之職而所屬左右翊中郎將左右郎將則如今之協尉副尉果毅則如今之步軍校左右街使則如今之巡捕營而所謂不良帥者則如今之番役頭目也

〈唐六典〉城門郎四人門僕八百人掌京城皇城宮殿諸門開闔之節奉其管鑰而出納之

謹案唐城門郎兼司京城皇城管鑰倂爲一職今亦互見於護軍統領

篇

五季

（五代史晉本紀）天福七年右金吾衛大將軍梁言使於契丹

（五代會要）金吾衛後唐天成三年六月勑金吾每奏左右廂內外平安

有類藩方宜改云軍國內外并平安

（五代史盧導列傳）京城巡檢使安從進催百官班迎

（五代會要）城門郎梁開平元年正月改城門郎爲門局郎至後唐同光

元年十一月卻改爲城門郎

謹案五季金吾衞僅有虛名並無官守而京城巡檢使主率兵巡邏實

即唐代金吾將軍之職也

宋

（宋史職官志）左右金吾街司左右金吾仗司掌清道徼巡

（玉海）淳化五年八月判左右金吾街仗魏丕以新募千餘人引對崇政
殿太宗親選得五百七十人其中取身品優者三人為等分四營營設五
都都有員僚節級一如禁兵之制命田守信知右街事帝以京師浩穰街
司循警用禁軍非舊制特命左右街各置千人優以廩給始傳呼備盜至
是始分營部令魏丕更召募以充其數至道元年八月閻承翰等為金吾
都監紹興二年二月二十八日詔街仗司以二百人為額
（通雅）明之錦衣衛為宋金吾街仗淳化置金吾四營魏丕新募太子親
選如禁兵之制者是也
（李燾續資治通鑑長編）仁宗嘉祐七年皇城司邏卒吳清奏富人張文
政殺人有司鞫問無狀
（司馬光皇城司巡察親視官表）臣等伏聞皇城司親事官奏報有百姓
殺人私用錢物休和事下開封府推鞫皆無事實欲乞元初巡察人照勘
其皇城司庇護不肯交付臣等切詳祖宗開基之始人心未安恐有大姦

陰謀無狀所以躬自選擇左右親信之人使之周流民間密行伺察當是之時萬一有挾私誣枉者則斧鉞隨之是以此屬皆知畏懼莫敢爲非今海內承平已踰百年上下安固人無異望世變風移宜有釐革而因循舊貫更成大弊乃至帝室姻親諸司倉庫悉委此屬廉其過失廣作威福公受貨賂所愛則雖有大惡掩而不問所憎則舉動言語皆見掎摭臣等常病國家擇天下賢才以爲公卿百官而猶不可信顧任此厮役小人以爲耳目豈足恃哉今乃妄執平民加之死罪使人幽縶囹圄横罹楚毒幸而不自誣服僅能辨明若更不聽有司詰問元初巡察之人少加懲戒臣恐此屬無復忌憚愈加恣横使京師吏民無所措其手足此豈合祖宗之意哉伏望朝廷指揮皇城司令送元初巡察人下開封府推問本情或别有仇嫌或察訪鹵莽各隨其狀依法施行仍自今後永爲定制庶可以塞欺罔之源絶侵冤之門以全國家至公之道

謹案宋會要皇城司在內最爲煩劇掌宮城出入禁令權亞殿巖當如

今護軍統領而所轄邏卒得司京城訪緝之政則又兼有步軍統領職

事矣

〈宋史職官志〉左右軍巡司判官各二人分掌京城爭鬭及推鞫之事左

右廂公事幹當官四人掌推覆推問凡鬭訟事輕者聽論決元祐二年置

左右二廂三年置軍巡院判官一員建炎三年令城外內分南北左右廂

各置廂官以聽民之訟分使臣十員以緝捕在城盜賊分六都監界分差

兵一百四十八鋪以巡防煙火

謹案宋都城緝捕詰禁之事皆專屬之開封尹及臨安安撫使故於開

封府置軍巡司判官蓋卽今步軍統領衙門員外郎等官之職而臨安

府所置左右廂緝捕各官則卽如今巡捕五營之職也

遼

〈遼史百官志〉五京都虞候司職名都虞候上京都虞候司東京都虞候

司南京都虞候司西京都虞候司中京都虞候司○五京警巡院職名某

京警巡使某京警巡副使上京警巡院東京警巡院中京警巡院南京警巡院西京警巡院○東京軍巡院東京軍巡使○中京巡邏使司中京巡邏使耶律昱開泰間爲中京巡邏使警巡使巡邏使二職互見五城兵馬司篇

金

〔金史百官志〕武衛軍都指揮使司都指揮使從三品大定二十九年以武衛軍六十人兵馬一員副都二員其職低故設使品正四品承安三年陞副都指揮使二員從四品副都一員從四品初正五承安三年陞判官一員承安三年設掌防衛都城警捕盜賊○鈐轄司鈐轄十員正六品初設二員都鈐轄四員從七品興定三年權設巡把兩宅都將二十員從九品大定十六年立名掌管轄軍人防衛警捕之事承安元年設萬人內軍八千九百四十九人忠衛二百人隊正四百人○京城開陽宣仁安利平化通遠宜照利川崇德迎秋廣澤順義迎朔順常廣智十四門尉從七品副尉正九品○諸京警巡院使一員正六品掌平理獄訟察別部總判院事副一員從七品掌警巡之事判官二員正九品掌檢稽失簽判院事警巡使互見五城兵馬司篇

謹案自北宋以後都城巡徼不復設有專職金始置武衛都指揮以掌其事蓋卽唐代金吾之職而鈐轄司則如今之巡捕各營故亦隸屬於武職司也

元

〔元史百官志〕大都留守司留守秩正二品掌守衛宮闕其屬大都城門尉秩正六品尉二員副尉一員掌門禁啓閉管鑰之事至元二十年置以四集賽（解見領侍衛篇）爲之二十四年復以六衞親軍參掌凡十有一門曰麗正曰文明曰順承曰平則曰和義曰肅清曰安貞曰健德曰光熙曰崇仁曰齊化每門設官如上○虎賁親軍都指揮使司秩正三品管領上都路原籍軍人置都指揮使三員副都指揮使二員僉事二員經歷一員知事照磨兼承發各一員令史七人譯史通事知印各一人典吏二人鎭撫二員都目二員○大都路兵馬都指揮使司凡二秩正四品掌京城盜賊姦僞鞫捕之事都指揮使二員副指揮使五員知事一員提控案牘一員吏十

四人至元九年改千戶所爲兵馬司隸大都路而刑部尙書一員提調司事凡刑名則隸宗正且爲宗正之屬二十九年置都指揮使等官其後因之一置司於北城一置於南城司獄司凡三秩正八品司獄一員獄丞一員獄典二人掌囚繫獄具之事

謹案元史兵志仁宗延祐七年五月詔留守司及虎賁司官親率衆於夜巡邏是元代都城巡徼實屬留守虎賁二司之事蓋大都留守兼有今提督九門之職而虎賁司爲上都路原籍軍人則如今之京營也其大都路兵馬司掌鞫捕奸盜亦與今巡捕營之職相合自明代言其舊名改設文秩遂爲五城司坊之職而溯厥源流實當爲金吾街使之比今仍繫之於此表又攷元史載皇慶元年丞相奏每歲幸上都於各宿衞中留衞士三百七十人以備巡邏今歲多盜賊宜增百人制可仍命樞密與中書分領之據此則元代於各軍司常制之外又別有巡邏軍爲隨時所調撥矣

明

〔孫承澤春明夢餘錄〕明初置錦衣親軍指揮使司以鎭撫司理衞中刑名如列衞而兼觔軍匠所謂南鎭撫司也北鎭撫司本添設專理詔獄成化十四年始給印分司得直達上下法司覆提領衞事者恆以都指揮都督或恩功或寄祿凡盜賊奸宄街塗溝渠密緝而時省之凡奉旨鞫獄錄囚事與三司從事凡比試監焉

〔明史刑法志〕東廠之設始於成祖錦衣衞之獄太祖嘗用之後已禁止其復用亦自永樂時廠與衞相倚故言者並稱廠衞初成祖起北平刺探宮中事多以建文帝左右爲耳目故卽位後專倚宦官立東廠於東安門北令嬖暱者提督之緝訪謀逆妖言大奸惡等與錦衣衞均權勢蓋遷都後是也然衞指揮紀綱等用事廠權不能如至憲宗別設西廠以汪直督之所領緹騎倍東廠勢遠出衞上以萬安言革罷正德元年命邱聚領東廠又設西廠以命谷大用皆劉瑾黨也兩廠爭用事遣邏卒刺事四方天

下皆重足立而衞使石文義亦瑾私人廠衞之勢合矣瑾又改惜薪司外
薪廠爲辦事廠榮府舊倉地爲內辦事廠自領之京師謂之內行廠雖東
西廠皆在伺察中加酷烈焉瑾誅西廠內行廠俱革獨東廠如故張銳領
之與衞使錢寧並以緝事恣羅織廠衞之稱由此著世宗時廠權不及衞
萬曆初馮保兼廠事與張居正興王大臣獄欲族高拱衞使朱希孝力持
之拱得無罪衞猶不大附廠也及天啓時魏忠賢以秉筆領廠事用衞使
田爾耕鎮撫許顯純之徒專以酷虐鉗中外而廠衞之毒極矣凡中官督
東廠者曰督主東廠之屬無專官掌刑千戶一理刑百戶一亦謂之貼刑
皆衞官其隸役悉取給於衞錦衣衞獄者世所稱詔獄也太祖悉焚衞刑
具詔內外獄大小咸經法司成祖幸紀綱令治錦衣親兵復典詔獄遂用
其黨緣借作奸數百千端綱誅其徒稍戢至正統時復張天順末禍益熾
朝野相顧不自保鎮撫司職理獄訟初止一司洪武十五年添設北司專
理詔獄然大獄經訊卽送法司擬罪未嘗具獄詞成化元年始令覆奏用

參語法司僉製附十四年增鑄北司印信一切刑獄毋關白本衞卽衞所行下者亦徑自上請可否衞使毋得與聞故鎭撫職卑而其權日重然廠衞未有不相結者獄情輕重廠能得於內而外廷有扞格者衞則東西兩司房訪緝之北司拷問之鍛鍊周內始送法司卽東廠所獲亦必移鎭撫再鞫而後刑部得擬其罪故廠勢強而衞附之廠勢稍弱則衞反氣淩其上及後中官愈重而衞使無不競趨廠門甘爲役隸矣

謹案都城爲四方會極民物殷繁故董正之司自古特加愼重周官以門大夫譏察門禁以禁殺戮以下諸職防治奇衺法制最爲周密漢時執金吾城門校尉分建兩官而又有司隸校尉以刺舉不法所率中都官徒金吾緹騎至千有餘人而都官從事亦得糾察京師及近郡威勢甚盛故後漢書魯恭傳稱司隸典司京師四方是則三國志程曉傳亦稱司隸校尉督察京輦蓋所以杜姦萌而肅治化誠不可不崇其任也自唐迄宋其職漸輕逮明復設錦衣衞寄以緝除奸宄之責其初制原

未嘗倚以斷獄而永樂以後委畀益親於是錦衣堂上官與鎮撫司隸刑官皆得獨專獄事憑勢作奸浸成弊藪其後又與東廠相爲狼狽朋竊威福殘虐忠良逮其末造而飲章告密冤濫相仍慘酷殆無人理舉朝野性命一聽之武夫宦豎之手元氣澌滅害鍾家國蓋至明代爲已極矣我

朝置步軍統領之職掌管門禁提督京營

特簡親信重臣以膺斯任綱維整飭法令謹嚴振鋤奸蠹惡之風開通隱達情之路百官以正萬民以察規條凜肅中外乂安誠千古所無之隆矩也

欽定歷代職官表卷四十六

火器健銳虎槍各營表

	火器營總統
三代	
秦	
漢	射聲校尉
後漢	射聲校尉
三國	蜀漢射聲校尉
晉	積射將軍 彊弩將軍
宋齊梁陳	
北魏	
北齊	
後周	
隋	
唐	
五季	
宋	飛山軍指揮 廣捷軍指揮 神勁軍指揮
遼	礮首軍詳衮司 弩手軍詳衮司
金	
元	回回礮手軍匠上萬戶府達嚕噶齊
明	提督神機營

火器營翼長營總等官
射聲校尉丞 射聲校尉司馬 弩將 樓煩將 長鋌都尉
射聲校尉司馬
彊弩司馬 命中督
威捷軍鈐轄 威捷軍都轄
回回礮手軍匠上萬戶府 萬戶 副萬戶 千戶 副千戶 百戶 彈壓
神機營坐營官 神機營坐司官 神機營副將 參將 遊擊 佐擊 等官

健銳營總統

長水校尉　胡騎校尉　越騎校尉　步兵校尉　輯濯令

越騎校尉　步兵校尉　長水校尉　上軍校尉　中軍校尉　下軍校尉　典軍校尉　功軍校尉　佐軍校尉　左校尉　右校尉

蜀漢　長水校尉　步兵校尉　越騎校尉　吳　步兵校尉

左右神策大將軍　左右神策統軍　左右神策將軍

捧日天武龍衛神衛四上軍都指揮使　驍雄軍指揮使　雄武軍指揮使　虎翼軍指揮

左皮室詳衮司　右皮室詳衮司　北皮室詳衮司　南皮室詳衮司　舒新軍詳衮司

龍翔軍都指揮使　虎步軍都指揮使

健銳營翼長參領等官
長水校尉丞 胡騎校尉丞 越騎校尉丞 步兵校尉丞 長水校尉司馬 胡騎校尉司馬 越騎校尉司馬 步兵校尉司馬 輯濯丞 羽林 黃頭
越騎校尉司馬 步兵校尉司馬 長水校尉司馬 胡騎司馬
由基 司馬 由基 督 異力 督
左右神策諸郡指揮使 左右神策諸郡都頭
捧日 天武 龍衛 神衛 每都軍使 副兵馬使 神衛水軍使

三旗虎槍營總統總領等官

郎
周七萃士

殿前左右射生軍大將軍監左右神威軍使

火器健銳虎槍各營

國朝官制

火器營總統六人（以王公或領侍衛內大臣都統前鋒統領護軍統領兼任）

掌教演火器之政令初康熙三十年始置火器營設鳥槍護軍每人各給鳥槍一八旗各給予母礮五專司練習火器以王公大臣兼領初無定員雍正年間始定置六人乾隆十年以朝陽門內隆福寺前官房一所爲火器營公署三十八年移住一半於廣仁宮後之御河旁別爲一營以去城市遠俾得專心訓練焉

火器營左右翼翼長各一人（正三品）八旗掌關防營總每旗各一人（正三品委署翼長二人在內）鳥槍護軍參領每旗各一人（正三品）副鳥槍護軍參領每旗各二人（正四品）兼管礮位每旗各一人委署鳥槍護軍參領每旗各四人又五品頂帶花翎委署鳥槍參領十人（於鳥槍護軍校內選用仍食原餉）鳥槍護軍校每旗二十八人筆帖式每旗各二人（於護軍內選用仍食原餉）

掌訓練火器較試以時每歲秋後於蘆溝橋演放子母礮咸率其屬以從事焉其所移住御河旁一營兼在昆明湖教習水戰營總乾隆二十九年置鳥槍護軍參領初設十六人均以旗員兼任雍正三年省察哈爾八旗護軍參領改入火器營定爲專設之缺乾隆二十七年省八人又初制有鳥槍驍騎參領二十四人鳥槍驍騎校一百十二人乾隆三十五年省驍騎參領以驍騎校額併入護軍校內即以副護軍參領兼管礮位及委署護軍參領皆如今額又有鳥槍藍翎長每旗二十八人八旗滿洲蒙古每佐領下鳥槍護軍六人礮驍騎一人

健銳營總統無定員以王公大臣兼任

掌健銳營之政令督率所屬以時訓練乾隆十四年於八旗前鋒護軍內簡雲梯精卒千人從征金川會其酋讋威請命經略大學士忠勇公傅恆承

詔受降功成凱旋因

命以其衆特立爲健銳雲梯營於香山實勝寺傍建屋以居之其官屬皆設爲
定額而以王公大臣兼理營務有缺則請
旨特簡焉
健銳營左右翼翼長各一人正三品 八旗前鋒參領每旗各一人正三品 副前鋒參領每旗各一人正四品 委署前鋒參領每旗各二人即於前鋒校內選委 前鋒校共五十人正六品 副前鋒校共四十人即於前鋒內選用 筆帖式四人即於前鋒內選用仍食原餉 前鋒軍演習水師教習漢人侍衞十人把總十人
掌帥領營卒習雲梯馬步射鳥槍馳馬躍馬舞鞭舞刀之技每遇
巡幸則分其軍十之二以共隨扈之事又於昆明湖置趕繒船八艘以教水戰駕船駛風咸精於其藝焉翼領等官俱乾隆十四年置委署前鋒參領副前鋒校水師教習侍衞俱乾隆十八年增置水師把總由天津及福建水師營選送天津四人福建八人又藍翎長共五十人前鋒千人委署前鋒千人養育兵百人水手七十二人

三旗虎鎗營總統一人以公侯領侍衛內大臣簡任三旗總領各二人以內大臣都統前鋒統領護軍統領副都統侍衛簡用虎槍長每旗各七人虎槍副長每旗各七人均於虎槍人內選用筆帖式六人內三人以七品虛銜仍食原餉委署三人無頂帶

掌以虎槍翊從凡遇
車駕蒐狩虎槍總統總領日以十人佩虎槍於前導侍衛前行安營後偵虎豹
出入備伏弩箭犂刀
行田遇大獸則列槍從之奉
旨殪虎或追蹤或尋山得則具奏以獻將首先刺虎一二人名奏
聞初康熙二十三年黑龍江將軍進精騎射善殺虎新滿洲四十人至京分隸
上三旗始置虎槍營設官以領之三旗虎槍人共六百人於侍衛參領親
軍校親軍前鋒校前鋒護軍校護軍驍騎校驍騎領催及閑散人內選用
初制設三百六十人雍正元年增置每旗各八十人內虎槍人四百八十
人學習虎槍人一百二十人虎槍總統總領馬褂以黃色槍長以紅色虎

槍人以白色衿均鑲以青乾隆三年始鑄給關防焉

歷代建置

謹案荀子稱齊之技擊不可以遇魏之武卒魏之武卒不可以直秦之
銳士自古有國家者於兵制常額之外必有選鋒之軍訓練之衆教養
於平時而收其效於一旦以資臂指而壯聲靈所關至鉅我
朝法制周密軍威宣鬯康熙中特置火器營以練槍礮虎槍營以格殪猛
獸政一令專技精藝熟爲前代所未有我
皇上聖武維揚萬方震疊自歲己巳始以雲梯勝兵剏置健銳營於香山勁
旅如雲無不一當千百復以歲時
親臨簡閱號令嚴明節制有方屹爲干城腹心之選嗣是
王師撻伐所至蕩平搗穴擒渠多恃是軍之宣勞著績仰見
睿謨廣運條畫精詳儲材豫而收效遠實爲超軼前代謹以列史所載詳加
攷核如漢之八校尉唐之神策軍宋之四上軍遼之皮室舒新軍雖其

勇練皆不足以當今之萬一而特選精卒別設營制其用意尙有略相彷彿者至火器之制自古所無凡史所謂礮者皆以機發石而已元初得西域礮攻金蔡州城始用火然其造法不傳後亦罕用至明成祖平交阯得神機槍礮法因置神機營以肄習之行軍之用火器實權輿於此故求之前代尤無足以相擬惟當時或以善射或以習弩亦爲之別置一軍則一技專長未嘗不可援爲比附用是取其近似徵摭大略著之於篇庶俾列代得失之由藉以攷見一二其實

國家制度之盡善教訓之有方亙古無倫初非秦漢以降武備弛缺者所得相提而並論也

三代

〔李善文選注〕周有七萃之士萃聚也亦猶傳有七輿大夫聚集有智力者爲王之爪牙

謹案周制有六軍三軍之名雖未嘗別立一軍如我

朝之健銳營然攷六韜練士篇太公曰軍中有大勇力敢死樂傷者聚爲一卒名曰冒刃之士有銳氣壯勇強暴者聚爲一卒名曰陷陣之士有奇兵長劍接武齊列者聚爲一卒名曰勇銳之士有披距伸鉤強力多力潰破金鼓絶滅旌旗者聚爲一卒名曰勇力之士有踰高絶遠輕卒善走者聚爲一卒名曰寇兵之士其曰聚爲一卒則七萃之義也蓋萃亦聚也吳子圖國篇云民有膽勇氣力聚爲一卒樂以進戰效力以顯其忠勇者聚爲一卒能踰高超遠輕足善走者聚爲一卒亦與太公六韜同皆沿七萃之制則略如今之健銳營矣圖國篇又云一軍之中必有虎賁之士力輕扛鼎足輕戎馬搴旗取將必有能者若此之等選而別之愛而貴之是謂軍命亦如今之健銳營甲於諸營也凡此雖未獨立軍名而義可互證故附識於此

〔穆天子傳〕天子西遊射於中口命虞人掠林有虎在於葭中天子將至七萃之士高奔戎生捕虎而獻之天子命爲柙畜之東虞是曰虎牢

謹案周書世俘第四十武王狩禽虎二十有二貓二麋五千二百三十五犀十有二氂七百二十有一熊百五十有一羆一百一十有八豕三百五十有二貉十有八麈十有六麝五十麇三十鹿三千五百有八當時擒虎之多至二十有二他猛獸無論雖事見逸書未能一一徵信要可與今虎槍營職掌互證焉酈道元水經注顏師古漢書注皆引七萃之士生捕虎之文王融曲水詩序稱七萃連鑣虞羲詩亦云雲屯七萃士蓋周制於虎賁之外別有此七萃之士其勇力足以捕猛獸正如今之有虎槍營也惟是虎雖可以力斃而難以生擒伏讀

御製叢薄行云叢薄之中聞有虎三子逐逐隨其母槍斃於菟及一子其子曳尾藏深莽惡獸應弗留餘孽是非所云不探卵叶 因命生擒觀壯材羽林徼犱皆暴怒兩人搏一何足云一人獨攫誠堪詡其名乃曰見多爾索倫侍衛中英楚手尾挈領安且詳須臾虎兕入柙擄被斑綺白𣳐鋪張豈似今朝萬目覩喜亦詎爲萬目覩適有新歸化布魯

天藻煌煌賦事徵實蓋負嵎巨虎非用虎槍及虎神槍利器難以就殲惟小虎乃可生捕耳穆天子傳生捕虎之文究屬夸飾無關典要也

秦無可攷

漢

〔漢書百官公卿表〕中壘校尉掌北軍壘門內外掌西域屯騎校尉掌騎士步兵校尉掌上林苑門屯兵越騎校尉掌越騎長水校尉掌長水宣曲胡騎又有胡騎校尉掌池陽胡騎不常置射聲校尉掌待詔射聲士虎賁校尉掌輕車皆武帝初置有丞司馬

〔漢書刑法志〕武帝平百粵內增七校外有樓船皆歲時講肄修武備〔晉灼注〕百官表中壘屯騎步兵越騎長水胡騎射聲虎賁凡八校尉胡騎不常置故此言七校

〔程大昌雍錄〕其八屯校尉惟中壘射聲虎賁屯騎當在城中而四屯悉在城外故步兵校尉掌上林苑門之兵越騎校尉掌越人內附之騎長水

校尉則掌胡騎之在長水宣曲者也胡騎校尉則掌胡騎之在池陽者也總都城而言所屯則在上林城西南長水宣曲在城東南胡騎在城北渭水之外（宣曲固在城東而城西昆明池旁亦有宣曲然而長水校尉所掌必在城東爲其與長水相附並也）

（馬端臨文獻通攷）山齋易氏曰案劉屈氂傳太子使如侯持節發長水及宣曲胡騎皆已裝令侍郎莽通使長安追捕如侯告朔人曰節有詐勿聽也遂斬如侯引騎入長安蓋中壘在北軍而步兵在上林苑門長水兼掌長水及宣曲胡騎則在長水及宣曲皆在長安城外顏師古以長水在今鄠縣東長水鄉是知八校分屯不專在一所雖同名北軍而各以校尉領之不屬中尉之北軍此八校尉所以自列於城門校尉之後而中壘校尉亦別掌北軍壘門內外不屬金吾也蓋金吾秩中二千石而八校尉皆秩二千石其位亦重矣

（李本禮疑圖）案八校尉之置所以分中尉之權也八校尉之軍舊皆三輔番上爲中尉之所專統特以中壘令丞設軍壘別置精兵以備警急耳

今中壘升爲校尉專掌壘門屯兵不屬中尉蓋八校尉之所掌者取選募之精兵分屯城內但其所領事有時在外如長水池陽之類故其分屯不常專在一所而定則猶存城內北軍之名也惟中壘猶與中尉相關而中尉之所掌已分執金吾之職尚不廢徼循京師與戍中都官之舊耳此武帝慮患防奸之術也但章氏謂武帝既增校尉恐中壘之權太重則明指中壘統七校尉如光武之以北軍中候監五營校尉也殊不知中壘與七校本皆秩二千石不相統屬自足相制烏得云中壘之權太重邪又三輔黃圖謂中壘屯騎虎賁步兵越騎長水胡騎射聲八營宿衛王宮亦非矣蓋此八營卽八軍也豈以光武時幷爲五營校尉皆掌宿衛兵而遂謂八校尉亦同其制歟大抵章氏之說本於補兵志多雜後來改更之制不若易氏攷究之精詳也

謹案漢制以南軍掌宿衛如今之前鋒護軍營北軍掌徼循京師如今之步軍營與火器健銳諸營職掌均不相合惟刑法志謂武帝內增七

校外有樓船皆歲時講肄修武備是武帝於北軍之外募增七校以爲勁兵專備征伐無宿衞徼循之事其材力超越特出諸軍之上頗近今之火器健銳諸營攷之於史李陵傳漢遣貳師伐大宛使陵將五校兵隨後（案後漢始幷八校爲五營此云五校蓋用八校之五耳非後漢之五校也）霍光傳發材官輕車北軍五校士趙充國傳有詔將八校尉與驍騎都尉金城太守合疏捕山閒虜元帝本紀永光二年西羌反以太常任千秋爲奮威將軍別將五校並進是當時出兵征討皆藉八校之力可知其勇銳實甲於諸軍也今核其職掌長水校尉屯長水宣曲胡騎校尉屯池陽與今健銳營別駐香山者其制正同越騎校尉如淳謂越人歸附以爲騎也山堂攷索及文獻通攷謂募知越人事者爲越騎越人習水戰故用之亦與今健銳營掌練習水師者相合而步兵校尉掌上林苑門屯兵則今健銳營倣效

圓明園護軍營該班值宿之制每日以參領一人前鋒校前鋒十名守衞

靜宜園宮門亦其遺意至射聲校尉掌待詔射聲士服虔曰射聲工射者

也案服虔釋射聲二字謂冥冥中聞聲則射之於義未安應劭謂詔所命爲射故曰待詔射然則射字屬上讀非射聲也當時以射聲名官義雖難解而如服氏所云涉於荒渺未足爲據是獨以一技名官與今火器之設爲專營者亦差相仿佛矣

〔漢書宣帝本紀〕應募佽飛射士〔注〕服虔曰周時度江越人在船下負船將覆之佽飛入水殺之漢因以材力名官如淳曰呂氏春秋荊有茲飛得寶劍於干將渡江中流兩蛟繞舟茲飛拔劍赴江刺兩蛟殺之荊王聞之仕以執圭後世以爲勇力之官茲佽音相近臣瓚曰本秦左弋官也武帝太初元年改曰佽飛官有一令九丞在上林苑中結矰繳弋鳧雁歲萬頭以供祀宗廟師古曰取古勇人以名官熊渠之類是也亦因取其便利輕疾若飛故號佽飛

謹案佽飛亦漢之精兵有一令九丞以領之別屯上林苑中攷漢書載充國將兵伐先零宣帝遣其子右曹中郎將卬將期門佽飛爲支兵馮奉世爲右將軍伐西羌亦將越騎佽飛以往是當時調發多及此兵蓋

亦取其驍捷可用正如今之健銳營也

（漢書百官公卿表）水衡都尉有輯濯令丞（注）如淳曰輯濯官也師古

曰輯讀與楫同音集濯音直孝反皆所以行船也

（漢書劉屈氂列傳）發輯濯士以予大鴻臚商邱成（顏師古注）輯濯主

用輯及濯行船者也短曰輯長曰濯

（漢書枚乘列傳）遣羽林黃頭循江而下（注）蘇林曰羽林黃頭郎習水

戰者也師古曰鄧通以櫂船爲黃頭郎

（應劭漢官儀）高祖命天下選能引關蹶張材力武猛者以爲材官樓船

常以秋後講肄各有員數

謹案漢初即置樓船士故楊僕嘗爲樓船將軍而地理志廬江郡亦有

樓船官蓋主以水軍習戰者然此皆郡國所置不必盡在都城惟輯濯

令丞所領有輯濯士劉屈氂發之以與衛太子戰而黃頭郎又屬之羽

林此則舟師之在長安者正如今健銳營有演習水師之比矣

（王應麟玉海）漢初軍制弩則有弩將射則有樓煩將長鋋都尉以長鋋爲職顏師古曰長鋋長刃兵也爲刀而劍形

謹案弩將樓煩將長鋋都尉皆各以其技自成一隊亦頗近今之火器營也

（後漢書百官志）屯騎校尉一人司馬一人越騎校尉一人司馬一人步兵校尉一人司馬一人長水校尉一人司馬胡騎司馬各一人射聲校尉一人司馬一人右屬北軍中候

（後漢書何進列傳）是時置西園八校尉以小黃門蹇碩爲上軍校尉虎賁中郎將袁紹爲中軍校尉屯騎都尉鮑鴻爲下軍校尉議郎曹操爲典軍校尉趙融爲助軍校尉淳于瓊爲佐軍校尉又有左右校尉

謹案東漢省八校爲五校領屬於北軍中候則已同爲宿衞之兵與西京之各置別營者有別然攷後漢紀傳所載如耿秉副竇憲發北軍五校擊匈奴行車騎將軍鄧鴻將北軍五校士討叛胡劉尚發北軍五營

征羌鄧騭將北軍五校擊涼郡叛羌車騎何熙將五校營士擊烏桓羌入河東使北軍中候朱寵將五營士屯孟津屯騎班雄將五營兵屯長安三輔征西馬賢將軍校士屯漢陽執金吾張喬以五校士屯三輔寶武張奐何進皆以五營士屯都亭是當時摧鋒陷陣亦仍以五校爲勝兵則與西京之制固不甚相遠也至西園八校尉則皆特置之軍雖以宦官統領貽譏史冊而推其本意蓋亦仿西京八校而設所以練習武備耳

三國

(三國蜀志秦宓列傳)拜左中郎將長水校尉(董和列傳)胡博歷長水校尉(廖立列傳)後主襲位徙長水校尉

(三國蜀志張裔列傳)裔以射聲校尉領劉府長史

(三國蜀志向朗列傳)後主踐阼爲步兵校尉

(三國蜀志楊洪列傳)爲越騎校尉

〔三國吳志三嗣主列傳〕太平二年步兵校尉鄭胄

謹案據三國志所載則蜀漢孫吳各有五校略如東漢之制至曹魏雖置有此職然攷裴松之注引魏氏春秋稱阮籍聞步兵校尉廚多美酒營人善釀酒求為校尉遂縱酒昏酣遺落世事則是魏世五校已為冗職無復兩漢之任至晉而遂從省併宋代雖復置亦僅存虛名故並略而不著云

晉

〔晉書職官志〕二衛始制前驅由基彊弩為三部司馬各置督史又置武賁羽林上騎異力四部幷命中為五督

〔宋書百官志〕晉太康十年立射營弩營置積射強弩將軍主之

謹案晉之由基司馬異力督蓋特選精銳者為一部當如今之健銳營而射營弩營則如今之有火器營也

宋齊梁陳

謹案自南北朝以後五校尉及積弩積射強弩等將軍皆爲虛名以授軍功得官之人並無職掌今不復採列謹識於此

北魏未置

北齊未置

後周未置

隋未置

唐

〈新唐書兵志〉至德二載置衙前射生手千人亦曰供奉射生官又曰殿前射生手分左右廂總號曰左右英武軍上元中以北衙軍使衞伯玉爲神策軍節度使鎮陝州中使魚朝恩爲觀軍容使監其軍初哥舒翰破吐蕃臨洮西之磨環川即其地置神策軍以成如璆爲軍使及安祿山反如璆以伯玉將兵千人赴難伯玉與朝恩皆屯於陝時邊土陷蹙神策故地淪沒即詔伯玉所部兵號神策軍以伯玉爲節度使與陝州節度使郭英

又皆鎭陝其後伯玉罷以英乂兼神策軍節度代宗卽位以射生軍入禁中淸難皆賜名寶應功臣故射生軍又號寶應軍廣德元年代宗避吐蕃幸陝朝恩舉在陝兵與神策軍迎扈悉號神策軍天子幸其營及京師平朝恩遂以軍歸禁中自將之然尙未與北軍齒也永泰元年吐蕃復入寇朝恩又以神策軍屯苑中自是寖盛分爲左右廂勢居北軍右遂爲天子禁軍非他軍比德宗卽位神策兵雖處內而多以裨將將兵征伐往往有功貞元二年改神策左右廂爲左右神策軍特置監句當左右神策軍以寵中官而益置大將軍以下又改殿前射生左右廂曰殿前左右射生軍亦置大將軍以下俄改殿前左右射生軍曰左右神威軍置監左右神威軍使左右神威軍皆加將軍二員自肅宗以後北軍增置威武長興等軍名數頗多而廢置不一惟神策神威最盛其後京畿之西多以神策軍鎭之皆有屯營十四年又詔左右神策置統軍以崇親衞如六軍時邊兵衣饟多不贍而戍卒屯防藥茗蔬醬之給最厚諸將務爲詭辭請遙隸神策

軍稟賜遂贏舊三倍繇是塞上往往稱神策行營皆內統於中人其軍乃
至十五萬元和三年廢左右神威軍合爲一曰天威軍八年廢天威軍以
其兵騎分隸左右神策軍及僖宗幸蜀田令孜募神策新軍爲五十四都
離爲十軍令孜自爲左右神策十軍兼十二衛觀軍容使以左右神策大
將軍爲左右神策諸都指揮使諸都又領以都將亦曰都頭

（新唐書百官志）左右神策大將軍各一人正二品統軍各二人正二品
將軍各四人從三品掌衛兵及內外八鎮兵護軍中尉各一人中護軍各
一人判官各三人都句判官二人句覆官各一人表奏官各一人支計官
各一人孔目官各二人驅使官各二人

（唐會要）光啓元年四月以田令孜爲左右神策十軍使令孜募新軍五
十四都每都千人左右神策各二十七都分爲五軍令孜總之

謹案唐以十六衛爲南衙乃宿衛之兵又有北衙禁軍皆開元以後所
置而神策爲北衙兵之一其初本以邊兵入衛後遂漸增其額分屯近

譏凡征伐四方多用之以取勝唐代京城諸軍神策爲最故唐書以爲勢居北軍右非他軍比者是也唐文粹載李庾西都賦稱親兵百萬制以神策紫身豹首金腰火額獵霞張旆剣犀綴革奮目如虎眦振髯而蝟磔柔六鈞貫七札別有陳旌賜鉞閫外四十依榆關而作鎮拒柳營而開壁其形容甚至則是軍之精勁可知當時如劉沔郝廷玉范希朝李晟等本出神策軍皆爲名將其制蓋頗近今之健銳營而射生軍則頗近今之虎槍營特唐代以中官主之浸至尾大不掉驕橫日甚逮昭宗既誅宦者遂廢神策以隸六軍而唐亦益弱終至滅亡總由其措置失宜無以激士氣而固根本耳

五季未置

宋

〔玉海〕宋殿前司有捧日天武左右四廂馬軍司有龍衛左右廂步軍司有神衛左右廂各有都指揮使每軍有都指揮使都虞候每指揮有都副

指揮每都有軍使副兵馬使
（宋史職官志）捧日四廂管舊城左廂及殿前司馬軍天武四廂管舊城
右廂及殿前司步軍龍衞四廂管新城左廂及馬軍司馬軍神衞四廂管
新城右廂及步軍司步軍謂之上四軍各有左右廂廂各三軍
（禮疑圖）宋殿前侍衞兩司卽唐禁內六軍之制而捧日天武龍衞神衞
之名則又因諸軍之散而收神策爲殿後四軍之遺也
（玉海）乾德三年詔郡國選兵之驍勇者部送闕下太祖親閱之中選者
萬餘人以騎軍爲驍雄步軍爲雄武並隸侍衞親軍
謹案宋殿前司以捧日天武爲上軍侍衞司以龍衞神衞爲上軍通攷
載建隆元年詔殿前侍衞二司各閱所掌兵練其驍勇升爲上軍則上
軍皆以簡閱而升與今健銳營之選前鋒護軍勁卒別置一營者其制
頗爲相近至驍雄雄武二軍雖由郡國部送而別選驍勇立爲軍額亦
卽四上軍之比故並載於此篇

（玉海）建隆二年幸飛山營閱礮軍開寶九年幸西教場觀飛山兵案礮咸平五年置廣捷兵五指揮先是帝聞南方以標槍旁牌爲兵器命有司製之令內侍蕭延皓取廣德軍教習至是試於便殿悉呈其技頗精練帝以爲可用特立爲是軍祥符六年詔在京諸軍內選江淮習水卒於金明池試戰棹立爲虎翼軍置營於池側七年詔諸州簡兵有善水者以補神衞水軍仁宗卽位十有二年幸安肅教場觀飛山雄武發礮紹興末置御前萬弩營乾道五年復置名曰神勁軍

（葉夢得石林燕語）瓊林苑金明池宜春苑玉津園謂之四園瓊林苑乾德中置太平興國中復鑿金明池於苑北導金水河水注之以教神衞虎翼水軍習舟楫因爲水嬉

（宋實錄）建隆四年四月庚寅內出緡錢募諸軍子弟數千人鑿池於朱明門外令右神武上將軍陳承昭護其役將習水戰也

（李心傳建炎以來朝野雜記）平江許浦水軍本明定州海水軍舊隸沿

海制置司乾道中改隸殿前司以三千人爲額五年冬又改爲御前水軍八年春併歸許浦淳熙四年冬以七千爲額江陰水軍舊自泉州調發乾道三年以其勞費奏留屯二千人於江陰軍而沿海制置司又別屯千人淳熙末增置四千此外左翼軍亦有水軍三千摧鋒軍三千福州延祥寨千人鎭江建康池江鄂州御前諸帥亦各有水軍其後殿司又有澉浦水軍而淮陰靖安唐灣采石諸水軍則皆冠以御前水軍之號

謹案宋飛山營專領礮兵正似今之火器營而廣捷軍習標槍神勁軍習弩各名一藝亦屬相近至虎翼軍領水卒而神衛廂兼有水軍則又近今健銳營之教習水師矣

遼

（遼史兵衞志）皇后述律氏居守之際摘蕃漢精銳爲舒新（滿洲語鑿也原作屬珊今改正）軍太宗益選天下精甲置諸爪牙爲皮室軍合騎五十萬國威壯矣

（遼史百官志）左皮室詳衮司右皮室詳衮司北皮室詳衮司南皮室詳

衮司太宗選天下精甲三萬爲皮室軍初太祖以行營爲官選諸部豪健千餘人置爲腹心部耶律隆科滿洲語銅銅也原作老古今改正以功爲右皮室詳衮司則皮室軍自太祖時已有卽腹心部是也太宗增多至三十萬耳○舒新軍詳衮司應天皇太后置軍二十萬選蕃漢精兵○礮首軍詳衮司掌飛礮之事○弩手軍詳衮司掌強弩之事

謹案遼代選精甲爲皮室舒新二軍亦如今健銳營之比而礮首弩手二詳衮司則如今之有火器營也

金

（金史兵志）舊常選諸軍之材武者爲護駕軍海陵又名上京龍翔軍爲神勇軍正隆二年將南伐乃罷歸使就僉調後於侍衛親軍四明安內選三十以下千六百人騎兵曰龍翔步兵曰虎步

（金史百官志）威捷軍承安二年簽弩手千人泰和四年以之備邊事鈐轄正六品都轄從九品

謹案金之龍翔虎步軍大定閒改爲拱衛司以謹嚴儀衛已別繫之鑾

儀衛篇然其初實於親軍內特選精甲以充之則與今健銳營之制亦頗有相近者故仍互見於此至威捷軍專司弩手則亦今火器營之比也

元

（元史百官志）回回礮手軍匠上萬戶府秩正三品至元十一年置礮手總管府十八年始立爲都元帥府二十二年改爲萬戶府後定置達嚕噶齊（解見戶部篇）萬戶一員副萬戶一員經歷知事提控案牘各一員令史四人譯史一人鎮撫二員千戶所三翼達嚕噶齊三員千戶三員副千戶三員百戶三十二員彈壓六員

謹案元代樞密院大都督府所領諸衛以備宿衛征討其職掌約略相同並無選擇驍勇別爲一營之事惟回回礮手軍匠上萬戶府則即所謂西域火然礮法元初嘗以之攻蔡州城者實今火器營所由昉也

明

〔明史兵志〕成祖平交阯得神機槍礮法特置神機營肄習製用生熟赤銅相閒其用鐵者建鐵柔爲最西鐵次之大小不等大者發用車次及小者用架用樁用托大利於守小利於戰隨宜而用爲行軍要器至嘉靖八年從右都御史汪鋐言造佛郎機礮謂之大將軍發諸邊鎮佛郎機者國名也正德末其國舶至廣東白沙巡檢何儒得其制以銅爲之長五六尺大者重千餘斤小者百五十斤巨腹長頸腹有修孔以子銃五枚貯藥置腹中發及百餘丈最利水戰駕以蜈蚣船所擊輒糜碎其後大西洋船至復得巨礮曰紅夷長二丈餘重者至三千斤能洞裂石城震數十里天啓中錫以大將軍號遣官祀之明置兵仗軍器二局分造火器凡數十種正德嘉靖閒造最多

〔明史職官志〕神機營設中軍左右哨左右掖選勳臣二人提督之其管哨掖官曰坐營坐司亦率以勳臣爲之又設把總把司把牌等官嘉靖二十九年設副參遊佐坐營號頭中軍千把總等官神機營戰兵一營左副

將一戰兵二營練勇參將一車兵三營遊擊將軍一車兵四營佐擊將軍一城守五營佐擊將軍一戰兵六營右副將一車兵七營練勇參將一城守八營佐擊將軍一城守九營佐擊將軍一城守十營佐擊將軍一備兵佐營官一大號頭官一

謹案明置神機營以肄習鎗礮又置兵仗軍器二局以分司製造而火器之制始備然此即京軍三大營之一明代自諸衛上直軍外戰守武備惟恃三營而中葉以後兵柄主之宦官將領盡出紈袴非但不知訓練甚至買閑占役尺籍空虛成化中雖常分其等次以一等者為選鋒操練次等者為老家供役而富軍憚營操征調率賄將弁置老家數中貧者雖老疲轉入一等操練而缺伍名額又每為權貴所隱占支糧則有調遣則無是以軍數雖多衰耗實甚非但不可以言精銳即求其能執兵應操者亦十無一二歷代以來軍政之壞蓋未有如明之甚者矣

欽定歷代職官表卷四十八

盛京將軍等官表

	盛京吉林黑龍
三代	
秦	
漢	
後漢	
三國	
晉	
宋齊梁陳	
北魏	巡行六鎮行臺都督諸鎮軍事
北齊	
後周	
隋	
唐	東都留守 北京留守
五季	北京留守
宋	西京留守 南京留守 北京留守
遼	東京兵馬都部署司 東京都統軍使司 黃龍府兵馬都部署司 東北路都統軍使司 東北路監軍馬司監軍馬
金	東南路都統司 東北路招討使 東北路招討都監 上京路兵馬都總管 海蘭路兵馬都總管 烏爾古德呼勒路總
元	和林宣慰司都元帥 稱海宣慰司都元帥 嶺北行中書省左右丞相 行嶺北行樞密院事
明	守備南京各公侯伯

江將軍	盛京等
	右扶風都尉京兆虎牙都尉
	六鎮鎮都大將六鎮鎮大將
	北京副留守
	北京副留守
使管押東北路軍馬事官	東京都詳衮司湯河詳衮司咸州兵馬詳衮司東北路兵馬詳衮司
軍司東京留守司博索府路兵馬都總管	肇州招討使夫餘路節度使率賓路節度使哈斯軍路節度使呼爾
	嶺北行樞密院知院事安撫高麗軍民總管府遼東路總管府沿邊各元
	協同守備南京各侯伯

處各駐防副都統

東北路女直詳穩司 北女直兵馬司

哈路節度使 咸平路總管 咸州軍帥司 達喇部族節度使 唐古部族節度使

帥

盛京等處駐防總管城守尉協
六鎮各鎮將
東畿汝都防禦使 東畿汝防禦副使
北京巡防使
東京契丹奚漢渤海四軍都指揮使司 銅州北兵馬指揮使司 淶州南兵馬指揮使司 黃龍府鐵驪軍詳袞司 咸州糺將
夫餘路節度副使 率賓路節度副使 呼爾哈路節度副使
海蘭府碩達勒達等路屯軍民萬戶府 呼爾哈軍民萬戶府 鄂多理軍民萬戶府 托果琳軍民萬戶府 布呼軍民萬戶府 夫餘路屯田萬戶府
南京各衛指揮使 南京各衛鎮撫 南京各衛千戶

領等官	將軍副都統衙門理事同知主事等官
	東北路統軍司掌法官
	上京留守兼兵馬都總管判官見奉天府尹表
肇州蒙古萬戶府　咸平萬戶府	
	南京各衛經歷知事吏目倉大使副使

盛京將軍等官

國朝官制

盛京將軍一人駐盛京城副都統三人一駐盛京一駐錦州府一駐熊岳城

將軍掌鎮撫

留都安輯旗民董率文武凡軍師卒戍田莊糧糈之籍疆域之廣輪關梁之要隘咸周知其數以時簡稽而修飭之副都統各守分地以贊其治初順治元年

世祖章皇帝定都燕京以內大臣一員副都統二員及每旗駐防章京留守盛京三年改駐防大臣爲昂邦章京給鎮守總管印康熙元年改爲鎮守遼東等處將軍四年改鎮守奉天等處將軍乾隆十二年改奉天將軍爲鎮守盛京等處將軍其副都統二員雍正五年以一員移駐錦州府又增置熊岳副都統一員

盛京等處駐防城守尉十人協領十人佐領一百二十四人防禦九十有二人驍騎校二百有四人

凡盛京駐防之地自將軍所治外其所屬各城曰興京曰撫順曰遼陽曰海城曰蓋州曰開原曰鐵嶺曰復州曰寧海曰旅順水師營曰岫巖城曰鳳凰城曰錦州府曰熊岳曰小淩河曰寧遠曰中前所曰中後所曰廣寧曰巨流河曰白旗堡曰小黑山曰閭陽驛曰義州邊門十六曰威遠堡曰英峨門曰鹻廠曰旺清曰靉河曰鳳凰城右俱屬盛京兵部而將軍兼統之曰法庫曰松嶺子曰新臺曰梨樹溝曰白石嘴曰明水塘曰彰武臺曰清河曰白土廠曰九關臺右俱將軍所屬皆設兵駐守置城守尉協領佐領防禦等官各視兵數多寡定額有差以掌巡防譏察之事又有委官一百人皆以七品冠帶食領催前鋒錢糧乾隆二十七年置

盛京將軍衙門主事一人筆帖式十有一人各處駐防衙門筆帖式十有三人

倉官六人

分掌行遣案牘及糧儲出納之事

吉林將軍一人（駐吉林城）副都統五人（一駐吉林一駐寧古塔一駐白都訥一駐三姓地方一駐阿勒楚喀）

將軍掌鎮守吉林烏喇等處地方繕固鎮戍綏和軍民秩祀山川輯寧邊境副都統各守分地以贊其治初順治十年始設昂邦章京於寧古塔以鎮其地康熙元年改昂邦章京爲鎮守寧古塔等處將軍十五年以寧古塔將軍移駐吉林乾隆二十二年改爲吉林將軍吉林副都統康熙十五年置三十一年移駐白都訥雍正三年復置寧古塔副都統順治十年置白都訥副都統康熙三十一年自吉林移駐三姓副都統雍正十年置阿勒楚喀副都統乾隆二十一年置又初置有拉林副都統一員乾隆三十四年省

吉林等處駐防總管一人協領二十有五人參領一人佐領一百十九人防禦八十有一人驍騎校一百四十六人管水手四品官二人五品官二人六品官二

人

凡吉林駐防之地自將軍所治外其所屬各處曰寧古塔曰白都訥曰三姓曰阿勒楚喀曰拉林曰打牲烏喇曰伊屯曰鄂謨和索囉邊門四曰巴延鄂佛囉曰伊屯曰克爾素曰布爾圖庫蘇巴爾漢皆設兵駐守置總管協領參領佐領防禦等員各視兵數多寡定額有差職掌與

盛京各駐防同

吉林理事同知一人獄官一人吉林將軍衙門主事一人筆帖式十有二人白都訥副都統衙門委署主事一人各處駐防衙門筆帖式二十有八人管臺站筆帖式十有八人管倉筆帖式十有二人倉官七人助教十人

同知掌聽旗民獄訟之事主事等官分掌文案郵傳倉儲教習之事初雍正四年設永吉州於吉林長寧縣於白都訥置知州知縣吏目典史等官俱屬奉天府乾隆元年省長寧縣併入永吉州十二年罷永吉州改設吉林理事同知隸於吉林將軍焉

黑龍江將軍一人駐齊齊哈爾城　副都統三人一駐齊齊哈爾一駐墨爾根一駐黑龍江

將軍掌鎮守黑龍江等處地方均齊政刑修舉武備綏徠部族控制東陲副都統各守分地以贊其治初康熙二十二年始置黑龍江將軍及副都統二十九年移黑龍江將軍駐墨爾根三十八年復駐齊齊哈爾城齊齊哈爾副都統康熙三十七年自墨爾根移置墨爾根副都統康熙四十九年置黑龍江副都統康熙二十二年置

黑龍江等處駐防副都統銜總管一人城守尉一人協領十有六人總管七人參領一人副總管二十有六人佐領二百三十八人防禦二十有四人驍騎校二百三十一人護軍校二人管水手四品官四人五品官二人六品官四人管造船四品官一人五品官一人六品官一人

凡黑龍江駐防之地自將軍所治齊齊哈爾外其所屬各處曰墨爾根與黑龍江齊齊哈爾各置水師營曰呼倫布雨爾曰呼蘭城曰布特哈曰博爾多皆設兵駐守沿邊卡倫四十有六皆遣官率兵防戍置城守尉總管

副總管協領參領佐領防禦等官各視兵數多寡定額有差職掌
盛京吉林各駐防同
黑龍江將軍衙門主事一人理刑主事一人銀庫主事一人筆帖式十有二人
各處駐防衙門筆帖式二十人管臺站筆帖式三十有三人六品官二人臺站
官二人管倉筆帖式六人管官屯七品官四人
分掌刑名賦餉郵驛倉儲之事雍正四年於黑龍江置泰寧縣知縣七年
省凡旗民獄訟之事改設理刑主事治之

歷代建置

謹案我
朝定制於各省分設八旗駐防官兵以將軍副都統爲之董轄雖所司繁
簡略異而職任無殊惟
盛京及吉林黑龍江三處將軍俱以
肇邦重地俾之作鎮

留都統治軍民綏徠邊境其政務較繁而委任亦最爲隆鉅核其職掌蓋
即前代諸京留守之比與各省將軍之但膺閫寄者不同洪惟我
國家肇造大東
發祥於鄂多理城
相宅於赫圖阿拉丕基思輯遂啓
興京洎夫
聖武布昭版章式廓經營遼瀋戍邑成都
天付有家誕受方國爰於
盛京等處分置節師率師鎮守西自呼倫布爾北循興安嶺黑龍江而東
南跨鴨綠江地方六千里各因形勢險要列屯置戍以控扼之兵防周
密條畫詳明其諸部落舉族內附者久已編甲入戶同於垠隸而沿邊
以外歸化入貢則有若寧古塔東北東南之奇雅喀喇班吉爾漢喀喇
赫哲喀喇費雅喀奇勒爾等近者千五六百里遠者四五千里直至於

大東海皆歲獻土物以時遣官頒賜遠至邇安廣輪有截豐水詒謀夐軼萬古以前代陪京制度相準如唐之河南太原宋明之應天皆地當腹裏所謂留守守備者不過少異其名實與他州郡無別若北魏之平城元之和林皆其開國舊都而六鎮外攜諸藩內訌說俱詳後控制殊爲無策至遼之東京正在遼陽而東京統軍司所屬幅𢄙僅至長春近今日都訥地亦乏長撫遠馭之略惟金代上京會寧府在今吉林城東寧古塔西色齊窩集左右與

本朝刱業之地延袤頗合然當時雖分建諸路府州而生聚未繁海陵遷燕以後命毀會寧府舊宮殿及諸大第宅仍夷其址而耕種之蹟忘根本世宗始復行營葺屢移諸明安穆昆以實上京而撫輯失宜逮其末季紀軍潰叛國勢浸弱史所稱東極濟喇敏滿洲語厚也原作吉黑迷今改正烏達噶蒙古語次數也原作兀的改今改正諸野人之境北自夫餘舊作蒲與今改正路之北三千餘里和羅和屯滿洲語和羅山谷也和屯城也原作火魯火疃今改正穆昆爲邊者亦徒有虛名其規

模狹隘本不足擬議萬一而設官守衛沿革有因難以概略今具列如
左其未建陪京官職不備者則亦闕而不著云
三代
〔馬端臨文獻通攷〕成王命君陳分正東郊成周亦留守之始
謹案周以周公君陳畢公相繼分正東都後世因尙書有尹茲東郊之
文遂以爲京尹所自始然洛邑有化導殷頑控置東夏之任故當時皆
以周姓懿親遞臨斯土其官守綦鉅非僅京尹之專司民事者所可比
擬惟今
盛京將軍之職較爲近之歷代留京之有留守守備其權與實本於此今
故互著於篇而中閒因革得失之由亦緣以附見焉
秦未置
漢
〔文獻通攷〕光武以扶風都尉部在雍縣將兵護衛園陵故俗稱雍營

（後漢書安帝本紀）永初四年二月乙丑初置長安雍二營都尉官（百官志）安帝以三輔有陵園之守乃復置右扶風都尉京兆虎牙都尉（西羌傳）永初四年春置京兆虎牙都尉於長安扶風都尉於雍如西京三輔都尉故事

謹案三輔黃圖京輔都尉治華陰左輔都尉治高陵右輔都尉治郿水經注渭水又東逕郿縣故城南引地理志曰右輔都尉治渭水東南逕高陵縣故城北引地理志曰左輔都尉治蓋三輔都尉在西漢本典畿輔重兵自光武罷郡國都尉幷職太守而兵事亦領之京兆尹及左馮翊右扶風蓋如後世以京尹兼留守之比厥後復置都尉專以護衛陵園分地屯守則又如今駐防副都統之職其有京兆扶風而無馮翊者長陵陽陵二縣俱已移屬京兆故也又攷南匈奴傳左校尉閻章右校尉張國將黎陽虎牙營士屯五原曼柏馮柱又將虎牙兵留屯五原然則虎牙營本以衛園寢而爲居留重兵故又時遣屯戍也

三國未置

晉未置

宋齊梁陳未置

北魏

（顧祖禹史略）初魏都平城於緣邊置六鎮曰武川曰撫冥曰懷朔正光六年改置朔州曰懷荒正光末改置蔚州曰柔元曰禦夷皆恃爲藩衛咨給優厚遷洛以後邊任益輕將士失所互相仇怨正光四年懷朔鎮民挾忿殺其鎮將遂反諸鎮響應冀幷以北並爲盜區

（魏書羅斤列傳）除柔元鎮都大將（荀愷列傳）遷冠軍將軍柔元懷荒武川鎮大將（宇文福列傳）除散騎常侍都督懷朔沃野武川三鎮諸軍事征北將軍懷朔鎮將（慕容契列傳）轉都督禦夷懷荒二鎮諸軍事平城鎮將又轉都督朔州沃野懷朔武川三鎮三道諸軍事後將軍朔州刺史（楊椿列傳）除都督朔州撫冥武川懷朔三鎮三道諸軍事平北將軍

朔州刺史（楊鈞列傳）轉懷朔鎮將陽固列傳懷荒鎮將萬貳
（北史源懷列傳）詔爲使持節加侍中行臺巡行北邊六鎮賑給貧乏兼
採風謠自京師遷洛邊朔遙遠懷銜命撫導存恤有方懷朔鎮將元尾須
貪穢狠籍懷表劾之乃案視諸鎮左右要害之地可以築城置戍及儲糧
積仗之宜凡表五十八條宣武並從之

謹案北魏自道武帝破蠕蠕列置降人於漠南東至濡原西暨五原陰
山竟二千里分爲六鎮皆在代京之北及孝文遷洛以後平城故都實
藉爲屏蔽如今吉林黑龍江之控制東陲以作
留都拱衛也當時備置兵戍用資守禦其鎮都大將鎮大將蓋如今各駐
防副都統之比鎮將則如今城守尉防禦之比而行臺一官持節巡行
彈壓訓練所掌較重則即今將軍之職任規畫本爲盡善特太和之季
邊任漸輕鎮將多不擇人貪汙聚斂無所不至而六鎮兵卒多見擯抑
有同奴隸邊人解體武備益弛馴致羣盜並起亦由措置乖方有以釀

成亂階耳

北齊未置

後周未置

隋未置

唐

〈舊唐書順宗本紀〉貞元四年十二月以兵部尚書王紹爲東都留守憲宗本紀元和元年十一月以吏部侍郎趙宗儒爲東都留守東畿汝都防禦使三年五月敕東都畿汝州都防禦使及副使宜停所營將士三千七百三十人隨畿汝界分留守及汝州防禦使分掌之八月復置東都防禦兵七百人九年十月以尚書左丞呂元膺檢校工部尚書東都留守舊例命留守賜旗甲與方鎭同及元膺受命不賜諫官援華汝壽三州例有賜居守之重不宜獨闕上曰此三處亦宜停賜十年十二月東都留守呂元膺請募置三河子弟以衞宫城十二年五月以尚書左丞許孟容爲東都

留守充都畿防禦使十三年三月以同州刺史鄭絪爲東都留守都畿汝防禦使（穆宗本紀）長慶二年七月以前義武節度使陳楚爲東都留守東畿汝防禦使本朝故事東都留守罕用武臣今用楚以李㝏擾汴宋故也八月以絳州刺史崔宏禮爲河南尹兼東畿汝防禦副使（敬宗本紀）寶曆二年八月以崔從檢校吏部尚書東都留守東畿汝都防禦使（文宗本紀）大中十一年六月以特進檢校司空杜悰充東都留守東畿汝

都防禦使

副留守

（新唐書地理志）開元十一年太原府置尹及少尹以尹爲留守少尹爲

（舊唐書玄宗本紀）開元二十九年以左金吾大將軍裴寬爲太原尹北京留守（王思禮列傳）爲太原尹北京留守河東節度使（裴遵慶列傳）子向爲太原少尹兼河東節度副使

謹案唐代東京留守掌飭治武備控扼都畿皆以重臣典領與河南尹

各爲一職蓋即今
盛京將軍之比至東畿汝都防禦使及防禦副使以率兵巡防爲職當如今城守尉等官特唐代皆以留守及河南尹兼之不別授他人蓋其所領本防禦之兵故即帶其使銜耳又唐北都留守即以太原尹兼之其職視東都較輕肅代以後以河東節度使並兼二職則與諸藩鎮無異所謂留守府尹者亦僅屬虛名矣

五季

（舊五代史唐莊宗本紀）同光元年以河東軍城都虞候孟知祥爲太原尹充西京副留守（時以太原爲西京旋改北京）三年以張憲檢校吏部尚書太原尹充北京副留守知留守事（明宗本紀）北京左右廂都指揮使安金全（晉少帝本紀）高祖入洛以帝爲北京留守行太原尹知河東管內節度觀察事（漢高祖本紀）天福十二年車駕南幸以判太原府事劉崇爲北京留守

謹案五季之君其三皆起於太原故北京最爲重地留守有管鑰之寄大抵皆以勳戚領之然惟孟知祥張憲所任乃真留守之職若石晉高祖後漢高祖則雖帶留守虛名其實乃河東節度使與藩鎮無以異矣至新五代史唐臣傳又有北京巡檢使符彥超麾下兵殺永王存霸事其職似不屬於留守然主率兵巡防則亦近今之城守尉等官也

宋

（宋史職官志）西南北京留守各一人以知府兼之管掌宮鑰及京城守衛修葺彈壓之事畿內錢穀兵民之政皆屬焉

謹案宋之留守皆以府尹兼之然其職實各有攸司故宋史職官志亦別爲一條在各路帥臣之列今仍繫之於此表至建炎初於汴京置京城留守及副留守則以高宗避敵南行因特設是官寄以守禦之任與陪京作鎮者不同今故略而不著云

（宋李元綱厚德錄）張文節公知白參知政事爲宰相王欽若所排及知

南京欽若謫分司南京衆謂必報之而知白待之加厚

遼

〔王圻續文獻通攷〕遼南面五京留守司俱兼府尹職

謹案遼以上京爲皇都而留守司亦與四京並置蓋以春秋巡幸不常厥居故特置以資彈壓然核其職掌大抵民事爲多不主兵柄與唐之留守頗不相類今故但著於奉天府表兹不兼及云

〔遼史百官志〕北面邊防官○東京兵馬都部署司○契丹奚漢渤海四軍都指揮使司契丹奚軍都指揮使司奚軍都指揮使司漢軍都指揮使司渤海軍都指揮使司○東京都統軍使司○東京都詳衮（原作詳穩今依字面改正）司○保州都統軍司○湯河詳衮司亦曰南女直湯河司○銅州北兵馬指揮使司○淶州南兵馬指揮使司（已上遼陽路諸司控扼高麗）○黃龍府兵馬都部署司一作都監署司○黃龍府鐵驪軍詳衮司○咸州兵馬詳衮司有知咸州路兵馬事同知咸州路兵馬事咸州糺將○東北路都統軍使司有

掌法道宗大安六年置已上改春路諸司控制東北諸國○東北路兵馬詳衮司亦曰東北面詳衮司○東北路監軍馬司有東北路監軍馬使有管押東北路軍馬事官○東北路女直詳衮司○北女直兵馬司在東京遼州置以上東北路諸司

〔遼史地理志〕開州兵事屬東京統軍司保州隸東京統軍司來遠城兵事屬東京統軍司顯州兵事屬東京都部署司乾州兵事隸東京都部署司貴德州兵事屬東京都部署司瀋州兵事隸東京都部署司遼州祺州韓州雙州同州咸州兵事屬北女直兵馬司信州兵事屬黃龍府都部署司賓州兵事隸黃龍府都部署司湖州渤州兵事隸東京統軍司郢州兵事隸北女直兵馬司銅州兵事隸北兵馬司涑州兵事屬南兵馬司鎮海府兵事隸南女直湯河司順化城寧州衍州連州兵事屬東京統軍司歸州蘇州復州兵事屬南女直湯河司肅州兵事隸北女直兵馬司寧江州兵事屬東京統軍司祥州兵事隸黃龍府都部署司

〔洪皓松漠紀聞〕渤海國契丹舊爲東京置留守有蘇扶等州中京古白霫城自上京至燕二千七百五十里上京卽西樓也

謹案遼代建東京於遼陽實有今奉天全省之地而上京之長春州東京之寧江州則其邊界所在長春當近白都訥寧江實傍拉林河計其疆域方位今之吉林寧古塔皆不能全隸版圖廣輪未爲綿遠然攷之百官地里諸志則防守各職規制略備蓋兵馬都部署司都統軍使司如今之各將軍保州統軍咸州詳衮諸司如今之分駐各副都統指揮使司等官如今之總管城守尉而諸州郡兵事皆隸於統軍部署等司則如今各處駐防悉總屬於將軍副都統也

金

〔金史地理志〕上京路海古勒（蒙古語行軍殿後也原作海古今改正）之地金之舊土也國初稱爲內地天眷元年號上京海陵還都於燕止稱會寧府大定十三年復爲上京置上京留守司以留守兼本路兵馬都總管肇州以大祖勝遼

肇基王迹於此遂建爲州置招討司以使兼州事隆州利涉軍節度夫餘(原作蒲與今據國名改正)路置節度使承安三年設節度副使海蘭(滿洲語榆樹也原作曷懶今改正)路置總管府貞元元年改總管爲尹仍兼本路兵馬都總管承安三年設兵馬副總管率賓(原作恤品又作速頻今據渤海府名改正)路太宗天會二年以札蘭(滿洲語隊伍也原作耶懶今改正)路都貝勒所居地瘠遂遷於此因名率賓路節度使承安三年設節度副使哈斯罕(滿洲語籬也原作曷蘇館又作合蘇款今改正)路置節度使天會七年徙治寧州嘗置都統司呼爾哈(寧古塔河名也舊作胡里改今改正)路國初置萬戸海陵改置節度使承安三年置節度副使烏爾古德呼勒(烏爾古蒙古語孳生也德呼勒索倫語臉也原作烏古迪烈今改正)統軍司後升爲招討司與夫餘路近咸平路咸平府總管府安東軍節度使東京路遼陽府東京留守司博索(滿洲語山陰也舊作婆速今改正)府路國初置統軍司天德二年置總管府貞元元年與海蘭路總管並爲尹兼本路兵馬都總管此路皆明安戸

(金史兵志)收國元年始置咸州軍帥司後爲六部路都統司上京及泰

州凡六處置每司統五六萬人太宗天會十年改南京路都統司爲東南路都統司治東京以鎮高麗海陵天德二年又改烏爾古德呼勒統軍司爲招討司以博索路統軍司爲總管府大定五年又設兩招討司與前凡三以鎮邊陲東北路者初置烏爾古德呼勒部後置於泰州泰和門以去邊尙三百里宗浩乃奏分司於金山以重臣知兵者爲使列城堡濠牆戍守爲永制

（金史白彥敬列傳）正隆六年調諸路兵使彥敬主會寧夫餘呼爾哈三路事及降世宗以爲哈斯罕節度使（完顏福壽列傳）從博索路兵馬都總管完顏默音（滿洲語隊也原作謀衍今改正）（通吉義列傳）（通吉義原作獨吉義今依八旗氏族通譜改正）遷達喇（滿洲語腰也原作迭剌今改正）部族節度使貞元元年改唐古部族節度使（烏雅扎拉列傳）（烏雅原作烏延今依八旗氏族通譜改正扎拉滿洲語媒人也原作查剌今改正）改博索路總管高麗憚其威名凡以事至博索路者望見而跪之（尼瑪哈楚呼列傳）（尼瑪哈原作尼厖古今依八旗氏族通譜改正楚呼蒙古語純色也原作鈔兀今改正）遷東北路招討使與完顏思敬有

隙思敬爲東京留守奉詔至招討司楚呼不出錢(實圖美列傳)蒙古語頂戴也原作袢土懣今改正改哈斯罕節度使博索路兵馬都總管(伊喇諳達列傳)伊喇原作移剌今依八旗氏族通譜改正諳達滿洲語夥伴也原作按答今改正以招徠邊部功遷東北路招討使(圖克坦克寧列傳)圖克坦原作徒單今依八旗氏族通譜改正歷呼爾哈路節度使海蘭路兵馬都總管(承裕列傳)改東北路招討副使(完顏安國列傳)爲東北路副招討(丞相襄列傳)出爲東北路招討都監遷率賓路節度使移海蘭路兵馬都總管(瓜爾佳衡列傳)瓜爾佳原作夾谷今依八旗氏族通譜改正出爲上京留守尋改樞密行院規畫邊事以修完封界賜詔褒諭

謹案金代肇迹上京其疆域袤延與

本朝刱業之地廣輪最爲相合核之史傳會寧府當在今寧古塔西六百三十里吉林城東北二百餘里之色齊窩集左右夫餘路在上京之北率賓路在上京之南海蘭路又在率賓東南呼爾哈路則在寧古塔之境哈斯罕路在遼陽之南咸平路在開原鐵嶺間博索府路與高麗毗

連當在鳳凰城東去鴨綠江海口不遠而會寧府實居其中當時備設官職率兵鎮守其分地以治者有兵馬都總管兵馬副總管節度使節度副使其專制方面者有東南路都統司東北路兩招討使副招討使烏爾古德呼勒招討使東北路招討都監建置不一要其大略蓋上京如今之奉天府而夫餘海蘭率賓哈斯罕呼爾哈烏爾古德呼勒博索府諸路則如今吉林寧古塔各置帥臣之比其分爲東南東北二路者東南都統司即東京留守所治專轄遼東以控馭高麗東北招討司則自今寧古塔吉林以及科爾沁喀爾喀諸地無不統屬封界極爲廣遠而瓜爾佳衡傳又有樞密行院之職則隨時建設以治邊事事訖即罷非常制也

元

（元史地理志）遼陽等處行中書省至元二十四年始立二十五年改東京爲遼陽路安撫高麗軍民總管府治遼陽故城開元南京二萬戶府治

黃龍府至元四年更遼東路總管府海蘭府碩達勒達滿洲語碩直也達勒達遮蔽也原作水達達今改正等路土地曠闊人民散居元初設軍民萬戶府五撫鎮北邊一曰屯寧古塔境內河名原作桃溫今改正一曰呼爾哈一曰鄂多理即鄂多理城為我朝最初發祥之地在興京東二千五百里長白山之東原作斡朶憐今改正一曰托果琳蒙古語周圍也原作脫斡憐今改正一曰布呼滿洲語鹿也原作索苦今改正江各有司存分領混同江南北之地其居民皆碩達勒達女真之人設官牧民隨俗而治

（元史兵志）夫餘原作㺍峪今並改正路屯田萬戶府世祖至元二十九年以蠻軍三百戶女直一百九十戶於咸平府屯種命本府萬戶領其事三十一年罷萬戶府屯田仁宗大德二年撥蠻軍三百戶屬肇州蒙古萬戶府依舊立屯肇州蒙古屯田萬戶府成宗元貞元年以納延蒙古語八十數也原作乃顏今改正布拉噶齊蒙古語捕貂人也原作不魯古赤今改正及打魚碩達勒達女真等戶於肇州旁近地開耕為戶

（元史世祖本紀）至元二十五年增軍戍咸平府以察罕伊埒薩哈勒蒙古

語察罕白色也伊埒明顯也薩哈勒鬚也原作察忽亦兒思合今改正言其地舊邊徼請益兵以備不虞故

也

謹案今東三省地在遼爲東京在金爲上京東京元代始罷其制而改

設行中書省以鎮之與

本朝之建立

陪京者制度頗爲不合然當時所置總管府萬戶府與今之駐防總管城

守尉等其沿革亦有相近者故仍繫之此表以著其略云

（元史成宗本紀）大德二年四月置和林宣慰司都元帥府以呼喇珠蒙古語集聚也原作忽剌出今改正耶律希周納琳哈喇蒙古語納琳細也哈喇黑色也原作納鄰合剌今改正並爲宣

慰使都元帥佩虎符四年六月以和林都元帥府兼行宣慰司事五年四

月遣推勒特穆爾蒙古語推勒極也特穆爾鐵也原作禿剌鐵木而今改正等犒和林軍八月推勒特

穆爾等自和林還言和林屯田宜令軍官廣其墾闢量給農具倉官宜任

選人可革侵盜之弊從之七年七月立和林兵馬司（武宗本紀）大德十

一年七月罷和林宣慰司置行中書省及稱海等處宣慰司都元帥府和林總管府以太師伊徹察喇滿洲語伊徹新也察喇注酒器也原作月赤察兒今改正爲和林行省右丞相中書右丞相哈喇哈斯達爾罕哈喇解見上哈斯蒙古語玉也達爾罕滿洲語凡有勤勞者免其差役之謂原作哈剌哈孫答剌罕今並改正爲和林行省左丞相〔仁宗本紀〕皇慶元年二月改和林省爲嶺北省〔英宗本紀〕至治三年二月罷稱海宣慰司及萬戶府改立屯田總管府〔文宗本紀〕至順二年二月以上都留守奈瑪台蒙古語奈瑪八數也台有也原作乃馬台今改正行嶺北行樞密院事太禧宗禋使錦濟勒唐古特語送布拖之謂原作謹只兒今改正達朗蒙古語河堤也原作荅鄰今改正達賚蒙古語海也原作荅里今改正等並知院事〔順帝本紀〕後至元三年二月以滿濟勒噶台蒙古語瓔珞也原作馬扎兒台今改正爲太保分樞密院鎮北邊

謹案和林爲元太祖肇基之地太祖四大鄂爾多蒙古語官也原作斡耳朶今改正世留朔方常以親王鎮守其地統領軍馬捍禦外寇如顯宗爲晉王世守北邊者是也自世祖時諸王納延等背叛屢擾和林至車駕親征寇亂

始以稍息而其黨尚出沒邊境故嶺北特爲重鎮雖當時未建都號而職守甚鉅行省丞相綜治文武當兼有今盛京五部及將軍之職其行樞密院事及知院事鎮治北邊則即如今之各將軍副都統也又攷明宗本紀載帝發北邊沿邊元帥圖埒訥蒙古語燒也原作朶烈捏今改正萬戶瑪魯滿洲語瓶也原作買驢今改正等率兵扈行是當時沿邊必各有分鎮之官如今之駐防副都統協領等職而史文闕略其制不可復攷矣

明

〔明史職官志〕南京守備一人協同守備一人南京以守備及參贊機務爲要職守備以公侯伯充之兼領中軍都督府協同守備以侯伯都督充之領五府事參贊機務以南京兵部尚書領之其治所在中府掌南都一切留守防護之事永樂十九年還都北京命中府掌府事官守備南京節制南京護衛所洪熙元年始以內臣同守備景泰三年增設協同守備一

人南京衛指揮使（設官詳京衛）凡四十有九分隸五都督府者三十有二又親軍衛指揮使司十有七與左府所屬十衛右府所屬五衛前府所屬七衛後府所屬五衛並聽中府節制各衛領所一百一十有八

〔明官制〕南京中軍都督府留守中衛神策衛應天衛和陽衛廣陽衛左軍都督府留守左衛驍騎右衛鎮南衛水軍左衛龍虎衛龍虎左衛瀋陽左衛瀋陽右衛龍江右衛英武衛右軍都督府留守右衛水軍右衛虎賁左衛武德衛廣武衛前軍都督府留守前衛龍驤衛豹韜衛豹韜左衛龍江左衛飛熊衛天策衛後軍都督府興武衛鷹揚衛江陰衛橫海衛每衛有鎮撫司左右中前後千戶所

謹案明初以鳳陽爲中都世宗由興王入繼又以安陸爲興都各置留守司官屬而鳳陽承天（即安陸）均設知府其制仍如列郡與陪京不同惟南京守備以勳臣統率專管江防實即唐東都留守之比然歷朝皆以內臣協同守備寄軍政於閹豎而公侯伯之爲是職者又皆紈袴子弟

不諳兵務士卒大都出自市井負販占役買閑其時諸臣雖閑以爲言
而苟且因循卒無整飭以致闒茸驕惰不可復用崇禎中流寇侵軼江
北南中將吏日夕張皇惟惴惴焉倖賊之不東下而已留都兵勢積弱
未有如明代之尤甚者
國家神武開基聲靈赫濯而
盛京以
發祥重地兵防定制倍極精詳設鎮開屯控扼邊徼
皇上覲光揚烈每
翠華臨莅秋郊獮閱
賞賚優加復屢
命增置兵弁修繕甲仗慎選親勳俾膺閫寄規模益昭閎遠矣

欽定歷代職官表卷四十八

盛京五部等官表

	盛京五部侍
三代	
秦	
漢	
後漢	治長安太常卿
三國	
晉	
宋齊梁陳	
北魏	
北齊	并省尚書令并省尚書左僕射并省尚書右僕射并省各部尚書
後周	東京天府官小冢宰東京地府官小司徒東京春府官小宗伯東京夏府官小司馬東京秋府官小司寇東京冬府
隋	
唐	判東都尚書省事
五季	
宋	
遼	東京宰相府左相右相平章政事中京宰相府左相右相平章政事南京宰相府左相右相平章政事
金	
元	嶺北行中書省丞相平章右丞左丞參知政事
明	南京吏部尚書侍郎南京戶部尚書侍郎南京禮部尚書侍郎南京兵部尚書侍郎南京刑部尚書侍郎南京工部

郎	盛京五部郎中
	弁省吏部郎中 弁省主客郎中 弁省比部郎中 弁省三公郎中 弁省右民郎
官小司空	
	東京郊社署令 東京武庫令 東京諸市署令 北都軍器監
	東京戶部使 中京度支使 西京計司 中京文思使
	上京提舉皇城司提舉同 南京提舉京城所提舉同
	嶺北行中書省郎中 員外郎 上都八作司 上都鹼庫司
尚書侍郎	南京吏部四司郎中員外郎主事 南京戶部十三司郎中員外郎主事 南京禮部四司郎中員外郎主事 南京兵部四司

盛京	員外郎主事
幷省尚書都令史	
嶺北行中書省都事檢校照磨	
南京各部照磨南京戶部寶鈔	郎中員外郎主事南京刑部十三司郎中員外郎主事南京工部四司郎中員外郎主事

五部筆帖式司庫等官

管勾
理問
司提舉
南京工部龍江等司提舉
南京兵部典牧所提領
南京刑部司獄
南京各部庫大使副使
倉大使副使
局大使副使
所大使副使

盛京內務府各官
判建昌宮事 建昌宮使 建昌宮副使
東京省司 中京大內都部署司 南京宣徽使 知南京宣徽院使事 知南京宣徽院事 南京宣徽副使 同知南京宣徽院事 南京粟園司
東京宮苑使 東京西京御容殿閣門官 東京萬寧宮小都監
上都修內司大使副使 上都祇應司大使副使 上都器物局大使副使

奉天府尹	府丞
京兆尹	
幷州刺史	幷州長史
河南尹	河南贊治
河南府牧 河南府尹 太原府牧 太原府尹	河南少尹 太原少尹
開封尹 太原尹 真定尹 河南尹 興唐尹	太原少尹 興唐少尹
知河南府事 知應天府事 知大名府事 河南尹 應天尹 大名尹	河南少尹 應天少尹 大名少尹
諸京留守司行府尹事	諸京副留守 諸府少尹
諸京留守帶本府尹	諸京同知留守事帶同知本府尹 諸京副留守帶本府少尹
上都留守司留守	上都留守司副留守
應天府尹	應天府丞

治中通判	經歷司
	河南東西曹掾河南主簿河南司功倉戶兵法士曹等書佐
	河南太原府司錄參軍功倉戶兵法士等六曹參軍
河南通判判官推官應天通判判官推官	河南應天府司錄戶曹法曹士曹參軍
諸京留守判官諸京留守推官	
諸京留守判官諸京留守推官	諸京留守司司獄知法
上都留守司判官	上都留守司經歷都事照磨兼管勾
應天府治中應天府通判應天府推官	應天府經歷知事照磨檢校

儒學教授	承德縣知縣等官
	河南令洛陽令河南丞洛陽丞河南尉洛陽尉
河南太原府經學博士助教	河南洛陽太原晉陽縣令河南洛陽太原晉陽縣丞河南洛陽太原晉陽縣主簿
河南應天府助教	三京赤縣令三京赤縣主簿三京赤縣尉
諸京博士助教	
	諸京縣令丞主簿尉
上都開平路儒學教授學正學錄	開平縣達嚕噶齊尹丞主簿尉典史
應天府儒學教授訓導	上元江寧縣知縣縣丞主簿典史

盛京五部等官

國朝官制

盛京戶部侍郎一人滿洲員額各部官屬並同凡盛京官品秩俱視京師

掌
盛京賦稅之出納及官莊旗地歲輸之數謹其儲積辨其支給以時稽核而
會計之歲終則要其成以聽於在京戶部焉

盛京自
國初設有六部承政參政等官順治元年
世祖章皇帝定都燕京悉裁諸舊制官不備設以內大臣官鎮守戶禮刑工四曹咸屬焉十五年復設禮部十六年復設戶部工部康熙元年復設刑部皆置侍郎及其官屬三十年又設兵部侍郎於是五部之制始備五部舊各設理事官一人康熙六十年省雍正八年設尚書一人以總五部尋罷之

戶部經會司郎中一人員外郎一人主事一人糧儲司郎中一人員外郎一人主事二人農田司員外郎二人主事一人堂主事二人銀庫掌關防郎中一人員外郎一人司庫一人庫使八人掌官莊六品官二人筆帖式二十三人內倉正副監督各一人

分掌錢糧倉庫租稅徵收及關支存貯之政令順治十四年初置戶部滿洲郎中二人員外郎五人主事二人司庫二人筆帖式十有五人康熙二十九年增設員外郎四人筆帖式八人雍正五年增設漢人郎中一人員外郎二人主事二人乾隆三年改戶部滿洲員外郎一員爲銀庫員外郎八年省漢人員額又省滿洲員外郎四人增設滿洲主事二人堂主事二人初

盛京五部司屬皆以本地人員除授雍正五年

命在京各部掄員往補其本地人員皆撤回以京曹調用乾隆八年

詔以京員與本地人員參半除用十八年復

諭吏部定議用京員十之七本地人員十之三以歸平允焉

盛京禮部侍郞一人

掌

盛京祭祀朝會燕饗之儀式及園池果蓏畜牧之用咸辨其物而以供時薦

焉

禮部左司郞中一人員外郞二人右司郞中一人員外郞二人堂主事一人讀

祝官八人贊禮郞十有六人筆帖式十人管千丁六品官一人鳳凰城迎送朝

鮮官三人助教四人

分掌朝儀祀典職貢教習之事員額俱順治十四年定筆帖式初設十有

二人乾隆八年省二人又有牧務總管一人掌牧場乳牛以錦州副都統

兼管其屬有六品翼領一人七品牧長十有七人八品副牧長十有七人

牧副三十有四人副牧副三十有四人皆總轄於禮部焉

盛京兵部侍郞一人

掌

盛京武備及郵驛邊防之政

兵部左司郎中一人員外郎二人主事二人右司郎中一人員外郎二人主事二人堂主事二人筆帖式十有二人驛站正副監督各一人驛丞二十九人分掌駐防驛遞簡稽軍實之事員額俱康熙三十年定惟員外郎初置六人乾隆八年省二人

盛京刑部侍郎一人

掌

盛京旗民之獄訟會奉天府共讞之邊外蒙古訟者會扎薩克副台吉共讞之秋審則定其爰書以送在京刑部與各直省同

刑部肅紀前司郎中一人員外郎二人主事一人肅紀左司郎中一人員外郎二人主事一人肅紀右司郎中一人員外郎一人主事三人肅紀後司郎中一人員外郎一人主事一人堂主事二人（員外郎內置蒙古二人主事內置蒙古二人漢軍一人）筆帖式三

十人（內蒙古二人漢軍五人）贓罰庫司庫一人庫使一人司獄一人（內漢人一人）

分掌訊囚斷獄贓罰禁繫之事郎中初置二人康熙二十八年增二人員外郎初置四人康熙二十八年增四人乾隆八年又增蒙古二人省滿洲四人主事初置三人乾隆八年增三人又置堂主事二人筆帖式初置十有五人康熙二十九年增十有四人雍正五年又增五人乾隆三十八年以滿洲筆帖式一缺改爲司獄又雍正五年置刑部漢人郎中一人員外郎二人主事一人乾隆八年省

盛京工部侍郎一人

掌

盛京營造工作製器物料及諸色工匠之屬凡黃瓦廠席廠灰廠缸廠炸子廠木炭等壯丁咸司其役籍焉

工部左司郎中一人員外郎二人主事二人右司郎中一人員外郎二人主事二人堂主事二人筆帖式十有七人（內漢軍一人）銀庫司庫二人庫使八人管千丁

四品官一人管理燒造瓦料五品官一人管理匠役六品官一人看守
大政殿六品官二人
分掌營繕製造之事郎中員額順治十四年置員外郎初置六人乾隆八年省二人主事初置四人乾隆八年增二人又雍正五年置工部漢人郎中一人員外郎二人主事一人亦乾隆八年省又舊置有司匠一人乾隆二十九年省
盛京內務府鑲黃正黃正白三旗佐領各一人驍騎校一人營造司承管催總一人廣儲司承管司庫二人庫使十有六人兼領三旗織造庫催總三人掌儀司承管催總二人筆帖式三人廣寧承管催總一人都虞司承管催總二人筆帖式一人會計司承管催總二人筆帖式二人堂主事一人委署主事一人管理三庫內管領一人筆帖式十有五人三旗內管領一人掌領達一人倉達三人筆帖式三人
掌祇奉

三陵守護
宮殿凡營葺掃除之宜四時品物薦獻之禮咸共其事粟穀果蓏芻藁皮革
之著於籍者則辨其數而納之以儲邦用皆佐領率其屬經理之而總其
成於奉天將軍焉鑲黃旗正黃旗佐領順治三年置正白旗佐領順治八
年置各驍騎校康熙十九年置營造掌儀都虞三司催總初各置一員乾
隆二十九年各增一員會計司催總初置三員乾隆二十九年省一員廣
儲司司庫初置三員後省一員庫使初置十員乾隆九年增六員堂主事
內管領等員俱乾隆十九年以來先後增置
奉天府尹滿洲一人丞漢人一人
尹掌
留京治化與其禁令丞掌學校攷試以爲之貳
國初設遼陽府知府順治十四年改建奉天府置尹一人康熙三年增置丞
一人乾隆三十年始以

盛京侍郎兼管奉天府尹事務皆由
特簡無常員
奉天府治中滿人一人通判滿洲一人
興京理事通判滿洲一人儒學教授漢人一人經歷司經歷漢人一人司獄司
司獄漢人一人
分掌府屬之政令治中通判康熙三年置
興京通判乾隆二十八年置教授經歷初皆屬遼陽府順治十四年改隸奉
天府旋設訓導一人後省司獄康熙七年置又初設有奉天府推官一人
康熙六年省
承德縣知縣滿洲一人典史漢人一人
職掌品秩與大興宛平二縣同員額俱康熙三年置舊有縣屬巨流河巡
檢一人乾隆四十二年省
歷代建置

三代

（金履祥通鑑前編）成王八年周公分正東都

（尚書洛誥）命公後（蔡沈集傳）成王留周公治洛謂之後者猶後世留守留後之義

（尚書序）周公既沒命君陳分正東郊成周（鄭康成禮記注君陳周公子）

（杜佑通典）成王命君陳分正東郊成周曰尹茲東郊蓋今河南牧之任亦留守之始

（尚書序）康王作冊畢分居里成周郊（孔安國傳）分別民之居里異其善惡成定東周郊境使有保護畢公代周公爲太師爲東伯命之代君陳

（尚書畢命）惟十有二年六月庚午朏越三日壬申王朝步自宗周至於豐以成周之衆命畢公保釐東郊

謹案成王營洛邑爲東都謂之成周此卽後世陪京之制所自始成周在鎬京之東八百里而商民所居又在成周王城之東二十五里稱爲

下都說者謂尚書所稱東郊卽指下都而言故王應麟以下都爲保釐大臣所居然殷民密邇王室風聲所樹式訓非難保釐大臣自當仍在東都王城之中未必卽與殷頑錯居於下都之地也至周公君陳畢公相繼分正東都皆以懿戚重臣膺治洛之任非僅後世守臣可比而据尚書尹茲東郊之文則陪京置尹實本於此故仍繫之於篇以著其朔云

秦未置

漢

（後漢書百官志）京兆尹左馮翊右扶風三人漢初都長安皆秩中二千石謂之三輔中興都雒陽更以河南郡爲尹以三輔陵廟所在不改其號但減其秩

（張衡西京賦）封畿千里統以京尹（李善注）漢書曰內史周官武帝更名京兆尹

謹案後漢以長安爲西京與東京對舉則卽如今之
盛京其云統以京尹則原西漢初制而後漢之末易尹名卽於此可證
（三輔故事）光武徙都洛陽太常卿一人別治長安主知祭事
（東觀漢記）光武中興都洛陽又於南陽置都
（張衡南都賦）陪京之南居漢之陽（薛綜注）南都在南陽光武舊里以
置都
謹案東漢卜宅洛陽長安南陽雖並有西都南都之名而其制稍殊蓋
長安爲舊京故仍屬司隸校尉所部而守臣亦不改尹名尙近後世陪
京之制至南陽則守臣但爲太守與列郡無異其所謂南都者不過取
邑有先君廟之義而已至長安別置太常卿以奉陵廟後漢書百官志
不載僅見於三輔故事蓋如今
盛京之設禮部以奉
三陵也

三國未置

晉未置

宋齊梁陳未置

謹案曹魏以譙郡許昌長安魏郡與洛陽並號五都而自河南以外其官號並同列郡江左諸朝亦並無別建陪京之制惟晉惠帝幸長安僕射荀藩等與其遺官在洛陽者爲留臺號曰東西臺然其時以故都無主承制行事乃一時權宜之計非定制也

北魏

（魏書韓顯宗列傳）顯宗上書曰春秋之義有宗廟曰都無則謂之邑此不刊之典也況北代宗廟在焉山陵託焉王業所基聖躬所載其爲神鄉福地蓋亦遠矣今便同之郡國臣竊不安愚謂代京宜建畿置尹一如故事崇本重舊以光萬葉高祖善之

謹案魏自孝文還洛以後平城故都即改爲列郡故官氏志所載官品

令大和初定者有代尹其續定者則但有河南尹而無代尹矣韓顯宗所言雖稱高祖書之當時實未舉行然攷肅宗本紀熙平二年十月詔曰北京根舊帝業所基云云是魏在洛京時平城亦嘗有北京之稱特其官號未備耳

北齊

〔北齊書孝昭帝本紀〕天保五年除并省尚書令乾明元年以長廣王湛錄并省尚書事〔後主本紀〕天統三年以并省尚書左僕射婁定遠爲尚書左僕射武平三年以并省吏部尚書高元海爲尚書右僕射〔元景安列傳〕判並省尚書右僕射〔源文宗列傳〕并省尚書隴西辛懿〔羊烈列傳〕遷并省比部郎中〔崔瞻列傳〕天保初兼并省吏部郎中〔文苑列傳〕并省主客郎中盧思道并省三公郎中劉珉并省右民郎高行恭〔隋書百官志〕後齊尚書省都令史八人

謹案北齊繼魏建都於鄴而晉陽實爲創業之地當時倚爲根本故特

置尚書省以莅其事隋書百官志雖未備載幷省各官職名而以史傳參攷則有錄尚書事尚書令尚書左僕射尚書右僕射各部尚書及諸曹郎官規制略具明代南京並設六部其源蓋本於此至幷州刺史雖無尹號而据白建傳稱晉陽國之下都每年臨幸徵召差科責成州郡本藩寮佐爰及守宰諮承陳請趨走無暇云云則其任亦極爲要劇故多以尚書省長官兼領之如長廣王湛以幷省錄尚書事領幷州刺史是也（見武成帝本紀）又王晞傳載晞嘗爲幷州長史蓋晞本孝昭所親信故付以留司之任殆亦如今府丞之職歟

後周

（後周書武帝本紀）建德六年相幷二總管各置官及六府官（宣帝本紀）大象元年二月詔起洛陽宮移相州六府於洛陽稱東京六府河陽幽相豫亳青保七總管受東京六府處分

（隋書地理志）河南郡洛陽有漢已來舊都後周置東京六府魏郡後周

曰相州置六府宣政初府移洛太原郡後州置幷州六府後置總管廢府

（隋書高祖本紀）周太象二年以世子勇爲洛州總管東京小冢宰

謹案後周稱洛陽爲東京別置六府以總司留務蓋卽後世陪京六部之比特史失其官制之詳不可復考然觀楊勇以總管兼小冢宰則所設當自小冢宰以下而不及六卿正如今盛京五部之但設侍郎也至相幷二州爲北齊舊都故亦各置六府以鎮之然不立都名視東京又爲少異云

隋

（隋書煬帝本紀）仁壽四年十一月帝幸洛陽詔曰我有隋之始便欲創茲懷雒因機順動今也其時但成周墟塉弗堪葺宇今可於伊雒營建東京設官分職以爲民極大業元年三月詔尙書令楊素納言楊達將作大匠宇文愷營建東京徙豫州郭下居人以實之五年正月改東京爲東都

（通典）河南尹隋初爲洛州刺史復爲河南內史大業初爲荊河州刺史

又爲河南太守尋爲河南尹與京兆同
〔唐六典〕隋文帝罷郡以州統縣改別駕治中爲長史司馬煬帝罷州置
郡罷長史司馬置贊治後改爲丞又置通守以貳太守京兆河南等爲內
史○漢京兆尹統長安令後漢河南尹統雒陽令魏晉以後皆因之隋初
兩京置四縣（京兆下大興長安河南下河南洛陽）增秩爲正五品丞尉悉用他郡之人
〔隋書百官志〕河南尹正三品罷長史司馬置贊務（即贊治唐人避諱改之）一人以
貳之從四品次置東西曹掾從五品主簿司功倉戶兵法士曹等書佐改
行參軍爲行書佐河南洛陽縣令並增爲正五品其後諸郡各加置通守
一人位次太守河南則謂之內史又改縣尉爲縣正尋改正爲戶曹法曹
分司河南洛陽則加置功曹而爲三司司各二人
謹案隋既於洛陽置東郡又改太守爲河南尹於是規制始全同京兆
然並未別置尚書省蓋在京百司行幸則從故東京別無專署觀煬帝
自東京幸江都以越王侗光祿大夫段達太府卿元文都檢校民部尚

書韋津等總留後事足知陪京衆務皆出一時簡任未嘗設有省僚也
又齊王暕傳暕於大業初爲豫州牧明年轉雍州牧尋徙河南尹是東
都初仿西都置牧以主府事其後罷州置郡改雍州牧爲京兆尹故豫
州牧亦並改爲河南尹耳

唐

（舊唐書憲宗本紀）元和六年十月以戸部尚書韓皐爲東都留守判東
都尚書省事（穆宗本紀）長慶二年二月以河東節度使司空平章事裴
度守司徒充東都留守判東都尚書省事七月以前義武節度使陳楚爲
東都留守判尚書省事（敬宗本紀）寶曆二年八月以太常卿崔從檢校
吏部尚書判東都尚書省事兼御史大夫東都留守（文宗本紀）大中十
一年六月以特進檢校司空杜悰判東都尚書省兼御史大夫充東都留
守

（新唐書職官志）御史臺東都留臺有中丞一人侍御史一人殿中侍御

史二人監察御史三人元和後不置中丞以侍御史殿中侍御史監察御史主留臺務而三院御史亦不常備

（陸游老學菴筆記）唐人本謂御史在長安者爲西臺言其雄劇以別分司東都事見劇談錄

（唐六典）兩京郊社署令各一人丞一人門僕八人齋郎一百一十人掌祠祀祈禱之禮武庫令兩京各一人丞一人監事一人掌藏天下之兵仗兩京諸市署令各一人丞各一人掌百族交易之事北都軍器監監一人（開元初令少府監置十六年移向北都）少監一人丞二人主簿一人錄事一人掌繕造弓弩之屬以時納於武庫

謹案唐六典稱東都百僚廨署皆如京城之制而官不備設據舊唐書所載則常以留守兼判東都尚書省事蓋留司衆務不可無所統屬故特畀以綜理之任而別無僚屬則其閒簡可知惟分司御史臺以有稽察之責故中丞以下獨設有定額觀元稹傳有稹爲東臺監察御史攝

河南尹房式於臺擅令停務一事則爲是官者尚能自舉其職然其後亦不全設若兩京並置之郊社署令武庫令諸市署令等官則仍統於在京之太常衞尉太府諸寺並不別置長官也至史傳所載分司之官在東都者如李固言杜悰以太子太傅李聽以太子太保崔珙以太子少師李德裕裴休夏侯孜以太子少保李紳李珏以太子賓客田融以檢校刑部尚書韋貫之以太子詹事崔羣以祕書監盧行術王式以王傅李佐以王府長史王彥威以衞尉卿舒元輿以著作郎此類甚多然皆不過冗員散秩蓋本以廢罷黜及老病退閑之人或有田宅在東都者因假虛銜以示優禮如宋世祠祿之比其實並無官曹職事如嚴挺之請就醫京師以員外詹事詔歸東都蓋卽其例與明代之南京官又不相同矣

〔通典〕顯慶二年置東都改刺史爲長史而洛州本置牧一人以親王爲之多以長史理人開元元年改洛州爲河南府改長史爲尹其牧尹之制

一如京兆諸曹書佐亦如之開元以後增置太原府爲北京官屬制置悉同兩京

〔舊唐書職官志〕河南太原府牧各一員尹各一員少尹各二員司錄參軍二人錄事四人功倉戶兵法士等六曹參軍事各二人參軍事六人執刀十五人典獄十一人問事十二人白直二十四人經學博士一人助教二人學生八十人醫藥博士一人助教二人學生二十人河南洛陽太原晉陽謂之京縣令各一人丞二人主簿二人錄事二人佐二人史四人尉六人司功佐三人史六人司倉佐四人史八人司戶佐五人史十人司兵佐三人史六人司法佐五人史十人司士佐四人史八人典獄十四人問事八人白直十八人博士一人助教一人學生五十人

謹案唐自開元以前車駕歲幸東都百司皆從唐書張嘉貞傳載嘉貞爲中書令帝數幸東都洛陽主簿王鈞爲嘉貞繕第足知供億浩繁故河南尹稱爲劇任中葉以後東幸之禮久廢河南尹乃與列郡刺史無

異張延賞傳載大曆初延賞除河南尹輕傜賦疏河渠流庸歸附鄭珣瑜傳亦載珣瑜爲河南尹賤斂貴發以便民時方伐蔡河南主餽餉百姓不知歠運勞是其職固全主民事而兵柄則別屬之東都留守故河南尹當如今之奉天府而留守則近於今之奉天將軍矣（說別詳奉天將軍篇）至唐代又以扶風爲鳳翔府蜀郡爲成都府蒲州爲河中府荆州爲江陵府漢中爲興元府華州爲興德府陝州爲興唐府各置尹少尹等官蓋以其曾經駐蹕及形勢扼要之地故特重其任與陪京之制不同今但附見於此

（趙璘因話錄）王幷州璠自河南尹拜右丞相除目纔到少尹侯繼有宴以書邀之王判書後云新命雖聞舊銜尚在遽爲招命堪入笑林洛中以爲話柄故事少尹與太尹遊宴禮隔雖除官亦須候正敕也

五季

（舊五代史梁太祖本紀）開平元年升汴州爲開封府建名東都以宣武

節度副使皇子友文爲開封尹開封浚儀爲赤縣

謹案唐自昭宗遷洛梁太祖以宣武節度遂移唐祚因建汴州爲東都而凡郊天享廟必就洛陽行事是當時仍以洛陽爲都城汴州特陪京之比後唐滅梁開封已降爲州至晉天福三年復升汴州爲東京其洛京改爲西京於是始自洛定遷於汴而洛陽乃爲陪京矣五季規模草略時代亦極短促本不足爲典制今始並著於表以附見其一時之制云爾

（舊五代史唐莊宗本紀）同光元年以魏博節度判官王正言爲禮部尚書行興唐尹以河東軍城都虞候孟知祥爲太原尹充西京副留守以澤潞節度判官任圜爲工部尚書兼真定尹充北京副留守（李承勳列傳）累遷至太原少尹（盧程列傳）任圜爲興唐少尹

謹案冊府元龜載長興三年中書省奏稱本朝都長安以京兆府爲上今都洛陽請以河南府爲上其五府舊以鳳翔府爲首河中成都江陵

興元爲次中興初升魏博爲興唐府鎮州爲眞定府皆是創業興王之地宜升在五府之上合爲七府是後唐以洛陽爲京都太原魏博以莊宗創業之地眞定以控制北邊升爲西京東京北京而鳳翔等各建府名亦俱仍唐舊其尹及少尹皆以守臣兼之今並著其崖略於此然任圜未嘗爲興唐少尹其爲少尹者乃圜弟團（資治通鑑載盧程答與此唐史事作任團爲少尹）則薛史之誤而歐史亦仍之者也

（舊五代史晉高祖本紀）天福六年七月以前鄴都留守廣晉尹高行周爲河南尹西都留守

（舊五代史職官志）梁開平元年四月始置建昌院以博王友文判院事以太祖在藩時四鎮所管兵車賦稅諸色課利案舊簿籍而主之五月中書門下奏請以判建昌院事爲建昌宮使仍以東京太祖潛龍舊宅爲宮二年二月以侍中（原本有闕文据五代會要以侍中韓建判建昌宮使）判建昌宮事十月以尚書兵部侍郎李晈爲建昌宮副使三年九月以門下侍郎平章事薛貽矩兼延

資庫使判建昌宮四年十二月以李振爲建昌宮副使乾化二年五月以門下侍郎平章事于兢兼延資庫使判建昌宮事六月廢建昌宮

謹案梁以四鎮賦稅課利舊籍別置建昌宮使以領之正如今盛京內務府之比而宮使以外又命宰臣判其事則亦如今奉天將軍之兼管內務府事也其官專司帑藏已別系之戶部三庫表內今仍互見於此篇

宋

（柯維騏宋史新編職官志）河南府爲西京應天府爲南京設官略與開封府同牧尹少尹不常除（牧從二品尹從三品少尹從六品）闕則置知府事一人通判一人判官推官各一人其屬有司錄戶曹法曹士曹參軍士曹或蔭敘起家不常置助教有特恩而授者不釐務使院牙職左右軍巡悉同開封（開封府有左右軍巡使判官各二人左右廂公事幹當官四人）

（盧多遜幸西京詔）定鼎洛邑我之西都燔柴泰壇國之大事況削平江

表底定南方惟率土之混同自上天之鑒祐內慚涼德感是洪休得不磬以恭虔申其告謝睠惟京而西顧兆陽位於南郊豆籩陳有楚之儀黍稷奉惟馨之薦朕今暫幸西京取四月內選日有事於圜丘宜令有司各揚其職禮容儀衞典故在焉

謹案西京有圜丘則宋時西南北三京特以西京爲重故幸西京詔擬諸定鼎洛邑西京屬官有左藏庫使蓋常有大事於西京故供用悉取諸左藏同於內省也

（老學菴筆記）本朝都汴謂洛陽爲西京亦置御史臺至爲散地以其在西京號西臺名同而實異也

（宋史職官志）政和三年資政殿大學士鄧洵武言河南應天大名府號陪京乞依開封制正尹少之名從之（慶曆二年升大名府爲北京）

（王闢之澠水燕談錄）慶曆中北邊求關西地丞相呂文靖公召彭年討之（太子中舍于肅之字彭年壽光人）彭年云宜治西北行宮若將親征者以壓其謀乃以大

名府爲北都

（李元綱厚德錄）張文節公知白初參知政事爲王欽若所排知南京

吳節使元展知河南值河溢督工壅塞民無墊溺

（江休復隣幾雜志）大名府學進士劉建侯與妻同殺人程琳尙書知府

日殺之

謹案宋河南府應天府設官略與開封府同史稱牧尹少尹不常除闕

則置知府事一人厚德錄及隣幾雜志所稱知河南知南京知大名府

蓋卽職官志所云不常除者也

（馬端臨文獻通攷）宋制天子親征則命親王或大臣總留守事其西南

北京留守各一人以知府事兼之

（宋史新編職官志）三京赤縣令正八品主簿尉俱正九品

謹案宋太祖以歸德節度使受禪故建宋州爲南京而洛陽以唐舊都

大名以控制契丹建爲西北二京然牧尹皆不正除常以他官知府事

亦時以重臣作鎭如文彥博以太尉判河南府是也至其他規制皆與列郡無異南渡以後武林建業並建行宮武林視汴都建業視三都故建康知府亦帶有行宮留守之號然俱權時措置僅有虛名其規模益無足道矣

（歐陽修王武恭公神道碑）男次曰咸融西京左藏庫使

（王安石馬正惠公神道碑）改西京作坊副使遷西京作坊使

謹案宋史職官志有西京作坊東西染院使西京作坊東西染院禮賓副使使爲大夫副使爲郎與西京左藏庫使副使並設南北京不見此職蓋其規制視洛陽爲稍殺矣

遼

（遼史百官志）遼有五京上京爲皇都凡朝官京官皆有之餘四京隨宜設官爲制不一大抵西京多邊防官南京中京多財賦官○東京內省司東京大內不置宮嬪惟以內省司副判官守之○五京諸使職名東京戶

部使司中京度支使司南京三司使司南京轉運使司西京計司○五京留守司兼府尹職名某京留守行某府尹事某京副留守知某京留守事某府少尹同知某京留守事同簽某京留守事某京留守判官某京留守推官○五京學職名道宗清寧五年始設學養士助博士助教各一員上京學東京學中京學南京學亦曰南京太學太宗置聖宗統和十三年賜水磑莊一區西京學○中京文思院中京文思使馬人望父佺爲中京文思使○中京大內都部署司中京大內都部署中京大內副部署○南京宣徽院南京宣徽使知南京宣徽院使事知南京宣徽院事南京宣徽副使同知南京宣徽院事○南京栗園司典南京栗園

〔王圻續文獻通攷〕遼有五京聖宗時設東京中京南京宰相府各有左右相左右平章政事

謹案遼以上京爲皇都其中東西南四京皆當同陪京之制而聖宗以後三京各置宰相府以總其省事則亦如今

盛京設五部之比特其官職較崇耳至其他約略相近者如東京戶部使

中京度支使西京計司皆當如今

盛京戶部之職中京文思使當如今

盛京工部之職東京內省使中京大內都部署司南京宣徽院南京栗園

司當如今

盛京內務府之職而府尹之以留守兼領則又沿唐之舊制也

金

〈金史百官志〉諸京留守司留守一員正三品帶本府尹同知留守事一員正四品帶同知本府尹副留守一員從四品帶本府少尹留守判官一員從五品掌紀綱總府衆務推官一員從六品掌同府判分判刑案之事上京兼管林木事司獄一員正八品知法女直漢人各一員南京漢人二員〇諸縣令一員從七品丞一員正九品主簿一員正九品尉一員正九品在諸京倚郭者曰京縣自京縣而下以萬戶以上爲上三千戶以上爲

中不滿三千爲下○上京提舉皇城司提舉一員從六品同提舉一員從七品○南京提舉京城所提舉一員正七品同提舉一員從七品掌本京城壁及繕修等事不常置上京同此管勾一員正八品掌佐繕治受給官一員掌收支之事壕寨官一員掌監督修造○東京宮苑使一員西京北京同○東京西京御容殿閤門各二員掌享祀禮數鋪陳祭器○東京萬寧宮小都監一員

謹案金都燕爲中京而以會寧爲上京遼陽爲東京大同爲西京大定爲北京汴梁爲南京其守臣皆以留守兼府尹之事然攷之金史列傳有稱會寧尹者有稱會寧少尹者有稱同知會寧府事者有稱同知會寧尹者皆不帶留守職銜疑或兼或否亦無一定又有稱判東京留守者則以官尊特異其文不爲常制蓋如今以

盛京侍郎兼奉天府尹也至上京爲太祖創業之地宗室國戚多在焉世宗時又屢徙諸明安穆昆以實上京其任最爲繁劇當必尚有官司以

治之而史所載惟大定二十五年以會寧府官一人兼大宗正丞以治
宗室之政此外別無可攷見觀世宗本紀又有東京麴院都監一職而
百官志亦不之及知其所漏闕者良多耳又諸京各官內如皇城司提
舉京城所掌繕修之事當如今
盛京工部宮苑使御容殿閤門萬寧宮小都監掌宮殿苑囿之事當如今
盛京內務府而諸京縣令品秩獨不得比於大興宛平則其制度亦較爲
從減矣

元

〔元史百官志〕上都留守司品秩職掌如大都留守司而兼治民事車駕
還大都則領上都諸倉庫之事留守六員正二品同知二員正三品副留
守二員正四品判官二員正五品經歷二員都事四員照磨兼管勾一員
令史四十四人譯史六人回回令史三人通事知印各二人宣使一十二
人國初置開平府中統四年改上都路總管府至元三年又給留守司印

十九年併爲上都留守司兼本路都總管府其屬修內司秩從五品掌營修內府之事大使一員副使三員直長三員祗應司秩從五品掌裝鑾油染表褙之事大使一員副使二員直長三員器物局秩從五品掌造鐵器內府營造釘線之事大使一員副使一員直長二員儀鑾局秩正五品大使二員副使三員直長二員至大四年罷典設署改置爲局兵馬司秩正四品指揮使三員副指揮使二員知事一員提控案牘一員警巡院秩正六品達嚕噶齊（解見戸部篇）一員警巡使一員副使二員判官二員開平縣秩正六品達嚕噶齊一員尹一員丞一員主簿一員尉一員典史一員八作司品秩職掌悉與大都左右八作司同達嚕噶齊一員提領大使副使各一員餼廩司掌諸王駙馬使客飲食大使一員副使一員○嶺北等處行中書省國初太祖定都於哈剌和林之西因名其城曰和林立元昌路中統元年世祖遷都大興始置宣慰司都元帥府大德十一年改立和林等處行中書省右丞相左丞相各一員至大四年省右丞相皇慶元年改嶺

北等處行中書省治和寧路統有北邊等處每省丞相一員平章二員右丞一員左丞一員參知政事二員嶺北減一員郎中二員員外郎一員都事二員檢校照磨管勾各一員理問二員

〔元史地理志〕和寧路始名和林太祖十五年定河北諸郡建都於此前後五朝都焉世祖遷都大興和林置宣慰司都元帥府大德十一年立和林等處行中書省置和林總官府皇慶元年改和林路爲和寧路

謹案元世祖始相宅於桓州東灤水北之龍岡建開平府後以闕廷所在加號上都歲一臨幸率以爲常當時在京諸司從行者皆於上都別建官舍謂之上都分署其規制與大都無異惟上都留守司爲守土之官史稱其職掌與大都留守司同攷大都留守司所掌爲守衛宮闕都城調度本路供億諸務兼理營繕內府諸邸都宮原廟尙方車服殿廡供帳內苑花木及行幸湯沐宴游之所門禁關鑰啓閉之事而上都留守司以兼本路總管又治民事故所屬如兵馬司警巡院開平縣皆彈壓京輦之事修內司祗應司器物局儀鑾局皆供奉內廷之事實兼有

今府尹及內務府之職而八作司掌營造又如今

盛京工部之事餼廪司掌供給朝貢入使則如今

盛京禮部之事蓋其職務繁劇故無所不統也至和林爲元太祖創業舊邦最稱重地元史明宗紀載至順元年監察御史言嶺北行省控制一方廣輪萬里爲太祖肇基之地國家根本繫焉者是也雖後代不立都名而特設行中書省以總其事亦卽今

盛京五部之比故並附著於表又攷馬祖常有上都學宮詩而百官志不見開平建學之制案元制各路皆有儒學教授學正學錄等員統於總管府上都留守司實兼總管府事則開平學官亦當屬於留守矣

明

（明史職官志）南京宗人府經歷司經歷一人 吏部尚書一人右侍郎一人司務一人 文選攷功驗封稽勳四清吏司各郎中一人主事一人 凡南京官六部攷察攷功掌之不由北吏部

戶部尚書一人右侍郎一人司務一人照磨一人十三司郎中十三人員外郎九人主事十七人所轄寶鈔提舉司提

舉一人廣儲庫承運庫贓罰庫甲乙丙丁戊五字庫寶鈔廣惠庫軍儲倉各大使一人長安門倉東安門倉西安門倉北安門倉各副使一人龍江鹽倉檢校批驗所各大使一人總督糧儲一人以戶部右侍郎加都御史銜領之禮部尚書一人右侍郎一人司務一人儀制祠祭主客精膳四司各郎中一人儀制祠祭二司各主事一人所轄鑄印局副使一人兵部尚書參贊機務一人右侍郎一人司務一人武選職方車駕武庫四司郎中四人員外郎二人主事五人所轄典牧所提領一人會同館大勝關各大使一人成化二十三年始專以本部尚書參贊機務同內外守備官操練軍馬撫卹人民禁戢盜賊振舉庶務故其職視五部為特重云刑部尚書一人右侍郎一人司務照磨各一人十三司郎中十三人員外郎五人主事十四人分掌南京諸司及公侯伯五府京衛所刑名之事工部尚書一人右侍郎一人司務一人營繕虞衡都水屯田四司郎中四人員外郎二人主事八人所轄營繕所所正所副所丞各一人龍江清江二提舉司各提舉一人文思院寶源局軍器局織造所龍江抽分竹木局瓦屑壩抽分竹木局各大使一人都察院右都御史一人右副都御史一人右僉都御史一人司務經歷都事照磨各一人司獄二人浙江等九道各御史二人福建等四道各御史三人嘉靖後不全設恆以一人兼數道凡刷卷巡倉巡江巡城屯田印馬巡視糧儲監收糧斛點閘軍士管理京營比驗軍器皆敘而差之清軍則偕兵

部兵科覈後湖黃冊則偕戶部戶科提督操江一人以副僉都御史爲之領上下江防之事
通政使司通政使一人右通政一人右參議一人掌收呈狀付刑部審理經歷一人大理
寺卿一人右寺丞一人司務一人左右寺正各一人左右評事各一人詹事府主簿一人翰林院學士
一人不常置以翰林坊局官署職孔目一人國子監祭酒一人司業一人監丞一人典簿一人博士三人助教一
六人學正五人學錄二人典籍一人掌饌一人太常寺卿一人少卿一人典簿一人博士一人協律郎二人贊禮郎七人
司樂二人各祠祭署合奉祀八人祀丞七人光祿寺卿一人少卿一人典簿一人大官珍羞良醞掌醢四署各署正一
人署丞一人太僕寺卿一人少卿二人寺丞二人主簿一人鴻臚寺卿一人主簿一人司儀司賓二署
各署丞一人鳴贊四人序班九人尚寶司卿一人吏戶禮兵刑工六科給事中六人又戶
科給事中一人管理後湖黃冊行人司左司副一人欽天監監正一人監
副一人主簿一人五官正一人五官靈臺郎二人五官監候一人五官司書一人太醫院院判一人吏目一人惠民藥局
生藥庫各大使一人五城兵馬司指揮各一人副指揮各一人吏目各一人應天府府尹一人府丞一人
治中一人通判二人推官一人經歷知事照磨檢校各一人儒學教授一
人訓導六人所轄上元江寧二縣各知縣一人縣丞一人主簿一人典史

一人司獄一人織染局大使一人左右副使各一人都稅司宣課司四稅課局二各大使一人副使或一人或二人龍江關運所大使副使各一人批驗所大使一人河泊所官一人龍江關石灰山關各大使一人副使四人〇南京官自永樂四年成祖往北京置行部尚書備行在九卿印以從是時皇太子監國大小庶務悉以委之惟封爵大辟除拜三品以上文武職則六科都給事中以聞政本故在南也十八年官屬悉移而北南京六部所存惟禮刑工三部各一侍郎在南之官加南京字於職銜上仁宗時補設官屬除南京字正統六年定制復如永樂時

謹案周公營洛本在王畿後漢京兆南陽始有陪京之號而設官置吏仍與列郡無異後周洛京與相并二州同設六府亦不過行臺尚書省之比唐代始於東都立尚書省御史臺及分司各官漸開冗濫之端然猶未備建六官徧置省寺也明自永樂遷都南京官吏已從減省其後仁宗復以北京爲行在南京各部寺因悉補設如初迨正統既定都北

京南京官僚仍舊並置而實無職業可任於是投閑置散者則一切屏之於南京其爲是官者亦率以養高自放不復事事其閑如吏部都察院尚有攷察之責則又借以行其私意遇有一事則紛紜論列與北京部院互相攻擊牽肆把持徒受冗官之弊於實政毫無禆補

國家以

盛京爲肇基重地式循舊典備列班聯

聖聖相承以時損益五部侍郎靖共厥職各有專司曹郎則中外并用以釐衆務仍總其成於在京各部奉天尹丞以下分猷布化庶績咸熙冗曠悉

除官常倍飭

陪京制度斟酌得宜實前代所莫及也

欽定歷代職官表卷五十

總督巡撫表

	總督
三代	州牧州伯方伯
秦	
漢	州牧
後漢	州牧
三國	州牧都督諸州軍事
晉	司隸校尉州牧都督諸州軍事刺史
宋齊梁陳	都督諸州軍事刺史
北魏	都督府州諸軍事都督三州諸軍事都督一州諸軍事尚書大行臺司州牧
北齊	尚書大行臺司州牧
後周	雍州牧總管大都督
隋	雍州牧大總管行臺省尚書令
唐	牧大總管大都督節度使經略使
五季	節度使
宋	牧節度使經略使
遼	節度使
金	總管府都總管節度使
元	行中書省丞相平章總管府達嚕噶齊總管
明	總督總理

巡撫
州牧 州伯 方伯
持節刺史
持節刺史
持節刺史
持節刺史
總管刺史
總管刺史
總管都督 節度副使 經略副使
節度使
節度使 安撫使
節度使
同知都總管 管度使
行中書省 左丞 右丞
巡撫 撫治 兼提督軍務 贊理軍務

總督巡撫

國朝官制

總督（正二品加尚書銜從一品）直隸一人（駐保定府）江南江西一人（駐江寧府）福建浙江一人（駐福州府）湖北湖南一人（駐武昌府）四川一人（駐成都府）陝西甘肅一人（駐蘭州府）廣東廣西一人（駐肇慶府）雲南貴州一人（駐雲南府）

掌綜治軍民統轄文武攷覈官吏修飭封疆直隸初設巡撫後加總督銜後又改爲直隸總督仍管巡撫事又有三省總督駐大名府兼轄山東河南又有宣大總督駐山西大同府以宣化府屬之後俱省兩江總督初兼轄河南後定爲兩江總督轄江蘇安徽江西湖廣總督初爲川湖總督後定爲湖廣總督轄湖北湖南四川初設巡撫後裁設總督兼管巡撫事陝甘總督初兼轄四川改轄山西後定爲陝甘總督轄陝西甘肅雲貴總督初兼轄廣西後定爲雲貴總督轄雲南貴州又河南初設河東總督轄河南山東後省凡總督例兼都察院右都御史銜其應否兼兵部尚書銜由

吏部請
旨定奪
巡撫從二品加侍郎銜正二品直隸一人總督兼山東一人駐濟南府山西一人駐太原府河南一人駐開
封府江蘇一人駐蘇州府安徽一人駐安慶府江西一人駐南昌府福建一人駐福州府浙江一人駐杭
州府湖北一人駐武昌府湖南一人駐長沙府陝西一人駐西安府甘肅一人總督兼廣東一人駐廣
州府廣西一人駐桂林府雲南一人駐雲南府貴州一人駐貴陽府
掌宣布
德意撫安齊民修明政刑興革利弊攷羣吏之治會總督以詔廢置三年大比
獻賢能之書則監臨之其武科則主考試直隸初設順天巡撫正保巡撫
宣府巡撫後併定爲直隸巡撫江南初設廬鳳巡撫後定爲安徽巡撫江
西初設南贛巡撫湖北初設鄖陽巡撫後俱省湖南初設偏沅巡撫後改
爲湖南巡撫陝西初設延綏巡撫寧夏巡撫後俱省凡巡撫例兼都察院
右副都御史銜其應否兼兵部侍郎銜由吏部請

旨定奪

歷代建置

謹案總督巡撫其官俱肇置於明代明初命京官巡撫地方有軍事則命總督軍務因事而設事已旋罷原非爲一定官稱其後各省俱有之且因事增置遂爲定員然總督巡撫之名已見於南北朝晉書前秦載記王二表曰總督戎機胡三省通鑑注曰總督戎機猶都督中外諸軍事也（魏書李崇傳北齊書斛律金傳周書文帝紀俱有總督字）陳書蕭摩訶傳吳明徹曰吾爲總督必須身居其後亦謂爲大都督後周書武帝紀建德二年詔皇太子贇巡撫西土五年復遣巡撫西土此倣於左傳所謂從曰撫軍者也（左傳宣十二年王巡三軍拊而勉之杜預訓拊爲撫此巡撫二字所出也）至唐高祖儀鳳元年遣大臣分道巡撫以宰相來恆爲河南道大使許元超爲河北道大使左丞崔知悌司業鄭祖元爲江南道大使後又謂之存撫于愼行穀城山房筆麈以爲巡撫之名實起於此但其事任所屬由來已久蓋嘗由明而溯之自黃帝

立左右大監（宋書百官志作立四監）監於萬國嗣是而四岳九牧八伯十二師俱爲統率之職至周而二伯九采益爲明備漢分天下爲十三州後各置牧蓋郡縣之歸管轄自此而始魏晉而後刺史特重類以將軍持節總統諸郡非僅曩時刺舉之任迨隋開皇中廢郡爲州刺史專理一郡名存職廢而總管都督節度使之號由斯著矣宋懲藩鎮之弊節度諸使之除授特以優禮勳賢或爲武臣序進之階其州牧之任則自有閫帥漕憲等官而制又一變元立行中書省明初因之後改爲十三布政司後於布政司上又設巡撫總督則督撫者實當行中書省之任而與古之牧伯侔矣又元於在京中書省之外分立行省以控治諸路天下郡縣有直隸中書省者有隸諸行省者故諸路亦號爲省明既改布政司則當稱某司若總督巡撫職同奉使帶部院堂二官銜又當稱行部或行院而案牘相沿概稱爲省蓋亦沿元之舊至

本朝以督撫專制地方以布政按察二司爲之屬以佐其政治大小相維

名實始爲允稱明又有巡按御史原於秦之御史監郡後以與巡撫不相統屬文移亦多窒礙定巡撫爲都御史而所用巡按御史多新進喜事之人倚勢作威受賕不法或強與州縣之事舉錯任意爲弊尤甚我朝定制裁去以都御史副都御史爲督撫兼銜而事權始一矣至若唐之節度使官級崇重其勳績較著者率加平章事以寵之久則進兼侍中中書令而平章事之罷政出鎮者亦多帶舊銜以行宋以宰相出判大藩均謂之使相此則皆由一時特授而不爲常制我朝督臣之擢任大學士者閒令仍管舊任以隆委寄其督撫所帶尚書侍郎銜之應加與否悉由部請旨遵行規制周詳視前代之舛錯棼雜者綱維倍爲整肅謹以歷朝異同之故先爲撮敘於此以明綱領而建置沿革之本末則次第列具左方以資攷核焉

三代

〔羅泌路史夏后氏紀〕十國而有長長有師五長而一師師五十國州十有二師州有牧牧稟命於上京孔氏謂州有十二師爲三萬人非也此不過所謂承以大夫師長者商周之連率卒正也

〔春秋左氏傳〕昔夏之方有德也貢金九牧

謹案史記黃帝立左右大監監於萬國此正如殷周時天子之老所謂分天下以爲二伯者沈約謂刺史之職卽黃帝之四監非矣堯立八伯以典諸侯立四岳以稽八伯八伯卽九牧也禮記疏堯時有四伯堯之末分置八伯周禮疏案書傳云元祀巡守四岳八伯注云堯時以羲和爲六卿幷掌方岳之事是爲四岳出則爲伯其後乃置八伯據此則四岳亦當賦政於外如召伯之巡行南國者歟州十二師卽十二牧此有虞之制而羅氏屬之夏后氏者蓋弼成五服禹所手定且當受命之初猶仍十二州之制其後乃制爲九牧爾

〔詩商頌〕相土烈烈〔鄭康成箋〕相土居夏后之世承契之業入爲王官

之伯出長諸侯（孔穎達疏）王肅云相土在夏爲司馬之職掌征伐

謹案相土以諸侯之長入爲王官伯此與四岳之出主諸侯者亦復不同其云相土爲司馬蓋文子淮南子俱有契爲堯司馬之文此云相土烈烈而箋云承契之業故本以爲說然相土以司馬而長諸侯則正如今之總督兼兵部尚書之比也

（尚書盤庚）邦伯師長（孔安國傳）國伯二伯及州牧也衆長公卿也

謹案益稷篇州十有二師鄭云師長也孔氏則云三萬人故此師亦訓衆疏順傳爲義因云衆官之長然開始卽云邦伯邦國之伯諸侯師長故爲東西二伯及九州之牧則亦不覺以師長屬邦國言之可知邦伯猶言邦君而師長則猶是虞夏時之十二師五長也

（禮記王制）千里之外設方伯五國以爲屬屬有長十國以爲連連有帥三十國以爲卒卒有正二百一十國以爲州州有伯

謹案王制殷制也鄭康成謂殷之州長曰伯虞夏及周皆曰牧孔穎達

則謂孔安國之意不然故於盤庚之邦伯云州牧也竊疑左右之二伯伯爲定名而州長之伯例得通稱爲牧故唐有九州則爲八伯虞置十二州卽爲十二牧楚辭亦云伯昌作牧若然則竹書紀年所云王季爲殷牧師者恐亦方伯之別名而非如周禮夏官之牧師僅掌牧地者矣

（周禮天官）牧以地爲名（鄭康成注）牧州長也（春官宗伯）八命作牧（注）一州之牧　九命作伯（注）長諸侯爲方伯

（禮記曲禮）九州之長曰牧（明堂位）九采之國（鄭康成注）九州之牧典貢職者

謹案虞有八伯殷制八州八伯故康成據周禮邦國建牧之文以爲畿內不置伯有鄉遂之吏主之此當如後世畿輔府州直隸京師之比然今周禮鄉遂之職略不見有長畿內諸侯之事而秋官掌交則云九牧之維書之周官則云以倡九牧史記亦云武王徵九牧之君卽鄭於左傳之五侯九伯固以爲九州當有九牧則所謂畿內不置伯者疑亦就八伯言之爾

（尚書康誥）孟侯（孔穎達疏）孟長也五侯之長謂方伯使康叔爲之長者卽州牧也

（詩序旄丘）責衞伯也（鄭康成箋）衞康叔之封爵稱侯今曰伯者時爲州伯也周之制使伯佐牧春秋傳曰五侯九伯侯爲牧也

謹案周制一州一牧二伯佐之此康成據左傳爲說也牧於外曰侯傳云五侯知是五牧鄭謂太公分陝而治當四侯半一侯不可分故言五侯說頗迂曲則服虔所云五侯公侯伯子男九伯九州之長者斯爲當矣然二伯佐一牧則正如今各省設有巡撫而總督或兼轄數省之例也

秦

謹案秦廢侯國爲郡縣而漢因之當時郡守皆卽今之知府其上雖有監御史而秩甚卑且無專治所與今督撫不同故郡事皆直達於天子然漢郡百餘而秦止四十郡專制尤廣且如會稽一郡幾當今之爲省

者三是雖爲郡守而且與今兼轄數省之總督侔矣故附識於此以見
古今事勢之所由變革焉

漢

〔漢書百官公卿表〕武帝元封五年置部刺史成帝綏和元年更名牧哀帝建平二年復爲刺史元壽二年復爲牧

〔漢書朱博列傳〕初何武爲大司空與丞相方進共奏言古選諸侯賢者以爲州伯書曰咨十有二牧所以廣聰明燭幽隱也今部刺史居牧伯之位秉一州之統位下大夫而臨二千石失位次之序臣請罷刺史更置州牧以應古制奏可及博又奏請罷州牧置刺史如故奏可

謹案漢官典儀云刺史周行郡國以六條問事非條所問卽不省故刺史稱傳車其吏言從事居無常治吏不成臣而何武以爲居牧伯之位秉一州之統且謂刺史古之方伯一州表率蓋上所委任亦權勢所積至此然秩卑寵渥今之督撫固非其例故不著於表若夫州牧既設其

時乃略無可紀之人蓋二千石位任尚重而其爲牧者亦僅循資自全者爾

（後漢書光武帝本紀）建武十八年罷州牧置刺史

謹案漢武帝初置部刺史成帝時改爲牧哀帝時復爲刺史後又爲牧經王莽變革建武元年復置牧至此改爲刺史而後漢書百官志第云成帝更爲牧建武十八年復爲刺史則徑似成帝改牧以後直至建武十八年而始復爲刺史者疏矣

（後漢書劉焉列傳）焉遷太常時四方兵寇焉以爲刺史威輕不能禁建議改置牧伯鎭安方夏請選重臣以居其任焉議得用出爲監軍使者領益州牧太僕黃琬爲豫州牧宗正劉虞爲幽州牧皆以本秩居職州任之重自此而始

謹案後漢州牧以本秩居職此正如明之總督巡撫不定爲品秩各以京官繫銜之例也

三國

（三國蜀志諸葛亮列傳）領益州牧（馬超傳）章武元年遷驃騎將軍領

涼州牧

謹案馬超領涼州牧此當爲州牧遙領之始然馬超先據涼州時已自

稱征西將軍領幷州牧矣

（三國魏志文帝本紀）黃初三年以荆揚江表八郡爲荆州孫權領牧故

也

（南齊書州郡志）吳置持節督州牧八人

（三國吳志陸抗列傳）孫皓卽位加鎭軍大將軍領益州牧鳳凰二年拜

大司馬荆州牧

謹案三國州牧一如漢末之制故著此數條以存其概

（南齊書百官志）魏晉世州牧隆重刺史任重者爲使持節都督輕者爲

持節督起漢順帝時御史中丞馮赦討九江賊督揚徐二州軍事而何徐

宋志云起魏武遣諸州將督軍王珪之職儀云起光武並非也

〔杜佑通典〕後漢光武建武初征伐四方始權置督軍御史事竟罷建安中魏武爲相始遣大將軍督軍而袁紹分統諸軍爲三都督魏武征孫權還又使夏侯惇督二十六軍文帝黃初三年始置都督諸州軍事或領刺史明帝太和四年司馬懿征蜀加號大都督高貴鄉公正元二年司馬昭都督中外諸軍事尋加大都督

謹案總督之名昉於古之都督南齊書以爲起漢順帝時杜佑通典以爲起光武及魏武爲相時然皆總理戎事爲用兵而設其都督諸州或兼領刺史實起於黃初三年蓋都督以治軍刺史以治民二者兼領而職任始重亦如今之督撫其理軍事也則有各標營咸稟節制其理民事也則府州縣胥歸統轄制頗相近但魏晉都督兼領刺史者止治其所駐之一州其餘則仍別置刺史所謂單車刺史俾專治民之責是兼理之中仍有分理之制故宋出廬陵王義真都督南豫豫雍司秦幷六

州諸軍事而所制者仍南豫州也後魏以杜超都督冀定相三州諸軍事叔孫建都督冀青等州諸軍事（並見通鑑）其制亦同此耳至後周改爲總管而三都督之名亦相沿不廢隋始以爲散官都督之名遂微至唐復設都督後漸易爲節度使亦兼領刺史而其任益專矣蓋都督之始末如此今撮敘其概以便省覽焉

晉

〔司馬光資治通鑑〕太康元年以司隸所統郡置司州凡州十九詔曰漢末刺史內親民事外領兵馬今天下爲一刺史分職皆如漢氏故事〔胡三省注〕察舉郡縣長吏而已悉去州郡兵大郡置吏百人小郡五十人交州牧陶璜言州兵未宜約損僕射山濤亦言不宜去州郡武備然其後刺史復兼兵民之任州鎮愈重矣

謹案漢司隸校尉統三輔三河宏農七郡亦止專司察舉初以司隸官屬制置如州儀故俗稱司州至晉乃以京輔所部定名置司州司隸校

尉統之而司隸校尉卽爲州牧之任渡江以後以揚州刺史主京畿遂罷司隸不設而杜佑以爲罷司隸校尉置司州者誤也

〔通典〕晉都督諸軍爲上監諸軍次之督諸軍爲下使持節爲上持節次之假節爲下伐吳之役以賈充爲使持節假黃鉞大都督總統六師太康中都督知軍事刺史理人各用人也惠帝末乃并任非要州則單爲刺史

江左以來都督諸軍尤重惟王導等權重者乃居之

謹案晉氏南遷以揚州爲京畿穀帛所資皆出焉以荆江爲重鎭甲兵所聚盡在焉三州戸口居江南之半自非親賢重望不居是職故荆州亦稱陝西而襄陽江夏彭城廣陵歷陽京口各置名州爲藩鎭重寄當時所謂要州蓋謂此也太康時分釐治軍治民之職不旋踵而仍併爲一蓋有不治軍之刺史而無不治民之都督江左尤重其任惟權位最隆者乃始居之亦時會使然也

〔通典〕自魏晉以後刺史多帶將軍開府州與府各置僚屬州官理民別駕

治中以下是府官理戎長史司馬等官是

謹案魏晉以下幕府各有僚屬自別駕治中以下名號不一皆本州之佐官各有職掌自唐以郡守稱刺史而治中別駕遂爲郡僚其節度使屬官則有判官推官書記支使之類至宋而閫帥漕憲又各有其屬官而唐節度之幕職反爲列郡之佐僚矣今總督巡撫既不設掾屬而治中判官等員又各從其長以散見於他表茲並不復著而揭其大略於此後歷代不復敘列焉

宋齊梁陳

〔宋書百官志〕刺史每州各一人

〔通典〕宋有都督諸州諸軍事舊曰監某州諸軍文帝卽位改監爲都督刺史任重者爲使持節都督輕者爲持節皆銅印墨綬進賢兩梁冠絳朝服而領兵者武冠自魏以來庶姓爲州而無將軍者謂之單車刺史凡單車刺史加督進一品都督進二品不論持節假節宋與魏同

〔隋書百官志〕梁官多同宋齊之舊州刺史二千石受拜之明日辭宮廟而行

北魏

〔魏書官氏志〕高祖詔羣僚議定百官著於令都督府州諸軍事從第一品上都督三州諸軍事第二品上司州刺史第二品中都督一州諸軍事從第二品下高祖復次職令司州牧從第二品上州刺史第三品中州刺史從第三品下州刺史第四品

謹案北魏刺史固即魏晉以來州牧之任然唯都督軍事兼領者權寄特重而單州刺史秩亦稍替故即南朝官制刺史亦有在第五品者至隋而刺史僅爲理一郡之官蓋積輕之勢然也

〔通典〕行臺省魏晉有之昔魏末晉文帝討諸葛誕散騎常侍裴秀尚書僕射陳泰黃門侍郎鍾會等以行臺從至晉永嘉四年東海王越帥衆許昌以行臺自隨是也越請討石勒表以行臺自隨及後魏謂之尚書大行臺別置官屬

後魏道武帝置中正行臺以秦王儀爲尙書令以鎭之孝文帝永熙三年以宇文泰爲大行臺以蘇綽爲行臺度支尙書

謹案魏晉以後稱尙書省爲中臺（見吳諸葛恪傳）亦稱爲內臺（見宋書百官志）其隨所管之道置於外州以行尙書事者則號之爲行臺肇端於魏晉爲專征討而設不爲常制至後魏始開府置屬號爲尙書大行臺於一路府州無所不統然亦以專主軍事也至後齊始理民事隋則設官尤衆謂之行臺省則兵農刑政盡歸統轄矣行臺專制一方實爲今制府之職其官屬必以尙書僕射侍郎爲職亦猶今督撫之兼兵部尙書及侍郎也至隋以省稱遂爲元行中書省之所自始焉

北齊

〔通典〕北齊司州曰牧制州爲上中下三等每等又持節諸軍事

〔通典〕後周改都督諸軍事爲總管又有大都督帥都督都督

〔馬端臨文獻通攷〕後周改都督諸軍事爲總管武帝時以王謙爲益州總管總管之名始此

謹案周明帝紀武成元年正月改都督諸州軍事爲總管自是爲總管者安成公憲天水公廣尉遲綱尉遲迥見明帝紀蔡國公廣即天水公尉遲綱邵國公會趙國公招杞國公亮衛國公直見於武帝紀俱在王謙爲總管之前馬氏云王謙爲總管總管之名始此非也

隋

〔通典〕隋雍州置牧餘州並置刺史亦同北齊九等之制總管刺史加使持節至開皇三年罷郡以州統縣自是刺史之名存而職廢

〔通典〕隋代三都督並以爲散官煬帝改大都督爲有上中下之差自上上州至下下州凡九等

〔隋書百官志〕後齊制官多循後魏行臺在令無之其官制令僕射其尚書丞郎皆隨權制而置員焉

〔通典〕北齊行臺兼統民事自辛術始焉武定八年辛術爲東南道行臺東徐州刺史郭志殺郡守文宣聞之勑術曰江淮初附百姓難向京師留卿爲行臺亦欲理邊民冤枉監理牧守自今以後所統十餘州地諸有犯法者刺史先啓聽報以下先理

後表齊代行臺兼總民事則自衛始也

謹案行臺之制後魏志無文隋志僅存其大略攷齊文宣帝敕辛術之文則其統轄職掌均可概見矣通典又言江左無行臺惟梁末以侯景爲河南王大行臺承制如鄧禹故事蓋梁特循襲北魏暫設此制不爲常典也

後周

〔北周書盧辯列傳〕雍州牧九命戶三萬以上州刺史正八命戶二萬以上刺史八命戶一萬以上刺史正七命戶一萬以下刺史七命總管刺史加使校尉帥都督爲旅帥都督爲隊正至此則都督之名微矣

〔文獻通攷〕隋文帝以并益荊揚四州置大總管其餘總管府置於諸州列爲上中下三等加使持節煬帝悉罷之

〔通典〕大行臺隋謂之行臺省有尚書令僕射左右任置各一人主事四人有攷功兼吏部主爵司勳禮部兼祠部主客膳部兵部兼職方駕部庫部刑部兼都官司門度支

（兼倉部）金部工部屯部（兼水部虞部）侍郎各一人每臺置食貨農圃武器百工監副各置丞錄事等員蓋隨其所管之道置於外州以行尚書事

唐

（新唐書百官志）西都東都北都牧各一人從二品

（通典）唐諸州復有總管亦加號使持節武德五年以洛荆幷幽交五州爲大總管府七年改大總管府爲大都督府總管府爲都督府

（新唐書百官志注）武德初有行臺有大行臺其官有尚書省令掌管內軍民總判省事有僕射二人自左右丞以下諸司郎中略如京省

（通典）唐初亦置行臺貞觀以後廢

（唐六典）大都督府都督一人從二品長史一人從三品中都督府都督一人正三品長史一人正五品上下都督府都督一人從三品長史一人從五品上

謹案唐武德初邊要之地置總管以統軍加號使持節蓋漢刺史之任

其後改曰都督總十州者爲大都督後去大字凡都督府有刺史以下
如故然大都督又兼刺史而不檢校州事其後都督加使持節則爲將
諸將亦通以都督稱惟朔方猶稱大總管大都督皆親王遙領都督府
之政以長史主之而節度使所治州有都督府者則領長史焉
（謝維新合璧事類）唐自武德至天寶以前邊防之制其軍城鎭守皆有
使而道有大將一人曰大總管已而又曰大都督至太宗時行軍征討曰
大總管在其本道曰大都督高宗永徽以後都督帶使持節者謂之節度
使然猶未以名官景雲二年以賀拔延嗣充河西節度使自此接乎開元
天寶之間朔方隴右河東河西諸鎭皆置節度使緣邊之地凡八節度外
任之重無比焉至德以後中原刺史亦循其例受節度使之號若諸州在
節度使內者皆節度焉
（唐六典）天下之節度使有八曰關中朔方節度使曰河東節度使曰河
北幽州節度使曰河西節度使曰隴右節度使曰劍南節度使曰磧西節

度使曰嶺南節度使

〔舊唐書地理志〕至德之後刺史皆治軍戎遂有防禦團練制置之名要衝大郡皆有節度之類或易以觀察之號東都畿汝防禦觀察使領汝州東都留守兼之河陽三城節度使宣武軍節度使義成軍節度使忠武軍節度使天平軍節度使兗海節度使武寧軍節度使平盧軍節度使陝州節度使潼關防禦鎮國軍使同州防禦長春宮使鳳翔隴節度使邠寧節度使涇原節度使朔方節度使河中節度使昭義軍節度使河東節度使大同軍防禦使魏博節度使義昌軍節度使成德軍節度使義武軍節度使幽州節度使山南西道節度使山南東道節度使荊南節度使劍南西川節度使東川節度使武昌軍節度使淮南節度使浙江西道節度使浙江東道節度使福建觀察使宣州觀察使江南西道觀察使湖南觀察使黔中觀察使嶺南東道節度使嶺南西道桂管經略觀察使邕管經略使容管經略使安南都護節度使大中咸通之閒隴右歸國又析置秦州節度使涼州

節度使瓜沙節度使

謹案舊志所列蓋據唐中葉言之至其後節度屢有增設或多賜軍號而觀察防禦亦多改爲節度使或幷或析不可備書矣

〔新唐書百官志〕節度使副大使知節度事行軍司馬副使各一人同節度副使十人節度使掌總軍旅顓誅賞初授具帑抹兵杖詣兵部辭見觀察使亦如之辭曰賜雙旌雙節行則建節樹六纛視事之日設禮案高尺有二寸方八尺判三案節度使判宰相觀察使判節度使團練使判觀察使罷秩則交廳以節度使印自隨留觀察使營田等印以郎官主之鏁節樓節堂以節院使主之其後有持節爲節度副大使知節事者正節度也

諸王拜節度大使者皆留京師

謹案唐初遣大使十三人巡省天下諸州水旱則遣使有巡察安撫存撫之名後又置十道按察使各道一人後改曰十道按察採訪處置使後又曰採訪處置使後又兼黜陟使後定改曰觀察處置使攷唐之巡

察使察舉州縣再周而代乃後世巡按之比其安撫存撫宣撫諸使則
固今巡撫之官所由昉也若觀察使類爲節度使兼職無節度之州亦
特設之所司道俗宣風綱理郡縣正卽今巡撫兩司之職蓋觀察初爲
按察雖非卽明之按察使然職分相近故唐書稱其豐稔爲上攷省刑
爲中攷辦稅爲下攷而王圻續通攷亦謂明設按察司卽觀察之職後
遂以觀察爲今守巡道之稱則指其副貳言之唐地理志雖與節度並
列要不得卽指爲巡撫也又建中後行臺亦置節度諸使大率節度觀
察皆兼所治州刺史云

（唐會要）貞觀二年邊州別置經略使至德二載賀蘭進明除五府經略
兼節度使建中元年除元琇始不帶五府經略

謹案經略二字見於左傳至唐始以名官其以節度兼者則有副使丞
淳元年婁師德爲河源軍經略副使是也蓋唐制一道兵政屬之節度
使民事屬之觀察使然節度多兼觀察兵甲財賦民俗之事無所不領

謂之都府又各道雖有度支營田招討經略等使然亦多以節度使兼之蓋使名雖多而主其事者每道一人而已

五季

（五代史王處直列傳）此中之法自將校爲刺史升團練防禦而至節度使

謹案節度使之專橫至五季而極宂濫又爲特甚然遷進亦自有其序也故著之於此

宋

（柯維騏宋史新編）開封府牧從二品諸府牧九州牧同

（宋史職官志）節度使無所掌其事務悉歸本州亦無定員恩數與執政同以待宗室近屬外戚國壻年老久次者若外任除殿帥始授此官亦止於一員或有功勳顯著任帥守於外及前宰執拜者尤不輕授

（王明清揮麈餘話）節度州有三印節度印隨本使在闕則納於有司觀

察印則長吏用之州印則晝付錄事掌用至暮歸於長吏凡節度在鎮兵
仗之屬則觀察屬官用本使印判狀田賦之屬則觀察屬官用本使印簽
狀刺史屬縣則用州印本使判狀故命帥必曰某軍節度某州管內觀察
等使某州刺史必具此三者言軍則專制兵旅言管內則專總察風俗言
刺史則治其州軍此祖宗損益唐制軍兵之務職守之分俾各歸其實
謹案唐節度觀察使俱帶本州刺史是以都府而兼治州事宋則以知
州綜諸使務而節度觀察特爲兼判遙領之官則雖節度初除領院降
麻禮數尤異已非復唐州鎮之任而此下如承宣觀察團練防禦刺史
俱無職任特以爲武臣遷轉之次序而已
〔宋史職官志〕經略安撫司經略安撫使一人以直祕閣以上充掌一路
兵民之事皆帥其屬而聽其獄訟頒其禁令定其賞罰稽其錢穀甲械出
納之名籍
〔沈括夢溪筆談〕予爲鄜延經略使日新一廳謂之五司廳延州正廳乃

都督廳治延州事五司廳治鄜延路軍事如唐之使院也五司者經略安撫總管節度觀察也唐制方鎮皆帶節度觀察處置三使今節度之職觀察歸安撫司處置歸經略司

謹案宋制帥臣任河東陝西嶺南路職在綏御外藩則爲經略安撫使兼都總管以統制軍旅河北及近地則止爲安撫使蓋經略安撫使正如今總督兼巡撫之比而止爲安撫使者則如今巡撫之比也又宋有制置使或兼經略使或以安撫大使兼掌經畫邊鄙軍旅之事宣撫使掌宣布威靈撫綏邊境及統護將帥督視軍旅之事亦卽今總督巡撫之任然俱不常置故不著於表而附見於此又轉運使宋時稱爲漕帥凡一路邊防盜賊刑訟金穀按廉之任無所不總然其初所職止催科徵賦出納綱運數事而已玆故析入布政司表內而此亦不著云

遼

（遼史百官志）南面方州官某州某軍節度使

（王圻續文獻通攷）遼北面著帳郎君有節度使所掌非軍民事南面節度使設官甚衆遼二百餘年城郭相望田疇益闢冠以節度承以觀察防禦團練等使分以刺史縣令大略採用唐制其閒宗室外戚大臣之家築城賜額謂之頭下州軍惟節度使朝廷命之後往往皆歸王府

金

（金史百官志）諸總管府謂府尹兼領者都總管一員正三品掌統諸城隍兵馬甲仗總判府事同知都總管一員從四品掌通判府事○諸鎮節度使一員從三品掌鎮撫諸軍防刺總判本鎮兵馬之事兼本州管內觀察使事其觀察使所掌並同府尹（本志）府尹掌宣風導俗肅清所部

謹案金制州有三等其一曰節鎮州然特節制當州別無支屬蓋自宋太平興國初詔罷各鎮支郡後遂相循不改則所謂節鎮州者名沿唐舊而實與一道置使之制異矣

元

〔元史百官志〕行中書省凡十秩從一品掌國庶務統郡縣鎮邊鄙與都督爲表裏國初有征伐之役分任軍民之事皆稱行省未有定制中統至元間始分立行中書省因事設官官不必備皆以省官出領其事其丞相皆以宰執行某處省事繫銜其後改爲某處行中書省凡錢糧兵甲屯種漕運軍國重事無不領之每省丞相一員從一品平章二員從一品右丞一員左丞一員正二品參知政事二員從二品甘肅嶺北各減一員丞相或置或不置尤慎於擇人故往往缺焉○河南江北等處行中書省○江浙等處行中書省○江西等處行中書省○湖廣等處行中書省○陝西等處行中書省○四州等處行中書省○遼陽等處行中書省○甘肅等處行中書省○嶺北等處行中書省○雲南等處行中書省○征東等處行中書省

謹案魏晉有行臺後魏謂之尚書大行臺別置官屬唐貞觀以後廢元設行中書省中或改行尙書省所承固有自也征東行省屢置屢廢故

云行中書省凡十實十一也又元至正時增置淮南江北等處行中書省後又續增福建山東廣西膠東諸處行中書省而各行省長貳亦多所添設俱一時之制故不備著

（元史百官志）諸路總管府上路達嚕噶齊解見戶部篇總管各一員並正三品下路秩從三品

（續文獻通攷）元都總管之職蓋節度使也所掌事各不同

謹案元亦有經略使至正十八年命經略使問民疾苦招諭寇盜蓋卽前代宣諭招撫等使之比其與宋之經略使節制諸使者異矣

明

（明史職官志）總督漕運兼提督軍務巡撫鳳陽等處兼管河道一員總督薊遼保定等處軍務兼理糧餉一員總管宣大山西等處軍務兼理糧餉一員總督陝西三邊軍務一員總督兩廣軍務兼理糧餉帶管鹽法兼巡撫廣東地方一員總督四川陝西河南湖廣等處軍務一員總督浙江

福建江南兼制江西軍務一員總督陝西山西河南湖廣四川五省軍務一員總督鳳陽地方兼制河南湖廣軍務一員總督保定地方軍務一員總督河南湖廣軍務兼巡撫河南一員總督九江地方兼制江西湖廣軍務一員總督南直隸河南山東湖廣四川軍務一員總督河漕兼提督軍務一員

謹案總督漕運總理河漕二職今已析入漕運總督河道總督表內然明之總督漕運兼巡撫之職而總理河漕者實亦一總督也故並著之

（雷禮列卿記）景泰三年命左都御史王翺總督兩廣事務自總兵以下悉聽節制然事平則歸非常設成化元年命韓雍總理軍務兼理巡撫久之雍請得文武大臣分理其事於是以陳濂撫廣東張鵬撫廣西而雍專理軍務五年御史龔成等言兩廣宜設總督兼巡撫乃起雍總督兼巡撫於梧州設總府巡撫復不設仍總於總督永爲定制

謹案韓雍總督兩廣此爲專設總督之始若正統六年征麓川以兵部

尚書王驥總督軍務景泰元年討叛苗以巡撫河南副都御史王來總
督湖廣貴州軍務俱在王翺爲總督之先然皆因事而設非定制也明
又有經略使不專設有兵事則暫敕行事嘉靖中以易州通州昌平州
爲三輔各置經略使一員以文臣領之尋罷其後主邊事者多稱經略
約如總督之職茲不復著
〔明史職官志〕總理糧儲提督軍務兼巡撫應天等府一員巡撫浙江等
處地方兼提督軍務一員巡撫福建地方兼提督軍務一員巡撫順天等
府地方兼整飭薊州等處邊備一員巡撫保定等府提督紫荊等關兼管
河道一員巡撫河南等處地方兼管河道提督軍務一員巡撫遼東地方
贊理軍務一員巡撫宣府地方贊理軍務一員巡撫大同地方贊理軍務
一員巡撫延綏等處贊理軍務一員巡撫寧夏地方贊理軍務一員巡撫
甘肅等處贊理軍務一員巡撫陝西地方贊理軍務一員巡撫四川等處
地方兼提督軍務一員巡撫湖廣等處地方兼贊理軍務一員巡撫江西

地方兼理軍務一員巡撫南贛汀韶等處地方提督軍務一員巡撫廣東地方兼贊理軍務一員巡撫廣西地方一員巡撫雲南兼建昌畢節等處地方贊理軍務兼督川貴糧餉一員巡撫貴州兼督理湖北川東等處地方提督軍務一員巡撫天津地方贊理軍務一員巡撫登萊地方贊理軍務一員巡撫安廬地方贊理軍務一員巡撫淮揚地方贊理軍務一員巡撫承天贊理軍務一員撫治鄖陽等處地方兼提督軍務一員贊理松潘地方軍務一員

〔徐學聚國朝典彙〕永樂十九年命右都御史王彰巡撫河南時有告周府將爲不軌者上欲及其未發討之彰曰以臣之愚可不煩兵但得御史三四人隨臣以往足矣然須奉敕以臣巡撫其地乃可於是彰奉敕往巡撫

謹案王彰奉敕爲有明設巡撫之始先是洪武二十四年遣皇太子巡撫陝西蓋暫一行之非定制也宣德中以關中江南等處地大而要特

命官更代巡撫不復罷去後遂與總督同爲方面大臣當時巡撫兼軍
務者加提督有總兵地方加贊理管糧餉者加總督兼理他如整飭邊
關提督邊關及撫治流民總理河道等號皆因事特設並無定制觀明
史所載其初所置巡撫如周忱于謙等亦未嘗不得其人自中葉以後
督撫多用廷推率以營求得之又往往交結閹人爲其私黨以致擅作
威福朘剋民膏卽名掛彈章者亦多置之不問甚者反加遷擢益無所
顧忌惟事貪暴殃民而於國是邊防一切全不爲意漫成厲階積弛已
甚我
國家損益前制大小綱維措置得宜封疆大吏職任崇而掄擇愼我
皇上勵精圖治宵旰勤求無時不以吏治民生爲念各督撫仰膺
寵寄祇奉
德音宣力分猷小廉大法其有勤恪夙著者則考績優敘或
特賜宮銜以示寵勵如奉職不稱自蹈愆咎則或削其冠帶或貶其品秩仍

留原官以責後效甚或至營私骫法則立正憲典以示懲警
慶讓予奪咸稟
睿裁無不凜肅
朝章交相感勵洵爲郅隆之極軌矣

欽定歷代職官表卷五十

欽定歷代職官表卷五十一

學政表

	提督學政
三代	
秦	
漢	
後漢	
三國	
晉	
宋齊梁陳	
北魏	
北齊	
後周	
隋	
唐	
五季	
宋	提舉學事司
遼	
金	提舉學校官
元	儒學提舉司 提舉 副提舉
明	提學御史 提學副使 提學僉事

府儒學教授	州儒學學正
郡文學	
學官祭酒	
蜀典學從事魏文學祭酒	蜀勸學從事魏文學從事
儒林祭酒	勸學從事
儒林參軍文學祭酒儒林祭酒	勸學從事文學從事
郡博士	
郡博士	州博士
郡博士	州博士
府文學	州文學
府教授	州教授
府博士	
府教授	州教授
府教授	學正
府教授	學正

縣儒學教諭	府州縣儒學訓導
校學經師	孝經師
	孝經師
	助教
	助教
縣文學	助教
縣學長諭	
縣博士	助教
教諭	訓導
教諭	訓導

學政

國朝官制

提督學政順天山東山西河南江蘇安徽江西福建浙江湖北湖南四川廣東廣西雲南貴州各一人陝西甘肅一人以侍郎京堂翰林科道部屬等官由進士出身者充各帶原銜品級奉天府一人以奉天府府丞充福建臺灣府一人以臺灣道充

掌直省學校生徒攷課黜陟之事以歲科二試巡歷所屬府州進諸生而掄文藝程品行升其賢者能者斥其不率教者凡興革事宜皆會督撫以行之三年而代

國初各省並設督學道帶按察司僉事銜以各部郎中由進士出身者循資擢用康熙二十三年御史張集疏請慎學政之選

詔下九卿詹事科道會議停論俸補授之例凡順天學政缺以侍讀侍講諭德洗馬等官簡用江南浙江學政以侍讀侍講諭德洗馬中允贊善等官簡用其餘各省學道將應陞之五部郎中及參議道知府等官選擇開列請

用嗣後不拘省分凡由翰林科道出者卽爲學院由部屬等官者則爲學
道雍正四年定制各省督學皆改爲學院其以部屬簡任者依出身甲第
各加翰林院編修檢討銜
各府廳等儒學教授正七品 直隸十人山東十人山西十人河南九人江蘇八人
安徽八人江西十有三人福建十人浙江十有一人湖北九人湖南九人陝甘
十有六人四川十有二人廣東十人廣西十有一人雲南十有五人貴州十有
三人各州儒學學正正八品 直隸二十有二人山東十有一人山西十有六人河
南十人江蘇六人安徽九人江西二人福建二人浙江一人湖北七人湖南七
人陝甘二十有三人四川十有八人廣東十人廣西十有六人雲南三十人貴
州十有四人各廳縣儒學教諭正八品 直隸一百十有五人山東九十有一人山
西六十有一人河南九十有八人江蘇四十有六人安徽四十有八人江西七
十有五人福建五十有八人浙江七十有六人湖北五十有四人湖南五十有
七人陝甘六十有四人四川八十有六人廣東七十有三人廣西四十有二人

雲南三十有二人貴州三十有三人各府廳州縣等儒學訓導從八品直隸一百四十人山東一百十人山西九十有五人河南一百五人江蘇五十有九人安徽六十有四人江西九十有一人福建七十有二人浙江八十有八人湖北七十人湖南七十有七人陝甘一百三十有四人四川一百二十人廣東九十有四人廣西六十有三人雲南七十有三人貴州六十人

各掌其學校生徒訓迪之事凡儒學官除江蘇安徽兩省通用外其餘例用本省人惟同府州者避不用初康熙三年裁各府州訓導又大縣裁訓導小縣裁教諭十五年均復設其後縣有析置者則訓導每移置所析縣而裁省之縣亦間存鄉學教諭或訓導焉

歷代建置

三代

〔禮記王制〕天子命之教然後爲學小學在公宮南之左大學在郊

〔詩小序〕泮水頌僖公能修泮宮也

謹案自契爲司徒則教民始有專官周以司徒掌邦教而其制益詳其時鄉大夫受教法於司徒頒之鄉吏使各以教其所治而諸侯之國亦講學行禮以歲貢其太學之秀者天子試之射宮視其賢否以行慶讓之法然則古者長民之官卽教民之官而無俟別設其職茲故略著周時諸侯之學以志緣起而歷代之沿革則自漢以下乃始得而備論之云

秦 未置

漢

〔漢書平帝本紀〕元始三年立學官郡國曰學縣道邑侯國曰校校學置經師一人鄉曰庠聚曰序庠序置孝經師一人

謹案漢循吏傳謂文翁修起學官於成都市中招下縣子弟以爲學官弟子至武帝時乃令天下郡國皆立學校官實自文翁始董仲舒傳亦云復興學校之官自仲舒發之然則郡縣學校設官自武帝始矣元始

中於校學置經師於庠序置孝經師云經師則統諸經爲名云孝經師
乃止業一經者蓋郡國設太學故置經師一人鄉聚小學故僅置孝經
師攷隸釋載學師宋恩等題名有孝掾與易掾尙書掾詩掾春秋掾並
列則孝掾乃孝經掾也其設官差等當爲今府州縣學諸職所託始矣

（漢書韓延壽列傳）令文學校官諸生皮弁執俎豆

（王尊列傳）尊師郡文學官（顏師古注）郡有文學官而尊事之以爲師也

謹案漢梅福儁不疑蓋寬饒諸葛豐張禹列傳皆云爲郡文學而匡衡
以太常掌故調補平原文學後漢鄧禹亦云臣少嘗學問可郡文學蓋
當時太常以博學名官郡學則以文學名官隸釋載劉熊碑陰題名有
故郡文學李義亦其證也

（漢書儒林列傳）元帝好儒郡國置五經百石卒史

謹案郡國學官有掾有史卽五經百石卒史也鄭崇爲郡文學史後漢
楊倫爲郡文學掾皆卽其職張納碑陰題名文學主事掾史各一人文

學掾二人史一人後漢書言百石皆由長自除不得比於下士然五經百石史各典一經與經師相羽翼視他曹小吏有別文翁選郡縣小吏開敏有材者張叔等十餘人遣詣京師受業博士知學官之中雖小吏可與博士之業然則郡國之五經百石史當近於是漢郡縣學校官吏不詳於史而金石遺文尚可補史志之闕故略著之

（後漢書劉寬列傳）典歷三郡每行縣輒引學官祭酒及處士諸生執經對講

謹案隸釋載文翁學生題名碑有文學祭酒此學官祭酒其卽文學祭酒歟中部碑又有校官祭酒任延爲武威太守造立校官校官卽學官則校官祭酒當亦卽文學祭酒矣

（常璩華陽國志）文翁立文學精舍永初後太守陳留高眹更增造二石室州奪郡文學爲州學郡更起文學

謹案漢以州統郡州有文學而郡又別設之則今制府各有儒學而附

府縣亦有儒學者實昉諸此也

三國

〔三國蜀志尹默列傳〕先主定益州領牧以爲勸學從事譙周列傳丞相亮領益州牧命周爲勸學從事大將軍蔣琬領刺史徙爲典學從事總州之學者

謹案文翁學生題名碑有典學從事蜀設典學從事固漢法也勸學從事當在典學從事之下亦如今學政之下有教授學正等官也

〔三國魏志高柔列傳〕太祖撥亂之際並使郡縣立教學之官〔管輅列傳〕清河太守華表召爲文學掾冀州刺史裴徽辟爲文學從事

〔王應麟玉海〕魏樂祥爲河東文學祭酒

謹案管輅以文學掾辟爲文學從事則文學從事當卽勸學從事之類也

〔三國吳志孫瑜列傳〕領丹陽太守立學官臨饗講肄

晉

（晉書熊遠列傳）郡辟爲文學掾（孟嘉列傳）庾亮領江州辟部廬陵從事轉勸學從事

（宋書禮志）晉征西將軍庾亮在武昌開置學官教曰今王道隆盛便處分安學校處所籌量起立講舍參佐大將子弟悉令入學吾家子弟亦令受業四府博學識義通涉文學經綸者建儒林祭酒使班同三署皆妙選邦彥以充此舉近臨川臨賀二郡並求修復學校可下聽之

謹案儒林祭酒當卽漢之所謂文學祭酒學官祭酒校官祭酒也庾亮欲敦明庠序旋卽廢罷其後尙書謝石又請班下州郡普修學校亦未見施行則所謂久廢之典卒難與復者江左之所以不振也

宋齊梁陳

（杜佑通典）宋職掌人孝經師

謹案宋有孝經師蓋仍襲漢制然不在九品之數而與門亭長等並稱

職掌人則其官微矣

（南齊書豫章王嶷列傳）爲南蠻校尉荆湘二州刺史於南蠻園東南開館立學置儒林參軍一人文學祭酒一人勸學從事二人（王秀之列傳）豫章王於荆州立學以秀之領儒林祭酒

謹案儒林參軍在文學祭酒之上嶷如前代典學從事之比也

（玉海）梁元帝爲荆州起州學置儒林參軍勸學從事

謹案梁天監四年分遣博士祭酒到州郡立學而官品十八班內有揚南徐州文學從事南兗州文學從事荆河司益廣青五州文學從事北徐北兗梁交南梁五州文學從事越桂寧霍四州文學從事此皆文學之設於州者以漢制準之則州之文學當如郡之文學其名以從事或亦即勸學從事之類歟

北魏

（魏書高允列傳）請制大郡立博士二人助教四人學生一百人次郡立

博士二人助教二人學生八十人中郡立博士一人助教二人學生六十人下郡立博士一人助教一人學生四十人

謹案魏天安初詔立鄉學郡置博士二人助教二人其後從高允所請乃更其制又魏官品從八品有司州文學據諸郡皆設博士助教而於司州仍襲漢文學之名則司州文學當如今京府教授也

北齊

（北齊書儒林列傳）齊制諸郡並立學置博士助教

（隋書房暉遠列傳）齊南陽王綽爲定州刺史詔爲博士

後周

（周書薛愼列傳）太祖於行臺省置學取丞郎及府佐德行明敏者充生以愼爲學師以知諸生課業

謹案周於行臺省置學其學生以丞郎及府佐充與歷代州郡立學之制不同然亦一時之創制也附著於此

隋

〔隋書柳昂列傳〕隋文帝受禪昂見天下無事請勸學行禮自是天下州縣皆置博士習禮焉

謹案隋高祖仁壽元年廢天下學迨煬帝復開庠序而郡縣之學盛於開皇初其時之爲學官者如孔穎達爲河南郡博士潘徽爲揚州博士劉焯爲冀州博士皆其可紀者也

唐

〔唐六典〕京兆河南太原府經學博士一人從八品上助教二人學生八十人大都督府經學博士一人從八品上助教二人學生六十人中都督府經學博士一人從八品下助教二人學生六十人下都督府經學博士一人從八品下助教一人學生五十人上州經學博士一人從八品下助教二人學生六十人中州經學博士一人正九品上助教一人學生五十人下州經學博士一人正九品下助教一人學生四十人萬年長安河南

洛陽奉先太原晉陽博士一人助教一人學生五十人京兆河南太原諸縣諸州上縣博士一人助教一人學生四十人諸州中縣博士一人助教一人學生二十五人諸州中下縣諸州下縣博士一人助教一人學生二十人博士專以經術教授諸生

（新唐書百官志）西都東都北都鳳翔成都河中江陵與元興德府文學一人從八品上掌以五經授諸生縣則州補州則授於吏部武德初置經學博士助教學生德宗卽位改博士曰文學元和六年廢中州下州文學京兆等三府助教二人學生八十人大都督上州各助教一人中都督府學生五十人下府下州各四十人

謹案漢郡國有文學北魏以下則爲博士助教之官唐德宗改博士曰文學蓋復其舊號故新志與六典所稱各異

（新唐書百官志）大都督府文學一人正八品下中都督府文學一人從八品上下都督府文學一人從八品下上州文學一人從八品下凡縣皆

有經學博士助教各一人京縣學生五十人畿縣四十人中縣以下各二

十五人

謹案唐制凡學生隨府州之上中下爲多少而文學官品亦異蓋學生

多則訓教廣少則殺焉故文學官亦因之爲高下也

（新唐書選舉志）縣學生州縣長官補長史主焉每歲仲冬州縣館監舉

其成者送至尙書省

謹案唐州縣學生以長史主之蓋長史爲都督刺史之佐實領州縣之

事故州縣學生並屬焉其不言諸文學者文學惟司訓教不關選補也

然則唐之府州長史有如明提學副使僉事之比而亦今京府府丞充

提督學政之比也

五季

（馬端臨文獻通攷）後唐天成三年宰臣兼判國子祭酒崔協奏請頒下

諸道州府各置官學

〔宋史職官志〕提舉學事司掌一路州縣學政歲巡所部以察師儒之優劣生員之勤惰而專刺舉之事崇寧二年置宣和三年罷

謹案自漢武帝時天下郡國皆立學校官嗣後頗相沿襲然多於郡邑設之未嘗於一路統設監司總郡邑諸學也唐李栖筠等之議請於十道大郡置太學館遣博士出外兼領郡官以教生徒與明制各省之設提學副使僉事者意已相近然其議不行宋元符二年初令諸州行三舍法諸路選監司一員提舉學校守貳董幹其事則提舉學事司之所自始矣宋選舉志謂貢士至太學試中上等或預升舍人多其本貫監司太守推賞有差所謂監司卽提舉學校官太守卽董幹其事者也文獻通攷載崇寧五年貢士至辟雝不如令者凡三十有八人皆遣歸而提學官皆罰金蓋當時以貢士優劣定提學賞罰之格如令則賞不如令則罰也選舉志謂諸路選監司提舉學校在元符二年而職官志乃

崇寧二年置提舉學事司或元符二年始以監司提舉至崇寧二年乃專設提舉學事司歟又攷紹興十八年國子監參酌諸州軍如未差教授處卽令本路提舉司於本州有出身官選差一員兼領二十一年大理寺主簿丁仲京奏贍學田多爲勢侵佃望令提舉學官覺察既而戶部請令提舉司置籍勾管慶元二年吏部尚書葉翥請令太學及州軍學各以月試合格前三名程文上御史臺攷察其有舊習不改則坐學官提學司之罪然則提舉學事司雖罷於宣和三年而其後仍復設之今制於各省設提督學政蓋昉乎此矣

〔王明清揮麈前錄〕政和中詔天下州縣官皆帶提舉管勾學事時姚麟以節度使守蔡州建言乞免繫階朝廷許之靖康初除去紹興中復增但改庶官爲主管尋降旨武臣帥守並免入銜

謹案州縣官皆帶提舉管勾學事蓋卽所謂守貳董幹其事者也其後諸縣學委知通於令佐內選有出身官一員兼領教導職事若州縣官

俱無出身只今本學長諭專主教導卻令知州縣令覺察點檢此武臣帥守所由俱免以提舉管勾學事繫銜歟

〔宋史職官志〕教授景祐四年詔藩鎮始立學他州勿聽慶曆四年詔諸路州軍監各令立學學者二百人以上許更置縣學自是州郡無不有學始置教授以經術行義訓導諸生掌其課試之事而糾正不如規者委運司及長吏於幕職州縣內薦或本處舉人有德藝者充熙寧六年詔諸路學官委中書門下選差至是始命於朝廷元豐元年州府學官共五十三員諸路惟大郡有之軍監未盡置元祐元年詔齊廬宿常等州各置教授一員自是列郡各置教官建炎三年教授並罷紹興三年復置四十二州十二年詔無教授官州軍令吏部申尚書省選差二十六年詔並不許兼他職令提舉司常切遵守若試教官則始於元豐添差教授則始於政和

謹案宋設教授為今之教授所自始其以本處舉人充亦為今學官皆用本省人所自始宋初有石鼓廬阜嶽麓睢陽四書院又有嵩陽書院

茅山書院各有師徒錫之經傳然未建州學乾興元年兗州守臣孫奭私建學舍聚生徒乞請太學助教楊光輔充本州講書從之此爲州鎮立學之始其後令州若縣皆立學本道使者選部屬官爲教授員不足取於鄉里宿學有道業者神宗初令中書採訪逐路有經術行誼者權教授並選薦京朝官蓋學官選薦之重如此其後又詔諸州學官赴學士院試而後選又有侍從臺諫國子長貳歲舉之制則今制學官由吏部銓選由巡撫攷試與舉而兼試之制略同

縣學生不及二十人處許依州學例幷附近大縣一處教養給諸州州學（李燾國史長編）崇寧二年五月詔廣州漳州各添置教授一員六月詔印三年六月江東路提舉學事司言諸州皆已置學惟廣德軍附宣州令學者漸多乞自置學從之仍詔諸路州軍未曾置學處並置學

謹案宋元豐初大興學校而天下之教授止五十三員至崇寧中而天下無不置學之州軍今之各府州縣盡設學官昉乎此也若縣學生不

及二十人處許附大縣一處教養則正如今之衞學鄉學繫於附近縣

學爾

（玉海）大中祥符元年十一月幸曲阜縣謁文宣廟二年二月詔就廟立

學舍

謹案魏黃初二年令魯郡修孔子廟又於其外廣爲室屋以居學者此爲就廟立學之始而教職官舍今亦卽附至聖廟蓋卽以所業之地規其居也又宋慶曆二年詔兩制舉官爲武學教授三年置武學於武成王廟以太常丞阮逸爲教授慶元五年詔諸州學置武士齋宮按武藝今制學政歲試校士兼及文武生員童生而習武之生童未嘗別立武教職以統之則文武並轄勝於一切紛紛之制矣

遼

（王圻續文獻通攷）遼南面黃龍府學官曰博士曰助教與中府學設官同縣亦設學有博士助教

〔遼史大公鼎列傳〕改良鄉令建孔子廟學部民服化

謹案遼以兵經略方內禮文之事視古多闕故略撫見於傳者以存其

概

金

〔金史百官志〕諸府教授一員諸節鎮教授一員諸防禦州教授一員

謹案金於大興府及東京北京上京河東東西路山東東西路等處並

設女直教授一員其所職當與諸府教授不同附著於此

〔金史選舉志〕府學大定十六年置凡十七處共千人以嘗與廷試及宗

室皇家袒免以上親幷得解舉人爲之後增州學遂加以五品以上官曾

任隨朝六品官之兄弟子孫餘官之兄弟子孫經府薦者同境內舉人試

補三之一凡試補學生以提舉學校學官主之

謹案宋制學生以州縣官選補長史主之而金則以提舉學校及學官

主之蓋既設提舉學校專官同於監司之任自不得僅以州縣選補又

別以長史主之也今制學政歲科二試取士此正如所云補試學生以提舉學校官主之者然其試也必由縣府若州試乃與院試則亦兼參宋代州縣選補之法焉

元

（元史百官志）儒學提舉司秩從五品各處行省所署之地皆置一司統諸路府州縣學校祭祀教養錢糧之事及攷校進呈著述文字每司提舉一員從五品副提舉一員從七品吏目一員司吏二人

謹案元於江浙湖廣江西三行省置蒙古提舉學校官提舉一員從五品同提舉一員從七品蓋亦猶金大興府等處之設女直教授也

（元史選舉志）至元二十八年令江南諸路學及各縣學內設立小學選老成之士教之其他先儒過化之地名賢經行之所與好事之家出錢粟贍學者並立爲書院凡師儒之命於朝廷者曰教授路府上中州置之命於禮部及行省及宣慰司者曰學正山長學錄教諭路州縣及書院置之

路設教授學正學錄各一員散府上中州設教授一員下州設學正一員

縣設教諭一員書院設山長一員凡路府州書院設直學以掌錢穀

謹案宋於州縣學官俱設教授至元又增設學正教諭則今制於府設

教授州設學正縣設教諭實始諸此第宋元以前州有上中下之分元

於下州設學正而上州中州則設教授以進擬於府與今制稍異也

（陶宗儀輟耕錄）凡學官朔望講說所屬上司官或省憲官至自教授學

官學暨學賓齋諭等皆講說一書錢伯全作訓導時行刑官至講欽哉欽

哉惟刑之恤哉講畢稱賞不已

謹案漢何武爲刺史行部必先即學官見諸生試其誦論問以得失如

今制凡學政及各上司官莅學則學官弟子每講說一書其制實昉乎

此且據輟耕錄所載則元之學官已有所謂訓導者而元史百官志無

其文疏漏甚矣

明

（明史職官志）都察院十三道監察御史提督學校兩京各一人萬曆末南京增設一人○按察司副使僉事提督學道十三布政司各一員惟湖廣二員

謹案明制兩京督學以御史蓋兩京不設按察司故以御史督學兼重其選所以尊京畿則今制各省學政多以京官簡充實本諸此

（明史職官志）儒學府教授一人從九品訓導四人州學正一人訓導三人縣教諭一人訓導二人教授學正教諭掌教誨所屬生員訓導佐之凡生員廩膳增廣府學四十人州學三十人縣學二十人附學生無定數儒學官月課士子之藝業而獎勵之凡學政遵卧碑咸聽於提學憲臣提調府聽於府州聽於州縣聽於縣其殿最視鄉舉之有無多寡明初置儒學提舉司洪武二年詔天下府州縣皆立學十三年改各州學正爲未入流先是從九品二十四年定儒學訓導位雜職上三十一年詔天下學官改授旁郡州縣正統元年始設提督學校官又有都司儒學行都司儒學衛儒學以

教武臣子弟俱設教授一人訓導二人河東又設都轉運司儒學制如府
其後宣慰安撫等土官俱設儒學
謹案明制生員入學初由巡撫御史布按兩司及府州縣官正統元年始特設提學官景泰元年罷天順六年復設各賜敕諭十六條俾奉行之直省既設提學有所轄太廣及地最僻遠歲行巡所不能及者乃酌其宜口外及各都司衞所土官以屬分巡道員直隸廬鳳淮陽滁徐和以屬江北巡按湖廣衡永郴以屬湖南道辰靖以屬辰沅道廣東瓊州以屬海南道甘肅衞所以屬巡按御史亦皆專敕行事萬曆四十一年南直隸分上下江湖廣分南北始各增提學一員提學之職專督學校不理刑名所受詞訟重者送按察司輕者發有司直隸則轉送巡按御史督撫巡按及布按二司亦不許侵提學職事也又明初優禮師儒教官或擢給事御史然鉗束亦甚謹初教官攷滿兼覈其歲貢生員之數後以歲貢爲學校常例乃定學官攷課法專以科舉爲殿最九年任滿

核其中式舉人府九人州六人縣三人者爲最其教官又攷通經即與
陞遷舉人少者爲平等即攷通經亦不遷舉人至少及全無者爲殿又
攷不通經則黜降生員之數初定府學四十人州縣以次減其十未幾
即命增廣不拘額數宣德中定增廣之額士官子弟許入附近儒學無
定額諸生上者中式次者廩生年久充貢或選拔爲貢生提舉官歲試
校文之外令教官舉諸生行優劣者一二人賞黜之以爲勸懲此其大
較也然明之提學官既帶按察司銜即不得不少屈於督撫往往阿附
遷就不能自舉其職而爲學官者又多取諸歲貢之士大率闒冗疲老
無以爲諸生表率以致鼓篋之徒把持上官侵噬百姓聚黨成羣投牒
呼譟論者徒歸咎於養士之不精而不原於制法之未善則亦非爲通
論也我
朝右文重道超軼前古各省學政俱以京官簡任我
皇上復加意整飭凡學政受事必

訓諭諄至期以端士習而正文體至若銓授教職必令督撫親加攷驗列等第以別用舍而學政巡歷所至又攷其文藝師範黜其不稱職者記曰師道立而善人多又非獨文治光昌而已也

欽定歷代職官表卷五十一

欽定歷代職官表卷五十二

司道表

	布政使
三代	
秦	
漢	
後漢	
三國	
晉	
宋齊梁陳	
北魏	
北齊	
後周	
隋	
唐	轉運使 度支營田使
五季	
宋	都轉運使 轉運使 提舉常平司
遼	轉運使 錢帛都提點
金	都轉運使
元	行省參知政事 宣慰使
明	左右布政使

布政司經歷	布政司理問	布政司都事
判官	推官	推官
主管文字		幹辦官
判官		都勾判官
經歷		都事
經歷	理問	都事

布政司照磨	布政司庫倉大使各道同	按察使
		觀察使
主管文字		提點刑獄公事
		觀察使 按察諸道刑獄使
都孔目官		按察使
照磨		肅政廉訪使
照磨	庫大使 倉大使	按察使

按察司經歷	按察司知事	按察司照磨
判官	推官	
	幹辦官檢法官	
判官		
判官	知事	
經歷	知事	照磨
經歷	知事	照磨

按察司司獄	各省守道	各省巡道
	採訪支使 轉運副使	觀察副使
	轉運副使 同勾當轉運使	
	轉運副使 同知轉運使	觀察副使
	同知轉運使 副使	按察副使 僉事
	同知宣慰使 副使	廉訪副使 僉事
司獄	左右參政 參議	副使 僉事

各省兵備水利屯田等道
大夫監
觀察支使團練使防禦使
團練使防禦使
提舉茶馬三白渠諸司
團練使
屯田使團練安撫勸農使
派管糧儲驛傳屯田水利撫民等事派管兵備巡海清軍招練等事

司道

國朝官制

承宣布政使司布政使從二品 直隸山東山西河南江寧蘇州安徽江西福建浙江湖北湖南陜西甘肅四川廣東廣西雲南貴州各一人

布政使掌一省之政司錢穀之出納

朝廷有德澤禁令承流宣布以達於有司闔省僚屬以時頒其祿俸滿秩廉其稱職不稱職報督撫以達於吏部十年會戶版均稅役登民數田數以達於戶部凡有大興革及諸政務會議經畫定報於督撫而行之

國初每省設承宣布政使司置左右布政使各一人順治十八年分江南布政使司爲江蘇安徽各二人康熙二年分陜西布政使司爲陜西甘肅各二人三年分湖廣布政使司爲湖北湖南各二人六年去左右繫銜每省止設布政使一人初以直隸近在畿甸不設藩司以口北守道兼山西布政司銜康熙八年增設直隸守道一人總司錢穀雍正二年改爲布政使

乾隆二十五年分江蘇布政使爲江寧蘇州各一人

布政使司經歷從六品直隸山東山西河南江蘇安徽江西福建浙江湖北陝西四川廣東廣西雲南貴州各一人理問從六品直隸江寧蘇州江西浙江湖南陝西雲南各一人都事從七品江南福建各一人照磨從八品山西福建浙江湖北甘肅四川廣東各一人庫大使正八品直隸山東山西河南江寧蘇州安徽江西福建浙江湖北湖南陝西甘肅四川廣東廣西雲南貴州各一人倉大使從九品安徽一人

經歷掌出納文書理問掌勘核刑名都事掌受發文移照磨掌照刷卷宗庫大使掌司庫藏之出入倉大使掌檢稽倉庾經歷等官員額俱康熙六年定直隸員額雍正二年定理問初各布政使俱設惟貴州不置康熙三十八年省福建廣東廣西四川各一人雍正二年又省山東山西河南安徽湖北甘肅各一人乾隆二十五年增設江寧一人都事初置福建河南江西山西布政司各一人康熙三十八年省江西山西二人照磨初各布

政司俱置康熙三十八年省山東河南廣西雲南江蘇安徽江西陝西湖
南貴州各一人庫大使初置山西三人江南湖廣各二人浙江江西福建
山東河南陝西廣東雲南貴州各一人後省山西二人乾隆元年又增置
直隸甘肅四川各一人二十五年增設江寧一人又初置有各布政司檢
校庫副使寶源局大使副使等官後俱省

提刑按察使司按察使正三品 直隸山東山西河南江蘇安徽江西福建浙江湖
北湖南陝西甘肅四川廣東廣西雲南貴州各一人

按察使掌全省刑名按劾之事振揚風紀澄清吏治大者與藩司會議以
聽於部院理合省之驛傳三年大比爲監試官大計爲攷察官秋審爲主
稿官與布政司稱兩司員額順治閒定河南陝西湖廣分省添設與布政
使同初直隸不設臬司以大名巡道兼河道按察使銜通永天津道俱兼
山東按察使銜霸昌井陘道俱兼山西按察使銜康熙八年增設直隸巡
道一人總理刑名三十八年省井陘道雍正二年改直隸巡道爲按察使

按察使司經歷（正七品）直隸山東山西河南江蘇江西福建浙江湖北陝西四川廣東廣西雲南各一人知事（正八品）江西一人照磨（正九品）安徽福建浙江湖南甘肅廣東貴州各一人司獄（從九品）直隸山東山西河南江蘇安徽江西福建浙江湖北湖南陝西四川廣東廣西雲南貴州各一人

經歷照磨職掌與布政司屬同知事掌勘察刑名司獄掌管理繫囚經歷等官員額俱康熙六年定直隸員額雍正二年定知事初設江西福建山西廣東廣西各一人康熙三十八年裁福建山西廣東廣西各一人照磨初每省一人康熙三十八年裁山東河南江西廣西雲南江蘇陝西山西湖北四川各一人又初置有各省檢校後俱省

各道（初制參政道從三品副使道正四品參議道從四品僉事道正五品乾隆十八年省去兼銜俱改爲正四品）直隸口北道霸昌道通永道天津道清河道大名道熱河道各一人山東督糧道濟東泰武臨道登萊青道兗沂曹道各一人山西冀寧道河東道雁平道歸綏道各一人河南開歸陳許道糧鹽道南汝光道河北道河陝汝道各一人江南江安糧儲道蘇

松糧儲道常鎮通道松太道鹽巡道鳳廬道寧池太廣道各一人浙江督糧道
鹽法道寧紹台道溫處道杭嘉湖道金衢嚴道各一人江西督糧道鹽法道廣
饒九南道吉南贛寧道各一人福建督糧道鹽法道興泉永道延建邵道汀漳
龍道臺灣道各一人湖北督糧道鹽法道荆宜施道安襄鄖道武漢黃德道各
一人湖南糧儲道鹽法長寶道衡永郴桂道岳常澧道辰永沅靖道各一人陝
西督糧道鹽法道潼商道漢興道延榆綏道各一人甘肅甘涼道平慶道鞏秦
階道蘭州道寧夏道西寧道安肅道鎮迪道各一人四川鹽茶馬道松茂道川
東道建昌道永寧道川北道各一人廣東督糧道惠潮嘉道肇羅道雷瓊道南
韶連道高廉道各一人廣西蒼梧道左江道右江道各一人雲南糧儲道鹽法
道迤西道迤東道迤南道各一人貴州督糧道貴西道古州道各一人
分守分巡及糧儲鹽法各道或兼兵備或兼河務或兼水利或兼學政或
兼茶馬屯田或以糧鹽兼分巡之事皆掌佐藩臬覈官吏課農桑興賢能
礪風俗簡軍實固封守以倡所屬而廉察其政治

國初設布政司左右參政參議曰守道設按察使副使僉事曰巡道有通轄全省者有分轄三四府州者各以職事設立於要地後因時裁設銜額無定均視其陞補之本職爲差如由京堂等官補授者爲參政道由掌印給事中知府補授者爲副使道由科道補授者爲參議道由郎中員外主事同知補授者爲僉事道守巡皆同乾隆十八年省去參政參議副使僉事等銜定爲守巡各道職秩彌昭畫一焉

各道庫大使從九品 直隸山東江西福建浙江湖北湖南雲南各一人江蘇二人

倉大使未入流 陝西廣東各一人

庫倉大使掌各道之庫藏倉庾皆因所掌之事先後設定員額

歷代建置

謹案監司分職實爲方面之重任劉昭續漢書註引晉太康詔曰二千石專治民之重監司清峻於上吳曾能改齋漫錄引晉徐邈與范甯書曰擇公方之人以爲監司謂監司之名始此蓋皆指當時刺史言之至

於藩臬分職攷之於古惟唐轉運觀察諸使爲之權輿至宋之轉運使掌經度一路財賦吏蠹民瘼悉條以上達爲今布政使之所由始提點刑獄掌察所部獄訟平其曲直及專舉刺官吏之事爲今按察使之所由始溯而上之漢代專重郡守其臨郡國之上者惟十三部刺史蓋郡守地大而權重有事得以專達秩至二千石如今之二三品治效著聞則璽書勉勵增秩賜金其高第卽入爲卿相故朝廷不復多設官以臨制之唯刺史以下大夫而臨二千石職專舉刺八月行部錄囚徒攷殿最歲盡入奏所薦得爲九卿所劾輒從黜罷是刺史一官固兼有今日司道之任也魏晉以後刺史益重其兼都督帶持節者已如今日之督撫卽單車刺史專制一方亦別無大府以臨其上然綜理郡縣而受其成爲守令風教之所自出則其司存有由來也隋始罷州惟立總管唐則有採訪按察觀察處置之名轉運租庸度支營田之職兩司分理實啓其概而諸道分巡防禦團練又爲守巡兵備之所託始蓋監司之設

至是漸廣宋裁藩鎭之權而帥漕憲倉之職始重元立行省藩司之職
實寓於參知政事復設肅政廉訪以重提刑之寄明初亦設行省旋改
參知政事爲承宣布政使其提刑按察使則卽宋提點元廉訪之舊職
而參政參議副使僉事諸職備焉惟是兩司上承督撫而復參之以巡
按雖倣漢氏刺史之遺意而統涖爲太煩下轄諸道而均繫以藩臬之
銜亦未足以專其表率也我
朝監古定制兩司諸道各專其職以倡率府縣而歸其成於督撫綱紀肅
清酌繁簡而立其中有非前古所可企及者今歷攷前史自唐之轉運
使觀察使始列於表其前此者如成周之方伯秦之監御史漢以後之
刺史職掌相近而品秩較易則並隨條疏證於後以明其同異分合之
故而不復列於表焉

三代

〔周禮春官大宗伯注〕鄭司農云長諸侯爲方伯

謹案布政使稱曰藩司亦稱方伯攷周申侯爲宣王方伯式是南邦而蕃宣詠於周雅蕃卽藩司也藩司肇名蓋由於此其以承宣繫銜亦本於此惟古之方伯實長諸侯之國卽以侯伯之賢者爲之非今藩司所可比擬而統臨諸國督率全省與今藩司之表率各府州縣約略相等故敘列其槪以稽稱名之故也

〔尚書康誥〕外事汝陳時臬司師茲殷罰有倫

謹案按察使稱爲臬司臬法也其語始見於康誥攷呂祖謙尚書精義云外事衞國之事康叔爲周司寇王朝之官職任內事故以衞國爲外事又攷孔穎達尚書疏云孟侯五侯之長謂方伯康叔爲之卽州牧也是康叔以列侯爲方伯而康誥一篇於明罰敕法三致意焉蓋實今日方面提刑之所託始而臬司所由稱也厥後呂刑之誥四方一則曰四方司政典獄非爾惟作天牧一則曰官伯族姓其訓戒於四方牧伯尤爲惓惓知成周之制九州牧長皆重訓刑之職矣

〔禮記王制〕天子使其大夫爲三監監於方伯之國國三人

〔孔穎達疏〕謂使在朝之大夫往監於方伯每一州輒三人崔氏云此謂殷之方伯皆有三人以輔之佐其伯謂監所領之諸侯也周則於牧下置

二伯

謹案今各道爲藩臬之佐亦稱監司攷王制所稱以大夫而監方伯之國以一國而監者三人其官品尊卑官數多少與今道員約略相合崔氏言三人輔佐方伯以監所領之諸侯明非監方伯也亦與今日各道輔佐藩臬監所領之府州規制相同惟古時未詳分職今則以事區别所掌體制稍殊然國必三人固知各有所司之事特世遠莫詳耳三監之使實爲漢唐以來分部分道命使巡察之始而道員爲諸侯之副佐是大夫爲監者固諸道之權輿也

秦

〔漢書百官公卿表〕監御史秦官掌監郡

〔杜佑通典〕秦以御史監郡謂之監御史

謹案秦罷侯置守並方伯連帥而悉去之惟以御史監郡而不言職掌蓋猶周代大夫監之遺意耳秦制簡略無可附麗今故錄其監郡御史之制而不列於表

漢

〔漢書百官公卿表〕武帝元封五年初置部刺史掌奉詔條察州〔顏師古注〕漢官典職儀云刺史班宣周行郡國省察治狀黜陟能否斷治冤獄以六條問事非條所問即不省一條強宗豪右田宅踰制以強淩弱以衆暴寡二條二千石不奉詔書遵承典制倍公向私旁詔守利侵漁百姓聚斂爲姦三條二千石不恤疑獄風厲殺人怒則任刑喜則淫賞煩擾刻暴剝截黎元爲百姓所疾山崩石裂訞祥譌言四條二千石選署不平苟阿所愛蔽賢寵頑五條二千石子弟恃怙榮勢請託所監六條二千石違公下比阿附豪強通行貨賂割損正令也成帝綏和元年更名牧哀帝建平二年復爲刺史元壽二年復爲牧

〔王應麟玉海〕黃泰交州記曰刺者言其刺舉不法史者使也言爲天子之所使也

〔漢書何武列傳〕刺史古之方伯上所委任一州表率也

謹案漢初易秦監御史爲刺史而御史不設然攷刺史行部御史爲駕又六條所察有二千石子弟請託所監之文是監御史亦未盡省也刺史之職有可攷者六條之中一條以察民五條以察吏如所云田宅踰制云不奉詔書云選署不平則如今布政使之所治也云不恤疑獄云二千石違公下比阿附豪强則如今按察使之所糾也其治有常所乘傳行部則今守巡諸道職亦兼之惟是任重秩輕名實不副後遂以州牧遞易紛紜不定且前漢之州牧雖與刺史異秩而職事亦無大殊蓋漢時吏治專責成於郡守而刺史之所以設者亦止以督察二千石朱博稱刺史不察黃綬明不使之盡與郡國之事也其與今之兩司綜理全省體分隆而委任專者規制固有不同特其職掌所在郡國分而理之刺史總而臨之其統轄諸事有相近者故約舉於篇以遡司道諸職之所緣起而不列於表俾毋與督撫沿革相溷焉

〔後漢書百官志〕外有十二州每州刺史一人六百石本註曰武帝初置刺史十三人十二人各主一州其一州屬司隸校尉諸州常以八月巡行所部郡國錄囚徒攷殿最初歲盡詣京都奏事中興但因計吏皆有從事史假佐

〔通典〕漢置刺史乘傳周行郡國無適所治中興所治有定處案漢舊儀云刺史有常治所與此異或謂州府爲外臺靈帝中平五年改刺史唯置牧是時天下方亂豪傑各欲據有州郡而劉焉劉虞並自九卿出領州牧州牧之任自此重矣舊制州牧奏二千石長吏不任位者事皆先下三公三公遣掾史案驗然後黜退光武卽位用法明察不復委三府故權歸舉刺之吏

謹案後漢刺史與前漢同而職任漸重黜陟官吏不經三府案驗厥後羣牧專制中原擾攘蓋已首啓其端矣

三國

〔三國魏志賈逵列傳〕逵爲豫州刺史時天下初復州郡多不攝逵曰州

本以御史出監諸郡以六條詔書察長吏二千石已下故其狀皆言嚴能
鷹揚有督察之才不言安靜寬仁有愷悌之德也於是阿縱不如法者皆
奏免之帝曰違真御史矣布告天下當以豫州爲法
〔通典〕自魏以來庶姓爲州而無將軍者謂之單車刺史
〔劉昭後漢書志注〕晉太康初詔曰漢末四海分裂吳蜀自擅刺史內親
民事外領兵馬此一時之宜爾
謹案三國刺史承後漢之積重其流遠遂分爲二使持節都督持節刺
史起於魏時權如今之督撫太康詔所云者是也單車刺史職如今之
司道賈逵所職者是也當時以嚴能督察爲真刺史蓋偏近於按察使
之任實因秦漢之舊制而其任則加重也
晉
〔晉書職官志〕州置刺史別駕治中從事諸曹從事等員所領中郡以上
及江揚朱提郡郡各置部從事一人小郡亦置一人又有主簿門亭長錄

事記室書佐諸曹佐守從事武猛從事等凡吏四十一人卒二十人諸州邊遠或有山險濱近寇賊羌夷者又置弓馬從事五十餘人徐州又置淮海涼州置河津諸州置都水從事各一人涼益置吏八十五人卒二十人荆州又置監佃督一人

（玉海）王隱晉書曰太康三年罷刺史將軍官刺史依漢制三年一入奏事

（通典）晉制刺史三年一入奏甲午詔書曰刺史銜命國之外臺其非所部而在境者刺史幷糾之

謹案晉置刺史如漢制三年入奏在境幷糾蓋斟酌漢制而變通之者其佐吏有武猛從事弓馬從事淮海河津都水從事監佃督諸員略如今之巡海水利屯田諸職惟今日則以方面大員兼理諸政非僚佐之可得比擬故備錄史文以見其概而不列於表焉

宋齊梁陳

（宋書百官志）刺史每州各一人刺之爲言猶參覘也寫書亦謂之刺漢制不得刺尙書事是也刺史班行六條詔書有別駕從事史治中從事史主簿西曹書佐祭酒從事史議曹從事史部郡從事史自主簿以下置人多少各隨州舊無定制

（通典）宋刺史與魏同

（南齊書百官志）州牧刺史州朝置別駕治中議曹文學祭酒諸曹部從事史

（隋書百官志）梁制州刺史二千石州置別駕治中從事各一人主簿西曹議曹從事祭酒從事部傳從事文學從事各因其州之大小而置員定爲十八班以班多者爲貴其州二十三並列其高下選擬略視內職○陳承梁皆循其制官其庶姓爲州若無將軍者謂之單車揚州刺史南徐東揚州刺史品並第三荆江南兗郢襄雍等州刺史品並第四豫益廣衡等州青州領冀州北兗州北徐等州梁州領南秦州司南梁交越桂霍寧等

十五州刺史揚州別駕中從事品並第六庶姓南徐荊江南兗郢襄雍等州別駕中從事品並第八庶姓豫益廣衡青冀北兗北徐梁秦司南徐等州別駕中從事揚州主簿西曹及祭酒議曹二從事南徐州主簿西曹祭酒議曹二從事品並第九

謹案宋齊梁陳刺史之制與魏晉同其時州之分置者漸多而刺史亦以漸衆惟其以州統郡兼理兵民不僅專舉察之事又因其州之上下定爲上中下三等州地雖分析而日小而監司之權要與後漢無異也

北魏

〈魏書官氏志〉天賜二年制諸州置三刺史刺史用品第六者宗室一人異姓二人比古之上中下三大夫也刺史令長各之州縣自前功臣爲州者還京師司州牧從第二品上州刺史第三品中州刺史從第三品下州刺史第四品司州別駕從事史司州治中從事史從第四品司州主簿從第七品司州西曹書佐祭酒從事史第八品司州議曹從事史司州文學

從第八品

謹案魏書有三刺史而不列刺史之佐以司州諸佐攷之則每州皆有別駕治中主簿等員可以類推亦猶漢晉之制也

北齊

〔隋書百官志〕後齊制官多從後魏州刺史屬官有別駕從事史治中從事史州都光迎主簿主簿西曹書佐市令及史祭酒從事史部郡從事皁服從事典籤及史門下督省事都錄事及史箱錄事及史朝直刺姦記室掾曹田曹金曹租曹兵曹左戶等掾史等員上下州屬官佐史合三百九十三人上中州減上上州十人上下州減上中州十人中上州減上下州五十一人中中州減中上州十人中下州減中中州十人下上州減中下州五十人下中州減下上州十人下下州減下中州十人

〔通典〕北齊制州爲上中下三等每等又有上中下之差自上上州至下下州凡九等

謹案刺史之職所以統率屬郡魏旣分爲三等北齊又分爲九等則稱名繁碎而體制亦以漸替矣此隋代改州爲郡之漸也

後周

〔周書盧辯傳〕戶三萬以上州刺史正八命　戶二萬以上州刺史八命　戶一萬以上刺史正七命　戶五千以上刺史七命　正八命州長史司馬司錄六命　八命州長史司馬司錄五命　正七命州長史司馬司錄正八命州呼藥五命　七命州長史司馬司錄正八命州別駕八命州呼藥正四命　正六命州長史司馬司錄正七命州別駕正八命州治中正七命州呼藥四命　正八命州列曹參軍正六命州別駕正七命州治中七命州呼藥正三命　八命州列曹參軍正六命州治中正六命州呼藥三命　正七命州列曹參軍正二命　七命州列曹參軍三命　正六命州列曹參軍正一命

謹案後周官制史文不詳茲撫錄盧辯傳所載命數以存其大概其刺史案戶之多寡分爲四等蓋循後魏上中下之制而稍變通之其與北

齊之三刺史又分爲三等者規制不同攷七命之戶五千以上刺史尚在戶一萬五千郡守之上可知以州統郡刺史雖自有屬戶而列郡大小仍在統轄之中亦如唐宋監司既自治民幷監郡縣也其屬官各員遞爲等差與漢晉以來大同而小異焉

隋

（隋書百官志）上上州置刺史長史司馬錄事參軍事功曹戶兵等曹參軍事法曹士曹等行參軍典籤州都光迎主簿郡正主簿西曹書佐祭酒從事部郡從事倉督市令丞等員幷佐史合三百二十三人上中州減上州吏屬十二人上下州減上中州十六人中上州減上下州二十九人中中州減中上州二十人中下州減中中州二十人下上州減中下州三十二人下中州減下上州十五人下下州減下中州十二人

（通典）隋雍州置牧餘州並置刺史亦同北齊九等之制總管刺史加使持節至開皇三年罷郡以州統縣自是刺史之名存而職廢後雖有刺史皆太守之互

名理一郡而已非舊刺史之職案魏置使持節寵奉使官之任隋氏廢郡而後刺史牧人既非使官則合罷持節之稱其時制置不以名實相副爲意仍舊存之後改爲太守亦復不省所以使持節之名及於邊遠小郡乃不徵典故之失煬帝大業初爲司隸臺大夫一人巡察畿內其刺史十四人巡察畿外諸郡亦有六條之制與漢六條不同從事四十人副刺史巡察每年二月乘軺巡郡縣十月入奏

謹案杜佑言刺史察舉州郡至隋治人後雖有刺史皆太守之互名蓋刺史之制至隋始變然攷煬帝初尚有刺史十四人巡察畿外諸郡蓋開皇變制而大業尋復其止理一郡者乃唐代之制非隋世盡然也攷歷代刺史遞重遞輕之故皆由積漸而成漢初監郡察郡秩止六百石自後更爲州牧後漢不入奏事不隸三公至劉焉請重州牧之任魏晉因之有使持節都督持節督之名此其漸而重也至隋之總管都督唐之都督節度使爲重之極焉晉武帝詔革漢季之制刺史治民悉如漢初故事自後非要州則爲單車刺史沿至魏齊有下州刺史下下州刺史此其漸而輕也至隋始罷郡以州統縣刺史爲太守互名自後遂以

爲知州之稱并在郡守之下爲輕之極焉蓋極重則權同督撫而單州刺舉司道之職未嘗不存極輕則下並府州而採訪按察轉運提刑諸使由是與焉此列代沿革之大概故自隋以前之刺史雖其體制不盡如今之藩臬而要有藩臬之職自唐以後之刺史則竟同今之知府及直隸州矣今歷敘前代刺史至隋而止幷攷證其沿革之大概至唐以後則見於府州篇中不具列焉

唐

（通典）開元二十五年刊定職次著爲格令設官以經之置使以緯之按察採訪等使以理州縣節度團練等使以督府軍事租庸轉運鹽鐵青苗營田等使以毓財貨其餘細務因時置使者不可悉數其轉運以下諸使無適所治廢置不常

（新唐書百官志）觀察使副使支使判官掌書記推官巡官衙推隨軍要籍進奏官各一人團練使副使判官推官巡官衙推各一人防禦使副使

判官推官巡官各一人觀察處置使掌察所部善惡舉大綱凡奏請皆屬於州○貞觀初遣大使十三人巡省天下有巡察安撫存撫之名神龍二年以五品以上二十人爲十道巡察使按舉州縣再周而代景雲二年置十道按察使道各一人開元二年改曰十道按察採訪處置使至四年罷八年復置十道按察使秋冬巡視州縣十年又罷十七年復置十道京都兩畿按察使二十年改採訪處置使分十五道（杜佑通典云治於所部之大郡）天寶末又兼黜陟使乾元元年改曰觀察處置使

（通典）唐無州府之名而有採訪使採訪使有判官二人（分判尚書六行事及州郡簿書）支使二人（分使出入職如節度使之隨軍）推官一人（推鞫獄訟）至德之後改採訪使爲觀察皆幷領都團練使其僚屬隨時增置分天下爲四十餘道大者十餘州小者二三州各因其山川區域爲制諸道增減不恆使名沿革不一舉其職例則皆古之刺史云

（舊唐書職官志）防禦團練使至德後置防禦使以治軍事刺史兼之不

賜旌節上元後改防禦使爲團練守捉使又與團練兼置防禦使名前使

各有副使判官皆天寶後置未見品秩

〔馬端臨文獻通攷〕唐肅宗乾元初置團練使守捉使大領十州小者三

五州代宗時元載當國令刺史悉帶團練大率團練皆隸所治州歲以八

月攷其高下

〔新唐書百官志〕觀察使以豐稔爲上攷省刑爲中攷辦稅爲下攷團練

使以安民爲上攷懲姦爲中攷得情爲下攷防禦使以無虞爲上攷清苦

爲中攷政成爲下攷

〔文獻通攷〕唐先天二年李傑始名務先始爲水陸發運使蓋使名之起開元

二十一年裴耀卿以侍中充江南淮南轉運使而崔希逸蕭旻爲副蓋副

使始此天寶以韋堅充勾當轉運使第五琦充諸色轉運使劉晏充諸路

轉運使其後韓滉杜悰杜讓能崔昭緯皆以宰相充使而諸道分置巡院

皆統於此○開元十年敕度支營田若一使專知宜同爲一額共置判官

兩人○開元十一年宇文融除勾當租庸地稅使至德元載第五琦充江
淮租庸使永泰元年租庸使一切並停唯差判官一人巡官二人催遣○
建中二年初分置汴東西水陸運兩稅使○開元十二年宇文融充諸色
安輯戶口使
謹案唐代以刺史爲郡守而諸道置使昉於貞觀之遣使十三人巡省
天下其後爲巡察爲按察爲採訪爲觀察使名不同其職一也觀地理
志言採訪使如漢刺史六典言漢刺史如今之十道使通典言觀察團
練皆古之刺史則諸使職掌實上承漢代刺史而與今之司道相等惟
節度使秉節專制如今之督撫耳其道爲十道爲十五道十八道爲四
十餘道以漸而分亦後日分道之所託始也謹以今制攷之轉運租庸
兩稅戶口諸使如今之布政使其副使如今之督糧道採訪觀察如今
之按察使其副使亦如巡道團練營田如今之兵備屯田諸道也又唐
代雖以刺史爲郡守而職掌視今郡守爲較重舊唐書所載刺史歲巡

屬縣觀風俗察官吏善惡殊尤隨即奏聞所部有更改得以便宜從事是州郡而寓諸司之職也至如防禦團練未嘗別置各以治軍刺史兼領之是州郡而兼各道之權也蓋唐諸史之設隨時遷革不爲常制又多爲節度使之兼官故不得不寄其權於郡守是亦一代制度之大略也

五季

〔文獻通攷〕唐置諸道巡院五代罷巡院始置轉運使

謹案五代官制史策不詳攷其大略諸州皆統兵事其諸使亦兼總於節度使馬端臨稱五代罷巡院可類推也

宋

〔宋史職官志〕都轉運使轉運使副使判官掌經度一路財賦歲行所部檢察儲積稽攷帳籍凡吏蠹民瘼悉條以上達及專舉刺官吏之事有軍旅之事則供餽錢糧或諸路事體當合一則置都轉運使以總之若副使

若判官皆隨資之淺深稱焉其屬有主管文字幹辦官各一員文臣準備

差遣武臣準備差使員多寡不一

〔文獻通攷〕藝祖懲五季之亂藩臣擅有財賦不歸王府乾德以後置諸

道轉運使以總利權開寶六年廣南平除徐澤爲判官蓋轉運判官始此

兩省以上則爲都轉運使又置副使與諸路判官又置同勾當轉運事至

道中詔曰天下物宜民間利病惟轉運使得以周知令更互赴闕延見詢

問慶曆中皆帶按察之任六年罷之熙寧二年詔轉運使用本資序人卽

充資序下一等爲權二年爲權發遣中興以來逐路都轉運使除授不常

惟使副判官常置

謹案轉運使掌一路財賦並舉察官吏實與今之布政使職分相埒轉

運之名雖肇於唐時然不過以爲一時之制宋則職專任重稱爲漕司

終代不易名雖因而實則創也其同勾當轉運事及副使如糧儲各道

主管文字如經歷照磨幹辦官則如理問都事諸職也

〔宋史職官志〕提點刑獄公事掌察所部之獄訟而平其曲直所至審問囚徒詳覆案牘凡禁繫淹延而不決盜賊逋竄而不獲皆劾以聞及舉刺官吏之事舊制參用武臣熙寧初罷之紹聖初以提刑兼坑冶事紹興初兩浙路以封疆闊遠差提刑二員淮南東路罷提刑令提舉茶鹽官兼領蓋因事之繁簡而損益焉乾道八年用臣僚言諸路經總制錢并委提點刑獄官督責嘉定十五年廣西提刑分上下半年就鬱林州與靜江府兩處置司其屬有檢法官幹辦官

〔文獻通攷〕宋太祖淳化二年以司門員外郎董循等一十一人分充諸路轉運司提點刑獄四年省真宗景德四年謂先帝嘗選朝臣諸路提點刑獄遂復置之不隸轉運別爲一司稍重其權矣當時約束日所至專察囚禁詳審案牘州縣不得迎送聚會所部每旬具繫囚犯由訊鞫次第申報當檢舉催督在繫淹久者卽馳往案問出入人罪者移牒劾覆劾官吏以聞諸色詞狀逐州斷遣不當已經轉運官披斷未允者並收接施行官

吏貪濁弛慢者具名以聞敢有庇匿並當加罪仍借緋紫以三年爲任增給緡錢如轉運使之數天禧四年加勸農使俄改提點刑獄勸農使十年復置提點京畿刑獄掌察所部疑留獄訟勸課農桑而按其官吏之不法別其廉吏以達於朝元豐因之

（玉海）慶曆三年詔轉運使皆領按察使提刑不帶使名亦準此歲具官吏能否以聞○轉運使副卽漢刺史唐觀察使之職

謹案宋監司以轉運及提刑爲最重提刑實爲今按察司之職卽所謂憲司也其始由轉運使兼管後遂專遣朝臣充之其逐州斷遣經轉運披斷未允者並收接施行亦可見其權之重矣旣而以提刑兼勸農並督責諸路總制錢及兼提舉諸事蓋所職以刑獄爲主而地方重務例得兼掌亦如今藩臬各司財賦刑名之事而地方重事會議舉行二司實相爲聯係也提刑無副官其檢法官幹辦官如今知事及司獄之類

（宋史職官志）提舉常平司掌常平義倉免役市易坊場河渡水利之法

視歲之豐歉而爲之斂散以惠農民仍專舉刺官吏之事熙寧初先遣官
提舉河北陝西路常平未幾諸路悉置提舉官元祐初罷之併其職於提
點刑獄司紹興初復置元符以後因之
〔文獻通攷〕提舉即漢耿壽昌常平之任也自李悝制平糴之法漢人因
之則謂之常平焉然漢人特置倉而猶領之於大司農也宋朝淳化中建
常平倉景祐元年令轉運司舉所部官專領之然猶隸漕臣熙寧遣使提
領此蓋提舉常平之所始也九年府界畿內亦專置提舉常平倉一員不
令司農丞兼領提舉常平司操常平斂散之法申嚴免役之政令治荒修
廢賑民艱阨則隸提舉司歲察所部廉能而保任之若疲軟或犯法則隨
其職事劾奏○提舉茶鹽司掌摘山煮海之利以佐國用○都大提舉茶
馬司掌榷茶之利以佐邦用凡市馬於四夷率以茶易之○提舉三白渠
公事掌瀦泄三白渠以給關中灌溉之利
謹案宋職官之近於布政使者轉運而外有提舉諸官如常平倉庫固

今藩司之專掌也常平提舉其始隸於漕臣其後亦或兼於憲臣領倉而兼以察吏且幷掌役市坊場水利之法他如茶馬三白渠諸提舉與今日之道員佐司分職者實爲相當云

（宋史職官志）承宣使觀察使無定員政和中詔承宣觀察使仍不帶持節等防禦使團練使無定員

（文獻通攷）宋朝沿唐制置諸州觀察使凡諸衞將軍及使遙領者其資品並止本官敘防禦團練使刺史亦同祥符中詔觀察使並帶刺史翰林學士陳彭年檢討唐以來故事觀察使並令帶刺史詔自今除觀察使可兼領之

謹案馬端臨云觀察團練使在唐爲監司至宋則監司自有以名其官謂轉運提刑而觀察諸使皆無職任蓋止爲武臣及刺史所帶官名而非唐之舊矣玆故錄其沿襲之概而不著於表

（宋史職官志）幕職官簽書判官廳公事兩使防團軍事推判官觀察支使掌禆贊郡政總理諸案文移諸曹官舊制錄事參軍掌州院庶務糾諸

曹稽違戶曹參軍掌戶籍賦稅倉庫受納司法參軍掌議法斷刑司理參軍掌訟獄勘鞫之事

（文獻通攷）宋朝沿五代之制兩司置判官推官各一人餘州置判官各一人政和初自判官以至諸曹改爲士戶儀兵刑工曹掾建炎復舊制焉

謹案宋代轉運使提點刑獄皆以朝臣充無定品秩其觀察諸使則有定秩而實無專官卽佐屬之判官推官皆係郡職而空帶諸使之銜未免名實不相符也今以非轉運提刑所屬不列於表

遼

（遼史百官志）南面官僚節度觀察防禦團練刺史咸在方州如唐制也○觀察使職名總目某州軍觀察使某州軍觀察副使某州軍觀察判官王鼎淸寧五年爲易州觀察判官○團練使司職名總目某州團練使某州團練副使某州團練判官○南面分司官平理庶務採撫民隱漢唐以來賢主以爲恤民之令典官不常設有詔則選才望官爲之○分決諸道

滯獄使聖宗統和九年命邢抱朴等五員又命馬守瑛等三員分決諸道滯獄○按察諸道刑獄使開泰五年遣劉涇等分路按察刑獄○採訪使太宗會同三年命珠格楞（蒙古語軟也原作於骨鄰今改正）為採訪使○南面財賦官諸錢帛司職名總目某州錢帛都點檢大公鼎為長春州錢帛都提點○轉運司職名總目某轉運使某轉運副使同知某轉運使某轉運判官

（王圻續文獻通攷）遼南面有山西路都轉運使司有奉聖州蔚州應州朔州保州西山各處轉運使司官有轉運使轉運副使同知轉運使等員○遼南面觀察使司中京道上京道東京道皆設觀察使司○遼南面有按察諸道刑獄使有分決諸道滯獄使官不常設有詔則選才望官充之

謹案遼南面監司與宋制相近錢帛轉運為財賦官分決滯獄按察刑獄為刑名官其大較也然按察諸使因事出差不常設蓋如漢繡衣使者之比而觀察使常設則今日之按察使實其職也王應麟玉海云宋提刑即唐觀察之職王圻續通攷亦云明設按察即觀察使之職參互

以觀則臬司之源流略可睹矣

金

（金史百官志）都轉運司使正三品掌稅賦錢帛倉庫出納權衡度量之制同知從四品副使正五品都勾判官從六品紀綱衆務分判勾案戶籍判官二員從六品專管拘收徵剋等事度支判官二員從六品掌勾判分判度支案事鹽鐵判官一員從六品都孔目官二員勾稽文牘知法二員從八品

（續文獻通攷）金初設轉運司後詔中外惟都轉運依舊專管錢穀自餘諸路轉運皆兼於按察其都轉運使有正副使等員

（金史百官志）按察司本提刑司承安三年以上京東京等提刑司併爲一提刑使兼宣撫使勸農採訪事爲官稱副使判官以兼宣撫副使判官爲名承安四年改按察司正三品掌審察刑獄照刷案牘糾察濫官汙吏豪猾之人兼勸農桑與副使簽事更出巡案副使正四品兼勸農事簽按

察司事正五品判官二員從六品知事正八品泰和八年以轉運司權輕州縣不畏不能規措錢穀遂詔中都都轉運依舊專管錢穀事自餘諸路按察使並兼轉運司副使兼同知簽按察並兼轉運副添按察判官一員爲從六品添知事一員知法二員從八品

〔續文獻通攷〕金觀察使兼於節度使團練使金不置

謹案金按察初名提刑實兼宣撫勸農之職其後又兼轉運使其佐屬亦兼轉運副使是按察之權在轉運之上此制之小異於宋代者也唐有按察使偶置而旋罷之今按察之名實自金始云

元

〔元史百官志〕行中書省每省參知政事二員從二品○宣尉司掌軍民之務分道以總郡縣行省有政令則布於下郡縣有請則爲達於省其在遠服又有招討安撫宣撫等使品秩員數各有差等宣慰使司秩從二品每司宣慰使二員從二品同知一員從三品副使一員正四品經歷一員

從六品都事一員從七品照磨兼架閣勾管一員正九品凡六道○團練安撫勸農使司至正十八年九月置奉元延安等處團練安撫勸農使司於耀州鞏昌等處團練安撫勸農使司於邠州各設參謀一員每道置使二人同知副使各一人檢督六人經歷知事照磨各一人屯田使司至正十五年十二月置軍民屯田使司於沛縣正三品

謹案元立行中書省其官自丞相平章左右丞而下有參知政事二員明初亦設之後罷行改參知政事爲左右承宣布政使司是參知政事實布政使所自來也至宣慰司之職布行省之政令於下而達郡縣之請於上亦如今兩司上承督撫下達府縣故並列焉團練安撫勸農以三使而併爲一官如今各道之兼兵備屯田之制也至如招討宣撫設於邊郡與藩職少異元史又有奉使宣撫詢民疾苦體察官吏而黜陟之則偶一遣使非設官常制故不著於篇轉運使司元代專以理鹺政與宋制異已別見鹽政篇茲不復錄

〔元史百官志〕肅政廉訪使國初立提刑按察司至元六年兼勸農事二十八人改按察司爲肅政廉訪司其後遂定爲二十二道每道廉訪使二員正三品副使二員正四品僉事四員兩廣海南止二員正五品經歷一員從七品知事一員正八品照磨兼管勾一員正九品○內道八隸御史臺山東東西道濟南路置司河東山西道冀寧路置司燕南河北道眞定路置司江北河南道汴梁路置司山南江北道中興路置司淮西江北道廬州路置司江北淮東道揚州路置司山北遼東道大寧路置司江南十道隸江南行臺江東建康道寧國路置司江西湖東道龍興路置司江南浙西道杭州路置司浙東海右道婺州路置司江南湖北道武昌路置司嶺北湖南道天臨路置司嶺南廣西道靜江府置司海北廣東道廣州路置司海北海南道雷州路置司福建閩海道福州路置司陝西四道隸陝西行臺陝西漢中道鳳翔府置司河西隴北道甘州路置司西蜀四川道成都路置司雲南諸路道中慶路置司

謹案王圻續通攷曰廉訪之職與臺察相表裏按治帥府漕司軍民司屬照刷諸司文卷責違慢官吏此殆如漢制之司隸校尉無所不糾其職重矣蓋金元之制提刑皆在布政之上兩史所載班班可攷史又言按察司巡行郡縣除使二員留同副使以下每歲二月分按十月還司則視今之巡道其立法之意正復同焉

明

（明史職官志）承宣布政使司左右布政使各一人（從二品）左右參政（從三品）左右參議無定員（從四品）參政參議因事添設各省不等經歷司經歷一人（從六品）都事一人（從七品）照磨所照磨一人（從八品）檢校一人（從九品）理問所理問一人（從六品）副理問一人（從七品）提控案牘一人司獄司司獄（從九品）庫大使一人（從九品）副使一人倉大使一人（從九品）副使一人雜造局軍器局寶泉局織染局各大使一人（從九品）副使一人（所轄衙門各省不同）布政使掌一省之政參政參議分守各道及派管糧儲屯田清軍驛傳水利撫民等事併分司協掌京

畿兩京不設布政無參政參議副使僉事故於旁近布政分司帶管經歷都事典受發文移照磨檢校典勘理卷宗理問典刑名初太祖略定地方即置行省其官自平章政事以下大略與中書省同洪武九年罷行省改參知政事為左右承宣布政使司宣德三年除兩京外定為十三布政使初置藩司與六部均重布政使入為尚書侍郎副都御史每出為布政使宣德正統間猶然自後無之○

提刑按察使司按察使一人正三品 副使正四品 僉事無定員正五品 經歷司經歷一人正七品 知事一人正八品 照磨所照磨一人正九品 檢校一人從九品 司獄司司獄一人從九品 按察使掌一省刑名按劾之事副使僉事分道巡察其兵備提學撫民巡海清軍驛傳水利屯田招練監軍各專事置併分員巡備京畿明初置提刑按察司吳元年置各道按察司十五年置天下府州縣按察分司以儒士王存忠等五百三十一人為試僉事人按二縣凡官吏賢否軍民利病皆得廉問糾舉十六年罷二十九年改置按察分司為四十一道宣德五年除兩京不置共為十三按察司布政使參政參議分

諸司道督糧道十三布政司各一員督冊道江西陝西等間設分守道浙江杭嘉湖道寧紹台道金衢嚴道溫處道江西南瑞道湖東道湖西道饒南九江道贛南道山東濟南道東兗道海右道山西冀寧道河東道冀北道冀南道陝西關內道關西道西寧道關南道河西道隴右道河南大梁道河南道汝南道河北道湖廣武昌道下荊南道上荊南道兼兵備荊西道兼兵備上湖南道下湖南道上江防道下江防道福建興泉道福寧道漳南道建南道汀漳道廣東嶺東道嶺西道羅定道嶺北道嶺南道四川川西道川北道上下川東道上川南道下川南道廣西桂平道蒼梧道左江道右江道貴州安平道貴寧道新鎮道思仁道雲南臨安道騰衝道瀾滄道以上或參政或參議按察司副使僉事分司諸道提督學道清軍道驛傳道十三布政司俱各一員惟湖廣提學二員浙江山西陝西福建廣西貴州清軍兼驛傳江西右布政使清軍分巡道浙江杭嚴道寧紹道嘉湖道金衢道江西饒南道九江道湖西道南昌道湖東道嶺北道山東兗州道濟寧道青州海防道濟南道海右道海道登萊道遼海道山西冀寧道冀南道雁

門道陝西關內道關西道隴右道河西道西寧道河南大梁道汝南道河南道河北道湖廣武昌道荊西道上荊南道下荊南道湖北道上湖南道下湖南道沅靖道福建巡海道兼理糧儲福寧道興泉道建南道武平道漳南道建寧道海道汀漳道廣東嶺東道嶺西道嶺南道海北道海南道四川上東道下東道川西道川北道下川南道上川南道廣西府江兵巡道桂林巡道蒼梧兵巡道左江兵巡道右江兵巡道貴州貴寧道思石道都清道兼兵備雲南安普道臨沅道洱海道金滄道整飭兵備道浙江寧紹道嘉興道溫處道台海道江西南瑞道廣建道山東臨清道武德道曹濮道沂州道遼東道山西雁北道大同道二員陽和道潞安道岢嵐道陝西肅州道固原道臨洮道洮岷道靖遠道榆林中路道榆林東路道寧夏河西道寧夏河東兵糧道莊浪道濮羌道漳關道湖廣辰沅道河南睢東道福建兵備道巡海道廣東南韶道南雄道四川松潘道威茂道建昌道重夔道安綿道敘瀘道廣西分巡道兼兵備貴州威清道畢節道雲南曲靖道其外又

有協堂道（副使河南浙江間設）水利道（浙江）屯田道（江西河南四川三省屯田兼驛傳）管河道（河南）鹽法道撫治道（陝西撫治商洛道湖廣又有撫民撫苗道）監軍道（因事不常設）招練道（山東間設）其北直隸之道寄銜於山東者則爲密雲道大名道天津道霸州道寄銜於山西者則爲易州道口北道昌平道井陘道薊州永平等道南直隸之道寄銜於山東者太倉道潁州道徐州道寄銜於浙江江西湖廣者蘇松道漕儲道常鎮道廬鳳道徽寧池太道淮揚道按明初制恐守令貪鄙不法故於直隸府州縣設巡按御史各布政司所屬設試僉事已罷試僉事改按察分司四十一道此分巡之始也分守起於永樂間每令方面巡視民瘼後遂定右參政右參議分守各屬府州縣兵道之設仿自洪熙間以武臣疏於文墨遣參政副使沈固劉紹等往各總兵處整理文書商榷機密未嘗身領軍務也至宏治中本兵馬文升慮武職不修議增副僉一員從之自是兵備之員盈天下

〔續文獻通攷〕團練使之職明設分巡兵備道以統之兩京不設布按二

使故督學以御史後置守巡諸員無所屬則寄銜於隣近省布按司官

謹案歷代監司之職至唐宋而始分至前明而始定然攷明代經畫之大端尚多可議如直隸近護畿服爲萬國之法式藩臬不設何以敷治法而作觀瞻直省中之疆宇闊遠事務殷繁者限十三司難免鞭長不及之患至如提學重職而偏隸臬司河務鉅工而向乏專掌兩直之寄銜他省亦參錯而不一此其制之未善者也至於司道銓授之法其初尚特簡後如洪武間潘原明之爲雲南布政使見獻徵錄儒士王存忠等之試按察司僉事見明史猶存振厲之意至成化丙戌以各省布政二司正貳官缺員數多始命部院各舉所知仍命銓部內閣從公酌量定以職事見獻徵錄自是以後推用惟委之吏部往往不能得人或以需次較久者爲之多衰聵不稱職左右二人又每以意見不同互相掣肘道員則尤多兼領職業不專縱弛之習日甚而吏治不可復問矣我

朝初循舊制嗣改左右布政使爲一人以專其職任直隸則刱設藩臬江

南湖廣陝西分建二省而江寧蘇州又各設布政使一員以著因地制
宜之法優道員之品秩均不帶藩臬銜而提學有別置河道有專司
皇上慎重人才俾膺重任兩司有闕俱奉
特旨除授地方利弊均許專摺陳奏督撫有措置未協者或責以隨時匡正
道員則由科道及各部院司員之膺上考及知府中報政優最者
記名補放又於入謝時
親加誡勵無不仰承
聖訓感奮自效所以綱立紀陳旬宣奏績統屬正而展布優吏治之蒸蒸日
盛洵非前代所可比倫矣

欽定歷代職官表卷五十二

知府直隸州知州表

	知府	同知
三代	鄉大夫遂大夫	
秦	郡守	丞長史
漢	長太守內史國相	丞治中
後漢	太守國相	長史
三國	太守國相	丞
晉	太守內史相	丞
宋齊梁陳	太守內史相	丞
北魏	太守	丞
北齊	太守	丞
後周	太守	郡丞
隋	太守刺史	贊務丞
唐	太守刺史	少尹
五季	刺史	
宋	權知府州軍監	長史
遼	知府事州刺史	同知府事
金	州刺史	同知
元	錄事司達嚕噶齊知府府尹知州	同知
明	知府	同知

通判	各府經歷	各府照磨
別駕	主簿	
	主簿	
	主簿	
	功曹參軍	
通守	主簿	
別駕司馬		
	法曹掾	
通判		
判官		
判官		提控按牘
通判	經歷	照磨

各府司獄	各府知事	各府檢校
決曹賊曹掾		
	錄事史	
		主記史
典獄	錄事	
	錄事參軍	
	錄事參軍	
司獄		
司獄	知事	
司獄	知事	檢校

宣課司大使	各府倉大使	稅課大使
	倉曹史	
	倉督	
	倉曹	
	司倉參軍 倉督	司戶參軍
		戶曹
	諸倉使	
		稅務提領
宣課司大使	倉大使	稅課司局

各府庫大使	茶引批驗大使	直隸州知州
		州刺史
		州刺史
		知州
		州刺史
		州刺史
		知州
庫大使	批驗所大使	知州

州同	州判	州吏目
丞		
長史		
同知州事		
同知州事	州判官	州錄事
同知州事	州判官	州吏目
州同知	州通判	州吏目

知府直隸州知州等官

國朝官制

各府知府從四品　奉天一人直隸山東福建湖北廣東各十人陝西七人江蘇安徽各八人山西河南甘肅湖南各九人浙江廣西四川各十一人江西貴州各十三人雲南十四人

掌一府之政統轄屬縣宣理風化平其賦役聽其獄訟以教養百姓凡闔府屬吏皆總領而稽覈之

國初定制每府設知府一人順治十八年江南分省康熙二年陝西分省三年湖廣分省各以其府分隸之嗣後各府互有建置裁併員額亦因之增減焉又初制知府正四品乾隆十八年改從四品

同知正五品　奉天一人直隸二十四人江蘇二十三人浙江十五人安徽貴州各七人山東十二人陝西六人山西江西各十一人河南甘肅廣西各八人福建湖北廣東四川各十人湖南九人雲南十三人通判正六品　奉天一人直隸安徽

湖北各八人江蘇十六人山東河南各十一人山西浙江江西湖南各十人陝西三人甘肅廣西雲南貴州各六人福建廣東各七人四川九人

同知分掌督糧捕盜海防江防清軍理事撫苗水利諸務通判分掌糧運督捕水利理事諸務各量地置員以佐知府之政治其有兼理民事直隸于各省者其職如各府各直隸州之制而品級則同

國初每府置同知通判或一二人或三四人不等嗣後酌量繁簡因時裁設

又初各府設有推官專掌讞獄之事康熙六年裁

各府經歷 正八品同知經歷品級同 奉天一人直隸湖北湖南廣西各十人江蘇六人安徽河南廣東各八人山東山西甘肅福建各九人陝西四人浙江雲南各十一人江西四川貴州各十一人各府知事 正九品 江蘇三人浙江一人廣西二人雲南五人各府照磨 從九品同知照磨品級同 江蘇五人安徽河南各一人陝西浙江各四人甘肅貴州各二人江西十二人四川十人各府司獄 從九品同知通判司獄品級同 直隸四人江蘇安徽河南陝西四川貴州各一人山東十人山西廣西各三人浙江湖北各

六人福建廣東各八人湖南二人雲南五人各府宣課司大使從九品江蘇三人
各府稅課司大使從九品浙江四人廣東一人各府倉大使從九品直隸二人山西
陝西各一人各府檢校未入流江蘇三人各府庫大使未入流山西一人各府茶引
批驗所大使未入流江蘇一人各府長官司吏目未入流貴州三人

各府經歷照磨掌受發文移磨勘卷宗司獄掌察理繫囚宣課司大使以
下各守其職以分理府屬之事

國初每府設經歷以下各官因事繁簡無定員嗣後因時裁設並如今制

各直隸州知州正五品直隸甘肅各六人江蘇廣東各三人安徽陝西各五人山
東福建各二人山西十人四川九人河南湖南雲南各四人江西廣西各一人

掌直隸州一州之政令其規制與知府同惟無倚郭縣其所治州即以知
州行知縣之事

國初各直隸州俱置知州一人嗣後或以府改設析置或以府屬州升或省
併入各府其員額亦因之增減焉

各直隸州州同從六品直隸安徽四川各三人江蘇山東陝西甘肅福建各一人河南廣東各一人州判從七品直隸五人江蘇安徽山東陝西廣東廣西各二人山西湖南各四人河南甘肅各三人江西雲南各一人四川七人

直隸州州同州判所掌如府同知通判之職以貳各州而佐其政治其員額因事之繁簡並隨各州升改之制而建置焉

各直隸州吏目從九品直隸六人江蘇廣東各三人安徽陝西甘肅各五人山東廣西各二人山西四川各九人江西一人湖南雲南各四人各直隸州巡檢從九品直隸山東甘肅江西廣西各一人江蘇七人安徽山西廣東四川各五人福建二人湖南雲南各三人各直隸州驛丞未入流直隸山西四川各一人各直隸州閘官未入流山東八人稅課司大使未入流江蘇山東各一人

直隸州吏目掌禁戢姦宄防護獄囚典司簿籍巡檢驛丞稅課使等屬各掌其職與各縣所屬同員額隨州建設復因地裁減如今制焉

謹案守令爲親民之官而以守統令其職益繁則其任益重三代分土建侯今牧守之地古之侯國也惟畿內之地百里內有州四百里內有縣而州則屬於鄉大夫縣則屬於遂大夫蓋地不置侯而治土治民必有統率與今之府州職差相近漢郡守秩二千石置丞尉別駕長史侯國則以內史相治民實爲守土專官故州牧刺史迭有變更而郡守之職由漢迄六朝不改自南北分裂置郡曰多州之所統無以大異於郡隋唐之世或去郡或去州蓋亦因時制宜之法然欲去郡而郡卒不可得而去欲去州而總管府採訪使之設則仍州制也於是州名始降而與郡無異矣若夫京都稱府始於唐代每府置尹及少尹以治之諸郡不得儕焉宋代又以潛藩建節之地皆升爲府元明因之置府浸廣而天下諸郡盡以府名郡守則盡以知府名然知府之稱實起於宋之以京朝官出莅府事因其猶帶本銜故曰以某官知某府耳若不由京朝官出者曰守曰尹原不相混元代散府尚存府尹之目至明而一槪皆

稱爲知府無所區別矣直隸州知州之設不見於古時惟後漢屬國都尉以縣之離郡遠者置之稍有屬縣與郡守分土而治略見權輿隋唐罷郡之後州無不直隸者雖名爲州其實郡也渤海國大氏規倣唐制於隸府諸州之外有獨奏州之稱於是州始異於郡而惟獨奏州則可以視郡至明代諸府之外領縣而視府差小者以直隸州稱之若府州僚佐列代相仍名制少異而大率相近恭惟我

國家體國經野設官分職各直省並設各府各直隸州以爲牧民之統率其同知州同以下分猷佐理規制精詳洵非前代之所得比擬而沿革所因得失尚可攷見謹序其崖略列於左方

三代

周禮天官大宰以九兩繫邦國之民一曰牧以地得民二曰長以貴得民三曰師以賢得民四曰儒以道得民六曰主以利得民七曰吏以治得民

〔鄭康成注〕長諸侯也一邦之貴民所仰也師諸侯師氏儒諸侯保氏主謂公卿大夫吏小吏在鄉邑者賈公彥疏此一經皆據諸侯

謹案周禮大宰九兩之法專指侯國言之其所謂牧如今之督撫監司曰長則府州縣之職曰師曰儒則猶各府州縣之有教授學正教諭訓導也曰主曰吏亦如府縣之僚佐及六房科吏也

〔周禮地官〕鄉大夫每鄉卿一人各掌其鄉之政教禁令以歲時登其夫家之衆寡辨其可任者以歲時入其書以鄉射之禮五物詢衆庶使民興賢出使長之使民興能入使治之遂大夫每遂中大夫一人各掌其遂之政令以歲時稽其夫家之衆寡六畜田野辨其可任者與其可施舍者以教稼穡以稽功事掌其政令戒禁聽其治訟令爲邑者歲終則會政致事

謹案周制畿外爲諸侯列服之地其官不詳於周禮畿內之治地者則分六鄉六遂領鄉者爲卿自鄉大夫以下則有州長黨正族師閭胥比長領遂者爲中大夫自遂大夫以下則有縣正鄙師酇長里宰鄰長大小相維皆所以分地而治民也以今制攷之六鄉切近王居其有州有黨亦如順天府之有各屬州縣六遂在二百里外其有縣有鄙亦如直

隷省之有府州縣則鄉遂大夫並如今各府各直隷州之知府知州而遂大夫所掌政令戒禁聽其治訟令爲邑者歲終致事與今知府之職尤爲相近也畿內之治地者既如此其畿外統於諸侯亦復有三郊三遂之制立官之法亦必有與王畿相同者特典籍不備不可歷數耳鄉遂出軍與今八旗之制最合今已別繫之八旗都統篇而復著鄉遂大夫於此表以明治地之官之所自始云

秦

（杜佑通典）郡守秦官秦滅諸侯以其地爲郡置守丞尉各一人守治民丞佐之尉典兵

（鄭樵通志）秦置郡丞其郡當邊戍者丞爲長史掌兵馬又秦官有郡尉掌佐守典武職甲卒

謹案秦罷諸侯分置郡縣爲後世府州縣之所自始然郡之爲名實不始于秦時孜釋名云郡聚也人所羣聚也說文云周制天子地方千里

分爲四縣縣有四郡（周書作雒篇千里百縣縣有四郡）郡小縣大故春秋傳曰上大夫受縣下大夫受郡秦幷天下置三十六郡以監天下之縣則郡大縣小秦紀魏納上郡十五縣是也是則自古卽有列郡之名特秦改置之在諸縣之上而魏納上郡又在秦未置郡之前蓋秦亦第因列國遷移之舊而爲之制耳史記秦本紀惠王十三年置漢中郡此爲秦置郡之始其後分爲三十六郡而史記漢書所紀又有楚郡郯郡東陽河閒等郡蓋天下既定制爲三十六郡而其初暫置及後所增設當亦不爲定制也守丞以下諸官則自漢以來多相承不改云

漢

（漢書百官公卿表）諸侯王內史治國民中尉掌武職成帝綏和元年省內史更令相治民如郡太守○郡守掌治其郡秩二千石有丞邊郡又有長史掌兵馬秩皆六百石景帝中元二年更名太守

（漢書高帝本紀）懷王以沛公爲碭郡長（韋昭注）秦名曰守漢初改曰

長

（晉書地理志）漢祖分內史爲三部更置郡國二十有三文增厥九景加其四武帝開越攘胡初置十七拓土分疆又增十四昭帝又增其一至平帝元始二年凡新置郡國七十有一與秦四十合一百一十有一

（馬端臨文獻通攷）漢景帝中元二年更名郡守爲太守凡在郡國皆掌治民進賢勸功決訟檢姦常以春行所主縣秋冬遣無害吏案訊諸囚平其罪法論課殿最（按律有無害都吏如今言公平吏漢書蕭何以文無害爲沛主吏掾）歲舉孝廉漢制歲盡遣上計掾史各一人條上郡內衆事謂之計偕簿郡爲諸侯王國者置內史以掌太守之任宣帝以爲太守吏民之本數變易則下不安民知其將久不可欺罔乃服從其教化每拜刺史守相輒親見問觀其所繇退而攷察以質其言常稱曰與我共治者惟良二千石乎是以漢世良吏於是爲盛稱中興焉

謹案漢因秦制置郡守以秦郡過大漸爲分析其諸侯所封則謂之國

國以內史治民其後以相治民是內史與相亦郡守之職也然漢分郡雖衆而郡地之大者亦數千里宋馬永卿云漢時郡極大卽以會稽郡攷之吳卽蘇州也烏傷卽婺州也毘陵卽常州也山陰卽越州也由拳古之檇李卽秀州也太末衢州也烏程湖州也餘杭杭州也鄞明州也以此攷之卽今浙東西之地乃漢一郡耳蓋因時制宜以戶口之多寡爲郡地之大小初不以里數計也漢初有郡長之名其後爲郡守後又改爲太守其義則一而已

〔通典〕元帝建昭二年益三河大郡太守秩凡戶十二萬爲大郡

謹案明制以糧石分天下知府爲三等有上府中府下府之稱卽本此意

〔通典〕兩漢有功曹史主選署功勞有倉曹史掌倉庫有決曹賊曹掾主刑法有督郵掌監屬縣有東西南北中部謂之五部督郵故督郵功曹之極位

謹案西漢郡佐漢書所載者曰丞曰長史而已通典備敘羣職足以補漢史之缺故並著於篇

（後漢書百官志）郡國凡九十八其二十七王國相其七十一郡太守其屬國都尉屬國分郡離遠縣置之如郡差小置本郡名世祖幷省郡縣四百餘所後世稍復增之每郡置太守一人二千石丞一人郡當邊戍者丞爲長史王國之相亦如之每屬國置都尉一人比二千石丞一人

（中華古今注）建武六年三月令郡太守諸侯相病丞長史行事十四年罷邊郡太守丞長史領丞職

三國

（通志）三國時有郡守國相內史又魏置中正

（宋書百官志）漢末及三國多以諸部都尉爲郡

謹案三國郡制並如漢代惟郡都尉既併省於後漢而三國則仍置之既以主兵亦與郡守分土而治而諸部都尉遂與郡不異然見於漢書

表志者秦之都尉典武職甲卒漢之都尉典兵禁備盜賊譏出入而邊
郡置農都尉主屯田殖穀又置屬國都尉主蠻夷降者覈其職掌究以
主兵爲重而兼及守土其制實於明之各都司及今城守尉等官相近
故宋百官志雖有漢末及三國多以諸部都尉爲郡之文而無取旁引
焉

晉

〔晉書職官志〕郡皆置太守諸王國以內史掌太守之任又置主簿主記室門下賊曹議生門下史記室史錄事史書佐循行幹小史五官掾功曹史功曹書佐循行小史五官掾等員

〔文獻通攷〕晉郡守皆加將軍無者爲恥

謹案晉以太守治郡以內史治諸王國制與漢同惟郡佐諸官視漢加倍晉史職官志所載是也郡守皆加將軍則合軍民而兼治之與漢制不同蓋漢刺史郡守皆專治民後漢末始兼理兵事晉所承者皆後漢

末季之制也

宋齊梁陳

〔文獻通攷〕晉宋守相內史並銀章青綬進賢兩梁冠

〔宋書百官志〕宋太祖元嘉四年復置郡官屬略如公府無東西曹有功曹史主選舉五官掾主諸曹事部縣有都郵門亭長又有主記史催督期會漢制也今略如之諸郡各有舊俗諸曹名號往往不同太守二千石丞六百石

〔南齊書百官志〕郡太守內史郡縣爲國者置內史相

〔隋書百官志〕梁郡置太守置丞國曰內史郡丞三萬戶以上置佐一人郡縣置吏各準州法以大小而制員○陳承梁皆循其制官會稽太守品第五加督進在第四品加都督進在第三品諸郡若督若都督皆以此差次爲例萬戶以上太史內史相品第六不滿萬戶太守內史相品第七

謹案晉太守皆加將軍梁陳太守則加督加都督一如刺史之制蓋郡

守之權既重軍民無不兼理也自晉省郡丞宋則復置官屬與漢同制齊梁陳以下亦皆因之不改第史志闕文無可臚列謹攷見其大略如此

北魏

〔魏書官氏志〕初郡制三太守用七品者世宗班行職令上郡太守內史相第四品中郡第五品下郡第六品正始元年罷郡中正

〔通志〕後魏初郡置三太守孝文初二千石能靜二郡至三郡者遷爲刺史太和中次職令太守內史相並以六年爲限

北齊

〔隋書百官志〕北齊上上郡太守屬官有丞中正光迎功曹光迎主簿功曹主簿五官省事錄事及西曹戸曹金曹租曹兵曹集曹等掾佐太學博士助教太學生市長倉督等員合屬官佐吏二百一十二人上中郡減上上郡五人上下郡減上中郡五人中上郡減上下郡四十五人中中郡減

重而罰從輕使人知所避而遷善遠罪○士曹司士參軍掌津梁舟車舍宅百工衆藝之事啓塞必從其時役使不奪其力通山澤之利以贍貧人凡州界內有出銅鐵處官不採者聽百姓私採鑄得銅及白蠟官爲市取如欲折充課役亦聽之其四邊無問公私不得治鐵冶及採銅自餘山川數澤之利公私共之致瓌異之貨以備國用是以官無禁利人無稽市凡知山澤有異寶異木及金玉銅鐵彩色雜物處堪供國用者奏聞○參軍事掌出使○市令丞掌市廛交易禁斥非違之事下有執刀白直典獄佐使各有其職州縣之任備焉

〔通典〕唐武德元年改郡爲州改太守爲刺史加號持節後加號爲使持節諸軍事而實無節但頒銅魚符而已天寶元年加州爲郡刺史爲太守自是州郡史守更相爲名其實則一太宗初理天下重親民之任疏督守之名于屏其人善惡必書其下是以州郡無不率理逮貞觀之末升平既久羣士多慕省閣不樂外任其折衝果毅有才力者先入爲中郎將次補郡守其輕也如是武后垂拱二年詔諸州都督刺史宜准京官帶魚長安四年納言李嶠同平章事唐休璟奏曰竊以物議重內官而輕外職凡所

曹金戶兵法士等曹市令等員并佐史合一百四十六人上中郡減上上郡吏屬五人上下郡減上中郡四人中上郡減上下郡十九人中中郡減中上郡六人中下郡減中中郡五人下上郡減中下郡十九人下中郡減下上郡五人下下郡減下中郡六人開皇六年罷郡以州統縣改別駕贊務以爲長史司馬佐官以曹爲名者並改爲司煬帝卽位罷州置郡郡置太守上郡從三品中郡正四品下郡從四品罷長史司馬置贊務一人以貳之上郡正五品中郡從五品下郡正六品次置東西曹掾上郡正六品中郡從六品下郡正七品主簿司功倉戶兵法士曹等書佐各因郡之大小而爲增減改行參軍爲行書佐其後諸郡各加置通守一人位次太守又改郡贊務爲丞位在通守下縣尉爲縣正尋改正爲戶曹法曹分司以丞

〔通典〕隋郡太守如北齊九等之制至開皇三年罷天下諸郡以州統縣大業三年又改州爲郡郡置太守本志宋齊以降天下分裂州郡漸衆及隋開皇初有州三百一十郡五百八以官煩人弊遂廢郡使以州親人則刺史如太守之職自後雖官名屢改而職事不易

謹案隋開皇罷天下諸郡以州統縣以刺史爲太守蓋因當時刺史之職別有行臺總管府以統理之而州郡紛煩其大小又適相等故舉諸郡而並廢之其後煬帝旋罷州置郡則刺史太守遂爲郡守互名而漢刺史之職遂無復有存焉者至郡佐史之稱改易不一其於職掌則無異也

唐

〔唐六典〕上州刺史一人從三品下別駕一人從四品下長史一人從五品上司馬一人從五品下錄事參軍事一人從七品上錄事二人從九品上史三人司功參軍事一人從七品下司倉參軍事一人從七品下佐三人史六人司戶參軍事二人從七品下佐三人史七人帳史一人司兵參軍事一人從七品下佐三人史六人司法參軍事二人從七品下佐四人史八人司士參軍事一人從七品下佐四人史六人參軍事四人執刀十五人典獄十四人問事八人白直二十人市令一人從九品上丞一人佐

一人史三人倉督二人史四人中州刺史一人正四品上別駕一人正五品下長史一人正六品上司馬一人正六品下錄事參軍事一人正八品上錄事一人從九品下史二人司功參軍事一人正八品下佐二人史四人司倉參軍事一人正八品下佐二人史四人司戶參軍事一人正八品下佐三人史五人帳史一人司兵參軍事一人正八品下佐三人史四人司法參軍事一人正八品下兼掌司士事佐三人史六人參軍事三人正九品下執刀十人典獄十二人問事六人白直十六人市令一人丞一人佐二人史二人帥二人倉督二人史三人下州刺史一人正四品下別駕一人從五品上司馬一人從六品上錄事參軍事一人從八品上錄事一人從九品下史二人司曹參軍事一人從八品下兼掌司功事佐二人史四人司戶參軍事一人從八品下兼掌司兵事佐三人史五人帳史一人司法參軍事一人從八品上兼掌司士事佐二人史四人參軍事二人從九品下執刀十人典獄八人問事四人白直十六人市令一人佐一人史一人帥二人倉督一

中上郡五人中下郡減中中郡五人下上郡減中下郡四十人下中郡減

下上郡二人下下郡減下中郡二人

〈文獻通攷〉北齊制郡爲上中下三等每等又有上中下之差自上上郡

至下下郡凡九等又北齊上郡太守屬官合三百一十人以下郡遞減之

又北齊諸州有功曹參軍又司倉參軍司戸參軍司兵參軍司士參軍北

齊以下並同功曹

謹案北齊郡官之制隋書及通攷互有不同今並存之以備參考

後周

〈周書盧辯傳〉戸一萬五千以上郡守七命戸一萬以上正七命戸五千

以上六命戸一千以上正五命戸不滿千以下五命七命郡丞四命正六

命郡丞正三命六命郡丞三命正五命郡丞正二命五命郡丞二命

隋

〈隋書百官志〉郡置太守丞尉正光初功曹光初主簿縣正功曹主簿西

充取縣官率一半已上不充取前資官其上佐錄事參軍縣令不得充使出境凡州縣及鎮倉督縣博士助教中下州市令及縣市令獄瀆祝史並州選各四周而代州鎮倉督州縣市令取勳官五品已上及職資九品者若無通取勳官六品已下倉督取家世重大者爲之州市令不得用本市內人縣市令不得用當縣人博士助教部內無者得於旁州通取縣錄事通取部內勳官五品已上若無堪任者幷佐史通取六品已下子及白丁充之○倉曹司倉參軍掌公廨度量庖廚倉庫租賦徵收田園市肆之事每歲據青苗徵稅畝別二升以爲義倉以備凶年將爲賑貸先申尚書待報然後分給又歲豐則出錢加時價而糴之不熟則出粟減時價而糶之謂之常平倉常與正義倉帳具本利申尚書省戶曹司戶參軍掌戶籍計帳道路逆旅田疇六畜過取蠲符之事而剖斷人之訴競凡男女婚姻之合必辨其族姓以舉其違凡井田利害之宜必止其爭訟以從其順凡官人不得于部內請射田地及造碾磑與人爭利兵曹司兵參軍掌武官選舉兵甲器仗門戶管鑰烽候傳驛之事○法曹司法參軍掌律令格式鞫獄定刑督捕盜賊糺逖姦非之事以究其情僞而制其文法赦從

人史二人○都督刺史掌宣布德化撫和齊人勸課農桑教諭五教每歲
一巡屬縣觀風俗問百姓錄囚徒恤鰥寡閱丁口務知百姓之疾苦內有
篤學異能聞於鄉閭者舉而進之有不孝悖悖禮亂常不率法令者糺而
繩之其吏在官公廉正己清直守節者必察之其貪穢謟諛求名徇私者
亦謹而察之皆附於攷課以爲褒貶若善惡殊尤者隨即奏聞若獄訟之
枉疑甲兵之徵遣興造之便宜符瑞之尤異亦以上聞其常則申於尚書
省而已若孝子順孫義夫節婦志行聞於鄉閭者亦隨實申奏表其門閭
若精誠感通則加優賞其孝悌力田者攷使集日具以名聞其所部有須
改更得以便宜從事若親王典州及邊郡都督刺史不可離州局者應巡
屬縣皆委上佐行焉○別駕長史司馬掌貳府州之事以紀綱衆務通判
列曹歲終則入奏記○司錄錄事參軍掌付事句稽省署抄目糺正非違
監守符印若列曹事有異同得以奏聞功曹司功參軍掌官吏攷課假使
選舉祭祀嘉祥道佛學校表疏書啓醫藥陳設之事凡差使先差州官不

出守多因貶累非所以澄風俗安萬民臣請擇材于臺閣省寺之中分典大州共康庶政臣等請輟近侍率先具寮太后乃令書名探之中者當行于是鳳閣侍郎韋嗣立御史大夫楊再思二十人中之皆以本官檢校刺史後二十人中政績可稱者獨常州刺史薛光謙徐州刺史司馬鍾二人而已當時復有爲員外刺史者不領州務開元中定天下州府自京都都督及都護府之外以近畿之州同華岐蒲爲四輔鄭陝汴絳懷魏爲六雄宋亳滑許汝晉洛虢衞相十州爲十望又有十緊州後入緊者甚多不復具列及有上中下之差都督刺史品卑者借緋魚按武德令三萬戶以上爲上州永徽令二萬戶以上爲上州開元十八年三月勅太平時久戶口日盛宜以四萬戶以上爲上州二萬五千戶爲中州不滿二萬戶爲下州亦有不滿戶口以別勅爲上州者天寶中通計天下凡上州一百九州中州二十九州下州一百八十九州總三百二十七州是也自至德之後州縣凋弊刺史之任大爲精選諸州始各有兵鎮者刺史皆加團練使故其

所責任重矣

謹案唐自武德承隋代之制改郡爲州凡天下之爲郡守者皆以刺史名之天寶初加州爲郡而刺史仍爲太守自此以後刺史太守不常厥稱其以郡著者則稱太守以州著者則稱刺史名殊而實則一耳攷舊唐書地理志所載諸縣以上皆稱爲州蓋據武德初年之制而新唐書地理志則併而稱之曰某州某郡其無郡名者皆注郡缺二字於其下蓋據開元元年之制要其以之領縣而上屬於諸道採訪使則無異也又攷二志所載州郡而外有都有府有都督府都護府及節度使觀察使團練使諸稱其曰都者東都西都北都以京邑所在而言之也其曰府者舊書則曰京兆河南太原新書則曰鳳翔成都河中江陵興元興德以京邑首府故從而尊稱之其散州郡則未有以府稱者然卽此爲後世以府稱郡之所由始至於都督節度等稱又以府使所治因以著其地域猶今之稱某布政司也唐自京邑稱府而諸州名目又各爲列

郡總號則如今之各府各直隸州固盡在列郡之中無他區別不容執其所稱爲州者而即擬之以直隸州之名惟攷渤海大氏建國之制有十五府以統領諸州其府如今之各府其州如今之各縣而別有郢銅涑三獨奏州不隸於府而直達於其京國則獨奏州者實直隸州之所由昉歟自漢以州刺史領郡縣至隋而易爲總管府至唐而改爲諸道採訪使自是而州與郡同塗既而郡名漸易爲府而州又漸爲諸府之屬惟不屬於府者始有直隸之稱其沿革相仍總由唐代而漸變也

五季

〔文獻通攷〕五代仍刺史之號

〔五代會要〕後唐長興三年四月中書門下奏案十道圖以關內道爲上遂以鳳翔爲首河中成都江陵興元爲次中興初升魏州爲興唐府鎮州爲真定府皆是創業興王之地請升二府於五府之上合爲七府仍以興唐爲首真定鳳翔河中成都江陵興元爲次從之

謹案唐以藩鎭創業之地升郡爲府五代因之而與唐真定二府復爲後唐之特設蓋以與王之區特異其制將以殊別於諸郡耳郡曰守府曰尹體制雖殊職掌則一也

宋

〔文獻通攷〕宋太祖革五季之患分命朝臣出守列郡號權知軍州事軍謂兵州謂民政焉其後文武官參爲知州軍事二品以上及帶中書樞密院宣徽使職事稱判太守掌總理郡政宣布條教導民以善而糾其姦慝歲時勸課農桑旌別孝悌其賦役錢穀獄訟之事兵民之政皆總焉凡法令條制悉意奉行以率所屬有赦宥則以時宣讀而頒告於治境舉行祀典察郡吏德義材能而保任之若疲軟不任事或姦貪冒法則案劾以聞遇水旱以法賑濟安集流亡無使失所若河南應天大名府則兼留守司公事太原府延安府慶州渭州熙州秦州則兼經略安撫使馬步軍都總管定州真定府瀛州大名府京兆府則兼安撫使馬步軍都總管瀘州潭

州廣州桂州雄州則兼安撫使兵馬鈐轄潁昌府青州鄆州許州鄧州則兼安撫使兵馬巡檢其餘大蕃府或沿邊州郡或當一道衝要者並兼兵馬鈐轄巡檢都監或帶沿邊安撫提轄兵甲沿邊溪峒都巡檢餘州軍則否其屬官有無及員數多寡皆視其地望之高下與職務之繁簡而置之

建炎元年詔河北京東西路除帥臣外舊差文臣知州去處許通差武臣一次後詔要郡帶本路兵馬鈐轄次要郡帶本路兵馬都監紹興三年罷元年七月詔要郡文臣帶本路兵馬鈐轄武臣副之次要郡文臣帶本路兵馬都監武臣副之令逐州改正稱呼至紹興三年臣僚言既與異時沿邊事體不同又於今日諸州統制無補徒著名位以成虛文詔並罷之五年令郡守除授罷並令上殿凡從官出知郡者特許不避本貫詔應守臣以三年爲任六年詔控扼去處守臣並以三年爲任九年罷

（宋史職官志）次府牧尹少尹司錄戶曹法曹士曹司理文學助教牧尹以下所掌並同開封○尹闕則知府事一人以朝官及刺史以上或諸司使充通判一人以京朝官充乾德初諸州置通判統治軍州之政事得專

達與長史均禮大藩或置兩員戶少事簡有不置者正刺史以上州知州雖小亦特置

謹案隋以前未有府之名其以京郡名府者自唐始五代復因而增之至宋則潛藩之地皆升爲府而府之名遂衆南北朝以前未有以州稱郡者改郡爲州自隋唐始其後州郡迭稱至宋而有有郡之州有無郡之州而州之名遂判於郡自古未有以軍及監名其地自唐中葉藩鎮自專各立軍號至宋而遂有軍監之目古者州郡之長皆稱曰牧守刺史其以知府知州知軍監稱者實自宋始其初分命朝臣出守列郡謂之權知軍州事開封諸府牧尹不常置置權知府事蓋非其本任特假朝官以知其事而已其後以文武官參爲知州軍事二品以上則稱判某府州軍監而諸府皆置知府事州軍監亦如之自此以後刺史特以爲虛階而郡守之稱皆曰知府州牧之稱皆曰知州矣攷宋代之所謂知州者皆以州領縣無有爲郡所屬之散州而府名雖衆要以爲尊崇

之特稱則其所謂府尹所謂知州乃正今之知府也但州分上中下之差或以縣升州或以州改縣而軍監之設多與下州相等則今之直隸州未嘗不統括於諸州之中特未有以殊其名耳

（文獻通攷）宋藝祖懲五代藩鎮之弊乾德初下湖南始置諸州通判命刑部郎中賈玭等充建隆四年詔知府公事並須長史通判簽議連書方許行下時大郡置兩員西京南京天雄成德益杭幷晉荊南潭廣秦定等州餘置一員州不及萬戶不置廣南小州有試秩充通判兼知州者正刺史以上及諸司使副知州者雖小郡亦特置天聖三年中書門下言新授虢州團練使田敏知隰州自來防團刺史赴本任及知州無同判處權置同判候差朝官及內職知州即行省罷掌倅貳郡政與長史均禮凡兵民錢穀戶口賦役獄訟聽斷之事可否裁決與守通簽所部官有善否及職事修廢得刺舉以聞至景德閒宋興三十四年戶口寖息解州以滿萬戶置通判自是諸郡多滿萬戶矣宣和二年詔諸州茶鹽香礬並委通判建炎初諸州通判二員減一員紹興五年以後旋行申請添置帥府通判並以兩員爲額

謹案洪邁容齋隨筆淳化中趙安易官宗正少卿已知州就徙定州通判羅延吉既知彭祁絳三州而除通判廣州滕中正知興元府而通判河南袁郭知楚鄆二州而通判房州范正辭既知戎淄二州而通判棣深又陳若拙歷知單州殿中侍御史西川轉運使召歸會李至守洛乃表爲通判久之柴禹錫鎮涇州復表爲通判連下遷而皆非貶降此皆宋初權宜位置無例可拘後則不復有也又通攷云宋祖設通判以儒臣臨制之號稱監州官雖郡佐而其人閎有出於朝廷之特命不以官資之崇卑論者其與後來之汎汎以半刺稱者不侔矣據此以見通判一官後之所謂閑職者其在宋時則爲州郡最要之任蓋因削藩鎮而重知州之權因重軍州而嚴通判之選其事勢有相因者也

〔文獻通攷〕宋沿唐制州有錄事參軍然不盡置也諸府爲司錄諸州爲錄事乾興元年丁度申請諸州始各置錄事參軍慶曆二年河西河東陝西諸州權令京官知錄事參軍熙寧三年詔繁難去處錄事參軍並差職

官知縣及奏舉縣令人充政和三年尚書省言州建六曹參軍參軍之稱起於行軍之際恐不當襲錄事參軍欲改爲司錄奉吉參軍改爲掾建炎初復舊名錄事掌州縣庶務糾諸曹稽違乾道中汪大猷申請依司理例不兼他職從之

遼

〔遼史百官志〕南面大蕃府官黃龍府知黃龍府事興宗重熙十三年見知黃龍府事耶律烏魯斯（蒙古語國也原作甌里斯今改正）同知黃龍府事黃龍府判官興中府知興中府事咸雍元年知興中府事楊績同知興中府事興中府判官南面方州官某州刺史某州同知州事耶律圖丹（唐古特語全力也原作獨攧今改正）重熙中同知金肅軍事某州錄事參軍世宗天祿五年詔州錄事參軍委政事省差注

謹案遼五京列峙悉爲畿甸其方州諸官有府有州而知州亦稱刺史至刺史外尚設有團練防禦等使其職守所在止於一州比於今之直

隸州知州蓋相近矣

金

（金史百官志）諸刺史州刺史一員正五品掌同府尹兼治州事同知一員正七品通判州事判官一員從八品簽判州事專掌通檢推排簿籍司軍從九品知法一員軍轄兼巡捕使從九品司吏女直韓慶信灤薊通登復溜貴德涿利建州來遠軍各三人餘各二人抄事一人公使上州五十中四十五下四十惟來遠軍同下州省同知凡諸州以上知印並於孔目官內輪差運司押司官並同無孔目官以上各司吏充司縣同此諸防刺州司候司司候一員正九品司判一員從九品司吏公使七人然亦驗戶口置諸司獄司司獄一員正九品提控獄囚司吏一人公使二人典獄二人防守獄囚門禁啓閉之事獄子防守罪囚者諸倉使正八品副使正九品掌倉廩畜積受納租稅支給祿廩之事攢典掌收支文曆行署案牘歲收一萬石以上設二人倉子掌斛㪷盤量出納看守之事

元

（元史百官志）總管府司獄司司獄一員丞一員府倉大使一員副使一員稅務提領一員大使副使各一員錄事司秩正八品凡路府所治置一

司以掌城中戶民之事中統二年詔驗民戶定爲員數二千戶以上設錄
事司候判官各一員二千戶以下省判官不置至元二十年置達嚕噶齊
一員省司候以判官兼捕盜之事典史一員若城市民少則不置解見戶部篇
司歸之倚郭縣在兩京則爲警巡院獨杭州置四司後省爲左右兩司○
散府秩正四品達嚕噶齊一員知府或府尹一員領勸農與魯與路同同
知一員判官一員推官一員知事一員提控案牘一員所在有隸諸路及
宣慰司行省者有直隸省部者有統州縣者有不通縣者其制各有差等
○諸州中統五年併立州縣未有差等至元三年定一萬五千戶之上者
爲上州六千戶之上者爲中州六千戶之下者爲下州江南既平二十年
又定其地五萬戶之上者爲上州三萬戶之上者爲中州不及三萬戶者
爲下州於是陞縣爲州者四十有四縣戶雖多附路府者不改上州達嚕
噶齊州尹秩從四品同知秩正六品判官秩正七品中州達嚕噶齊知州
並正五品同知從六品判官正八品兼捕盜之事參佐官上州知事提控

案牘各一員中州吏目提控案牘各一員下州吏目一員或二員
謹案元制總管府之下有錄事司如今各直省之首府有散府與今各
府相近而所隸各異其隸各路行省者制與今同其直隸省部者則不
與今同也元諸州亦有領縣不領縣之分然地理志所載即不領縣之
州亦得與諸散府並列以直達於各路惟腹裏諸路則以路領府以府
領州而州又自領縣其制與今各府所領之州又不甚相合也

明

〔明史職官志〕府知府一人正四品同知正五品通判無定員正六品推官一人
正七品其屬經歷司經歷一人正八品知事一人正九品照磨所照磨一人從九品
檢校一人司獄司司獄一人○知府掌一府之政宣風化平獄訟均賦役
以教養百姓每三歲察屬吏之賢否上下其考以達於省上吏部凡朝賀
弔祭視布政使司直隸府得專達凡詔赦例令勘劄至謹受之下所屬奉
行所屬之政皆受約束於府劑量輕重而令之大者白於撫按布按議允

乃行凡賓興科貢提調學校修明祀典之事咸掌之若籍帳軍匠驛遞馬牧盜賊倉庫河渠溝防道路之事雖有專官皆總領而稽覈之同知通判分掌清軍巡捕管糧治農水利屯田牧馬等事無常職各府所掌不同如延安延綏同知又兼牧民餘不盡載無定員邊府同知有增至六七員者推官理刑名贊計典各府推官洪武三年始設經歷照磨檢校受發上下文移磨勘六房卷宗明初改諸路爲府洪武六年分天下府三等糧二十萬石以上爲上府知府秩從三品二十萬石以下爲中府知府正四品十萬石以下爲下府知府從四品已並爲正四品七年減北方府州縣官三百八人十三年選國子學生二十四人爲府州縣官六月罷各府照磨二十七年復置自宣德三年棄交阯布政司計天下府凡一百五十有九○茶馬司大使一人正九品副使一人從九品掌市馬之事洪武中置洮州秦州河州三茶馬司設司令司丞十五年改設大使副使各一人尋罷洮州茶馬司以河州茶馬司兼領之三十年改秦州茶馬司爲西寧茶馬司又洪武中置四川永寧茶馬司後革復置雅州碉門茶馬

司又於廣西置慶遠裕民司（洪武七年置設大使一人從八品副使一人正九品）市八番溪峒之馬後亦革○稅庫司（府曰司）大使一人（從九品）典稅事凡商賈儈屠雜市皆有常征以時榷而輸其直於府凡民貿田宅必操契券請印乃得收戶則征其直百之三明初改在京官店為宣課司府州官店為通課司後改通課司為稅課司局○倉大使一人（府從九品）副使一人○批驗所大使一人副使一人掌驗茶鹽引○又直隸州知州一人（從五品）同知（從六品）判官無定員（從七品里不及三十而無屬縣裁同知判官有屬縣裁同知）其屬吏目一人凡州有直隸州視府而品秩則同同知判官俱視其州事之繁簡以供厥職

謹案知府直隸州知州之職至明代為始定其僚佐首領各因事之繁簡而置員所以總領各州縣之政治以聽於兩司及督撫實為方面要職歷稽往代郡國之政績兩漢循吏多見稱於史傳其時郡守之職重監司之秩輕為二千石者得以便宜展布而璽書慰勞增秩賜金其優異者或入為公卿所以獎厲之者甚至此治郡之所以多著聞也魏晉

以後郡守多帶將軍持節不專以化導齊民爲職而州牧刺史都督之權益重故郡職多不克以自効唐初重親民之官書名屏風記其善惡而郡政無不就理其後內職重外任輕凡在郡守多以京僚貶黜者爲之後此更用武人大都不諳治理州郡失職而藩鎮得以專恣矣宋代用朝臣知府州軍監以削黜列鎮之權其出知州軍者多有名臣重望著效卓然爲一代偉績而其後文武兼差兵馬鈐轄安撫提轄諸職率兼領之則亦未遑專心於民政也明初甚重府州之治天下州縣官廉能正直者必遣行人齎敕勞賜以示勸勵迨中葉以後督撫巡按藩臬指揮之臨其上者既不免於朘剝之日繁而銓選率由資格庸懦無能者轉視爲持祿養拙之藪而良二千石之風遂不可復問矣我

朝澄清吏治首重親民之任以府州爲諸縣統率尤隆其選視缺之繁簡

劇易或請

旨除授或由督撫奏調或由部銓選內則由部員簡放外則由州縣著績最

優者

記名擢用條格極其周備諸府授任之初得蒙

召對訓示周詳俾守土者得以稟承而宣布之又

特命書名殿扆以時省覽而察其殿最所以淬厲之者靡所不至是以吏績

官方遠軼前古夫豈漢唐之所得幾及萬一哉

欽定歷代職官表卷五十三

欽定歷代職官表卷五十四

知州知縣等官表

	知州	州同
三代	州長	
秦		
漢		
後漢		
三國		
晉		
宋齊梁陳		
北魏		
北齊		
後周		
隋		
唐		
五季		
宋	知州	
遼		
金	州刺史	州同知
元	達嚕噶齊 州尹	州同知
明	知州	州同知

州通判	州吏目	各州巡檢	各州驛丞	庫大使	稅大使
別駕					
州判官		巡檢			
州判官		巡檢			
州判官	吏目	巡檢	驛丞	庫大使	稅大使

知縣	縣丞	主簿	典史
縣正 邑宰			
令長	丞		
令長 相	丞	主簿	尉
令長 相	丞	諸曹	尉
令長 相			
令長 相		主簿	尉
令長 相	丞		尉
令長 相			
令長 相			
令長 相			
	丞	主簿 錄事	
縣令	丞	主簿	尉 典獄
縣令	丞	主簿	尉
知縣 縣令	丞	主簿	尉
縣令	丞	主簿	尉
縣令	丞	主簿	尉
達嚕噶齊 縣尹	丞	主簿	尉 典史
知縣	丞	主簿	典史

巡檢	驛丞	稅課大使	河泊所大使
		工官	水官
巡檢			
巡檢			
巡檢	驛丞	稅課大使	河泊所大使

知州知縣等官

國朝官制

知州從五品　順天府五人奉天府四人直隸十二人江蘇安徽湖南各三人山東九人山西陝西各五人河南六人甘肅湖北廣東各七人浙江江西各一人廣西二十六人四川十一人雲南二十七人貴州十四人

掌一州之政治以縣之地大而事繁者升而置之所統轄一如縣制

國初每州置知州一人嗣後隨地制宜或由特設或由縣升或以屬州升爲直隸州其員亦因時而增減焉

州同從六品　順天府一人江蘇安徽各三人山東六人河南甘肅江西湖南四川雲南各一人陝西貴州各二人湖北四人廣西十人州判從七品　順天府三人直隸七人江蘇甘肅湖南四川各二人山東河南廣西各五人陝西浙江江西各一人湖北廣東雲南各四人貴州三人州吏目從九品　順天府五人奉天府四人直隸十三人江蘇安徽湖南各三人山東九人山西陝西各五人河南六人甘

肅七人浙江江西各一人湖北廣東各七人廣西二十一人四川十一人雲南二十七人貴州十四人各州巡檢從九品順天府一人奉天府一人直隸四川各五人江蘇廣西雲南各七人安徽六人山東四人山西江西各三人河南浙江各一人湖北廣東各十三人湖南貴州各三人各州驛丞未入流順天府一人河南陝西貴州各一人四川一人各州庫大使未入流順天府一人各州閘官未入流順天府一人江蘇二人山東三人

州同州判分掌各州糧馬巡捕之事吏目掌輔理各州之刑禁巡檢以下各因所屬分地而掌其職事

國初每州置州同州判各官因事之繁簡無定員惟吏目每州一人嗣後因時裁設凡縣之升爲州者並置各屬員如今制焉

各縣知縣正七品順天府十九人奉天府八人直隸一百五人江蘇六十二人安徽五十人山東九十五人山西八十八人河南九十四人陝西七十三人甘肅五十二人浙江七十六人福建六十二人江西七十五人湖北六十人湖南六

十四人廣東八十一人廣西四十九人四川一百十一人雲南三十九人貴州三十四人

掌一縣之政令平賦役聽治訟興教化厲風俗凡養老祀神貢士讀法皆躬親厥職而勤理之

國初每縣置知縣一人嗣後因地增設或屬於府或屬於直隸州繁要則升爲州其州之簡者亦改爲縣各因時裁置而定其員額焉

各縣縣丞正八品 順天府三人直隸十八人江蘇五十九人安徽十七人山東三十五人山西五人河南三十三人陝西十五人甘肅廣西各六人浙江四十六人福建二十九人江西五十五人湖北二十二人湖南十三人廣東二十人四川二十一人雲南四人貴州七人各縣主簿正九品 順天府二人直隸五人江蘇三十七人安徽陝西甘肅各三人山東河南各十三人山西福建湖北湖南廣東廣西各一人浙江十一人江西二人各縣巡檢從九品 順天府四人奉天府三人直隸四十一人江蘇八十五人安徽五十三人山東二十人山西三十三人

河南十五人陝西十三人甘肅七人浙江四十人福建六十六人江西八十八人湖北六十八人湖南六十五人廣東一百二十九人廣西六十人四川九十五人雲南十六人貴州四人典史（未入流）順天府十五人各直省員數與知縣同各縣驛丞（未入流）順天府一人直隸九人山西河南陝西各六人甘肅江西二人四川一人浙江四人各縣閘官（未入流）江蘇十一人山東十四人各縣稅課大使（未入流）江蘇二人浙江三人各縣河泊所官（未入流）廣東二人

縣丞主簿分掌糧馬征稅戶籍巡捕之事以佐其縣典史掌監察獄囚如無丞簿則兼領之巡檢掌緝捕盜賊盤詰奸僞凡州縣關津要害並設之驛丞典郵傳迎送閘官掌瀦洩啓閉事稅課大使典商稅之事河泊所官掌收魚稅

國初每縣置縣丞各官因事多寡無定員惟典史每縣一人嗣後因時裁設并因各縣之升改分併而定其員額焉

謹案今之州縣三代爲州長邑宰秦漢以來爲令長其職重矣稽厥稱名之始惟諸州之制於古無聞唐虞之十二州夏周之九州漢以後之州刺史皆以州統國與郡與今之州不同即隋唐之罷郡置州宋之以朝臣權知州事皆以州領縣如今之各直隸州與屬府之州亦不同惟金代始有以府統州者其州多不領縣則遂與諸縣同列元代始升縣爲州下州不及三萬戶而上縣有在三萬戶以上則直隸州與各州以漸而分明遂因之以州隸府而州與縣並稱矣溯之於古惟成周六鄉之州正與今職頗同但止在王畿百里之內蓋亦稱名之偶合耳知州之名由宋始其分職則自金元明以來故前代州牧州刺史諸稱不容混列於表也縣令之制自古不易周官之縣正春秋時之邑宰大夫旣肇其職秦漢以後大者曰令小者曰長其封爲侯國者則置相以治事州郡之名時有變革而縣則數十年未之有易也唯是知縣之名起於宋其初本非縣令而以他官知其縣事其後沿襲不改至明則自府州

縣皆以知稱要其為令長之職則一也州屬以同判稱者初制州本如
郡故雖屬下散州而仍同郡佐之名縣之丞簿尉自漢晉以來有之至
明始罷尉而置典史其餘如巡檢驛丞諸職分列於州縣之屬境者則
亦州縣之屬也我
朝監古定制環海之內悉建州縣吏職所治迥非前代可及謹歷攷自古
州縣之所由名者撮敘大略以明建置沿革之故而其詳則具著於後
云

三代

（周禮地官）州長每州中大夫一人各掌其州之教治政令之灋正月之吉各屬其州之民而讀灋以攷其德行道藝而勸之以糾其過惡而戒之若以歲時祭祀州社則屬其民而讀灋亦如之春秋以禮會民而射於州序凡州之大祭祀大喪皆涖其事若國作民而師田行役之事則帥而致之掌其戒令與其賞罰歲終則會其州之政令正歲則讀教灋如初三年

大比則大攷州里以贊鄉大夫廢興

謹案今州縣之地皆三代侯國而其長吏實爲邑宰之職其列國郡侯牧長師儒與夫分地五百里至一百里之制已見知府篇玆不具述惟成周州長爲六鄉之吏上有鄉師鄉大夫下有黨正族師閭胥比長所謂五黨爲州五州爲鄉也州爲鄉之屬別而州長以下亦皆舉里中之賢者而出使長之與今之知州頗不相類第三代與賢之典其入官者半出鄉舉里選故士之有才守者皆得効職顯能於本土郎兩漢三互法行而二千石長吏尙皆自辟曹掾多取諸管屬之賢亦猶周家之遺意也州長在王畿百里之內爲治地親民之官是固今日知州之所自始矣至於虞有十二州牧夏周有九州牧則皆總領諸侯之國與今督撫相類後世州牧雖仍其名而迥非其職故不復次列云

(周禮地官)縣正每縣下大夫一人各掌其縣之政令徵比以頒田里以分職事掌其治訟趨其稼事而賞罰之若將用野民師田行役移執事則

帥而至治其政令旣役則稽功會事而誅賞

謹案縣正爲六遂之官猶鄉之州長如作民而師田行役掌其政令與其賞罰職守皆同至月吉與春秋社祭之讀法攷行及春秋州序之禮射爲縣正所無當亦詳略互見其爲治地之官則均也周制諸侯之國各有治都治邑之宰而侯國之小者僅如今之一縣唯畿內不以分國而鄉遂大夫所涖之屬皆有爲邑之名在邦甸則謂之公邑在家稍則謂之家邑在都則謂之都邑是固今曰縣令之所從始也至縣師主士地人民之數以徵野之賦貢則爲王朝統領之官與分地者不同縣士掌野之戒令獄訟則專以治獄爲主合之而縣令之職始備矣鄭司農謂四百里曰縣者蓋以甸稍縣都遞而析之謂縣在王畿四百里之內非謂一縣輒有地四百里也周禮小司徒四甸爲縣遂人五鄙爲縣而左氏春秋外傳又有三鄉爲縣之文蓋周時縣制略見於此左氏宣十一年傳楚子入陳因縣陳申叔時諫乃復封陳鄉取一人焉以歸謂之

夏州是則後日州縣之多皆因時增置是又秦制郡縣之所由始也又周官有修閭氏候人倉人澤虞等官蓋卽後世巡檢驛丞倉庫大使河泊所諸官之託始惟成周時諸官隸屬六卿不盡領於州縣故不復詳著云

（杜佑通典）春秋時列國相滅多以其地爲縣則縣大而郡小故傳云上大夫受縣下大夫受郡（周書作雒篇曰千里百縣縣有四郡）總邑之長曰宰曰尹曰公曰大夫（晉謂之大夫魯衛謂之宰楚謂之公尹）其職一也（孔子爲中都宰一年四方則之由中都宰爲司空）至於戰國則郡大而縣小矣故甘茂謂秦武王曰宜陽大縣名曰縣其實郡也

秦

（漢書地理志）秦兼幷四海不立尺土之封分天下以爲郡縣

（漢書百官公卿表）縣令長皆秦官皆有丞尉

漢

（漢書百官公卿表）縣令長掌治其縣萬戶以上爲令秩千石至六百石

減萬戶爲長秩五百石至三百石皆有丞尉秩四百石至二百石是爲長吏百石以下有斗食佐史之秩是爲小吏大率十里一亭亭有長十亭一鄉鄉有三老有秩嗇夫游徼三老掌教化嗇夫職聽訟收賦稅游徼徼循禁賊監縣大率方百里其民稠則減稀則曠鄉亭亦如之皆秦制也列侯所食縣曰國皇太后皇后公主所食曰邑有蠻夷曰道凡吏秩比六百石以上皆銅印墨綬

謹案後漢書注胡廣云秋冬歲盡各計縣戶口墾田錢穀入出盜賊多少上集簿丞尉以下歲詣郡課校其功功多尤爲最者於庭慰勞勉之以勸其後負多尤爲殿者於後曹對責以糾怠慢據此可見漢縣令以下殿最之法而其官制亦可攷見云

〔後漢書百官志〕每縣邑道大者置令一人千石其次置長四百石小者置長三百石侯國之相秩次亦如之本注曰皆掌治民顯善勸義禁姦罰惡理訟平賊恤民時務秋冬集課上計於所屬郡國丞各一人尉大縣二

人小縣一人本注曰丞署文書典知倉獄尉主盜賊凡有賊發主名不立

則推索行尋案察姦宄以起端緒各署諸曹掾史本注曰諸曹略如郡員

五官爲廷掾監鄉部春夏爲勸農掾秋冬爲制度掾

謹案應劭漢官儀曰前書百官表云萬戶以上爲令萬戶以下爲長三

邊始孝武所開縣戶數百而或爲令荆揚江南七郡惟有臨湘南昌吳

三令爾及南陽穰中土沃民稠四五萬戶而爲長桓帝時以江南陽安

爲女公主邑改號爲令主薨復其故此令長大小之殊又未可以表爲

斷也蓋表因初制綜其大概言之其因時變遷固非一定耳

（馬端臨文獻通攷）後漢凡郡縣出鹽多者置鹽官有工多者置工官主

稅物有水池及漁利多者置水官主平水收漁稅所在諸縣均差吏更給

之署吏隨事不具縣員案此爲後世稅課河泊置官之始

謹案各縣之制成周時已有之至諸侯相滅其縣漸多秦因其舊制郡

以統之漢代相因而不改惟諸州之設則唐宋以後以縣之大者升而

置之其制盡如縣而皆領於府漢代所未有也攷兩漢地理郡國志皆
以郡統縣無統州者卽如前漢益州巴郡之有江州幷州雁門郡之有
武州幽州漁陽郡之有泉州後漢益州廣漢郡之有雒州涼州漢陽郡
之有隴州北地郡之有靈州似爲以州並縣之始然攷其所領則皆稱
曰縣蓋第云江州縣武州縣而不單以州名其長亦第曰令而不以牧
名也其時州刺史州牧爲分部統領之重任後世雖假承其名而漢代
則未有相假者唯縣令丞尉爲自古以來不易之官制耳

三國

謹案三國志無百官地理之志縣令佐之與廢不可攷然大略盡因漢
制攷魏志鄭渾傳太祖召爲掾遷下蔡長邵陵令據此則三國令長之
稱猶沿漢制而未嘗改也其由長而令則以縣之有小大故增秩而迭
遷耳

晉

〔晉書職官志〕縣大者置令小者置長有主簿錄事史主記室史門下書佐幹游徼議生循行功曹史小史廷掾功曹史小史書佐幹戶曹掾史幹法曹門幹金倉賊曹掾史兵曹史吏曹史獄小史獄門亭長都亭長賊捕掾等員戶不滿三百以下職吏十八人散吏四人三百以上職吏二十八人散吏六人五百以上職吏四十人散吏八人千以上職吏五十三人散吏十二人千五百以上職吏六十八人散吏一十八人三千以上職吏八十八人散吏二十六人縣皆置方略吏四人洛陽縣置六部尉江左以後建康亦置六部尉餘大縣置二人次縣小縣各一人

〔文獻通攷〕晉制大縣令有治績官報以大郡不經宰縣不得入爲臺郎謹案晉制縣有令長與漢代不異惟縣之屬吏則增設益衆其所謂職吏散吏方略吏蓋如今之諸科房吏典以庶人在官者充之而額數衆多逾於前代矣令有治績報以大郡則如今日由簡調繁之制也

宋齊梁陳

（宋書百官志）縣令千石至六百石長五百石

（南齊書百官志）縣令相郡縣爲國者爲內史相

謹案晉宋以後令長國相皆如漢制其所謂內史者以郡之爲國而置其所謂相者以縣之爲國而置之也縣旣封爲侯伯子男之國別置相以治民其佐屬諸員與縣異稱而職守則一故齊書總以縣令相稱之也

（隋書百官志）梁制縣爲國曰相大縣爲令小縣爲長皆置丞尉郡縣置吏亦各準州法以大小而制員郡縣吏有書僮有武吏有迎新送故等員亦各因其大小而置焉○陳承梁皆因其制官五千戶以上縣令相品第八不滿五千戶以下縣令相品第九

謹案五代之制以縣之大小分令長之品秩蓋規倣漢法也至同一爲令而有千石至六百石之分同一令長而有五千戶上下之別其差等較漢代爲尤析矣固亦因地制宜之法也

北魏

（魏書官氏志）皇始元年令長以下有未備者隨而置之縣置三令長用八品者世宗班行職令上縣令相第六品中縣令相第七品下縣令相第八品

北齊

（文獻通攷）北齊制縣爲上中下三等每等又有上中下之差自上上縣至下下縣凡九等然猶因循後魏用人濫雜至於士流恥居之元文遙遂奏於武成帝請革之乃密令搜揚世冑子弟恐其辭訴總召集神武門宣旨慰諭而遣自此縣令始以士人爲之

謹案自古重令長之選者莫如漢故郎官出宰百里天子不輕以授人至晉而有不經宰縣不得入爲臺郎之制亦以示矜重也齊承後魏濫雜之餘召集世冑子弟宣旨勞遣而縣職始重然概云世冑未察賢能亦非任官之良法也

後周

（通典）牧守令長非通六條及計帳者不得居官案蘇綽六條之制其略已見司道卷中茲不具錄

（周書盧辯傳）戶七千以上縣令五命戶四千以上縣令正四命戶二千以上縣令四命戶五百以上縣令正三命戶不滿五百以下縣令二命

謹案漢制縣方百里萬戶以上曰令萬戶以下曰長又有四五萬戶而亦名爲長者至後周則七千戶以上令長卽爲七命其二命之令戶不滿五百以下是縣令所治僅如一鄉一亭之比矣蓋周齊戰爭之餘境土促狹戶口凋弊而致然也

隋

（通典）隋刺史縣令三年一遷開皇十四年改九等州縣爲上中下凡三等

（隋書百官志）上上縣令屬官有丞中正光迎功曹光迎主簿功曹主簿

錄事及西曹戸曹金曹租曹兵曹等掾市長等員合屬官佐史五十四人
上中縣減上上縣五人上下縣減上中縣五人中上縣減上下縣六人中
中縣減中上縣五人中下縣減中中縣一人下上縣減中下縣一人下中
縣減下上縣一人下下縣減下中縣一人

謹案縣佐之多寡視縣之繁簡而遞設之自晉代已然矣隋志稱上上縣至下下縣凡九等而通典云改爲三等蓋志之所稱固其未定之制然也

唐

〔舊唐書職官志〕諸州上縣令一人（從六品上）丞一人（從八品下）主簿一人（正九品下）尉二人（從九品上）錄事二人司戸司法倉督二人典獄十人中縣令一人（正七品上）丞一人（從八品下）主簿一人（從九品上）尉一人（從九品下）錄事一人司戸司法倉督一人典獄八人中下縣令一人（從七品上）丞一人（正九品上）主簿一人（從九品）尉一人（從九品下）錄事一人司戸司法各一人典獄六人下縣令一人（從七品下）丞一人（正九品下）主簿

一人（從九品上）尉一人（從九品下）錄事一人司戶司法各一人典獄六人諸縣令之職掌導揚風化撫字黎甿敦四人之業崇五土之利養鰥寡恤孤窮審察冤屈躬親獄訟務知百姓之疾苦

〔唐書百官志〕上關令一人從八品下丞二人正九品下中關令一人正九品下丞一人從九品下下關令一人亦從九品下掌禁末游察姦慝凡行人車馬出入據過所爲往來之節凡關有驛道者爲上關無驛道者爲中關餘爲下關丞掌付事勾稽監印省署鈔目通判關事上津置尉一人掌舟梁之事下津尉一人永徽中廢津尉上關置津吏八人永泰初中關置津吏六人下關四人無津者不置

謹案唐縣有赤畿望緊上中下七等之差京縣爲赤京之旁邑爲畿其餘則以戶口多少資地美惡爲差而職官志所載則僅分上縣中縣中下縣下縣四等而已至三十里置一驛其非通途大道則曰館驛各有將以州里富彊之家主之以待行李自至德之後民不堪命遂以官司

掌焉凡天下水陸驛一千五百八十七處此實縣置驛丞之始也又唐雖改郡爲州而未有以郡領州者今知州之職在唐時則皆爲縣令也

五季

（五代會要）後唐同光二年中書門下奏刺史縣令有政績尤異爲衆所知者即仰本處聞奏當議獎擢其州縣官任滿三攷即具關申送吏部候敕除銓注○周廣順二年八月敕今後刺史縣令顯有政能觀察使審詳事狀聞奏朝廷當議獎擢

謹案五代任官凡齷齪無能者始注爲縣令故天下之邑率皆不治然觀唐周獎勵州縣之敕亦未嘗不以縣事爲惓惓特其時戎馬倥偬於吏治有所不暇雖欲整率之而不能耳其設官之制蓋循唐代無甚變改也

宋

（宋史職官志）建隆元年令天下諸縣除赤畿外有望緊上中下（文獻通攷四千

戶爲望三千戶以上爲緊二千戶以上爲上千戶以上爲中不滿千戶爲中下五百戶以下爲下也掌總治民政勸課農桑平決獄訟凡戶口賦役錢穀賑濟給納之事皆掌之有孝悌行義聞於鄉閭者申州激勸以勵風俗若京朝幕官則爲知縣事有戎兵則兼兵馬都監或監押

謹案縣令之職自古至今相仍不改而知縣之名實始於宋時知縣者非縣令而使之知縣中之事杜氏通典所謂檢校試攝判知之官是也唐貞元以來已有權知縣令之稱白居易集有裴克諒權知華陰縣令制至宋初欲重縣令之任始以朝官爲知縣其闕或參用京官及幕職官爲之于慎行筆麈云宋時大縣四千戶以上以朝官知小縣三千戶以下選京官知故知縣與縣令不同以京朝官之銜知某縣事非縣令也逮後罷令專設知縣而知縣乃爲縣令之專名故謹攷其設名之所由昉者以志沿革至宋時初卽有知州之名其義與知縣同而所知之州則盡如今之直隸州與明代之以州縣並列者不同故宋以前知州及其僚屬皆並缺

之不列於表焉

〔文獻通攷〕天聖閒天下多缺官而令選尤猥下久不得調乃爲縣令人數言其病民乃詔爲舉法以重令選凡知州轉運使歲舉堪爲令者一人或二人自是人重爲令令選稍清慶曆閒詔天下知縣非鞫獄毋得差政和二年詔縣令以十二事勸課農桑一曰敦本業二曰興地利三曰戒游手四曰謹時候五曰戒苟簡六曰厚蓄積七曰備水旱八曰戒宰牛九曰置農器十曰廣栽植十一曰恤苗戶十二曰無妄訟自政和以來人皆重內輕外士大夫皆輕縣令之選吏部兩選不注者甚多然後議所以增重激勸之法宣和五年縣令止差六十以下人靖康初詔初改官必爲縣紹興七年詔將寺監丞簿等任滿已改官人未歷民事者各與堂除知縣一次並備緋章服九年詔吏部自後縣令差文臣乾道元年詔京官知縣以二年爲任雖屢有更革卒以三年爲任二年御筆今後非兩任縣令不除監察御史初改官人必作令謂之須入紹興初數申嚴之後或廢孝宗在位持之甚嚴慶元初復詔除殿試上三名省元外並作邑五年又令試大理評事

官已改官未歷縣人並親民一次著爲令舊捕盜改官人並試邑自後雖
宰相子殿試科甲人無不宰邑者矣
（宋史職官志）縣丞初不置天聖中開封兩縣始各置丞一員在簿尉之
上熙寧四年繁劇縣令戶二萬已上增置縣丞一員崇寧二年宰臣請縣
並置丞一員以掌其事建炎元年詔縣丞係嘉祐以前員闕并萬戶處存
留一員餘並罷紹興三年以淮東累經兵火權罷縣丞十八年置海陵丞
一員嘉定後小邑不置丞以簿兼○主簿開寶三年詔諸縣千戶以上置
令簿尉四百戶以上置令尉令知主簿事四百戶以下置簿尉主簿兼知
縣事咸平四年川峽縣五千戶以上並置簿自後川蜀及江南諸縣多置
主簿○尉建隆三年每縣始復置尉一員在主簿下俸賜並同掌閱習弓
手戢姦禁暴凡縣不置簿則尉兼之
謹案縣佐之設在漢曰丞簿尉自晉至唐其名實繁皆所以分理一縣
之事也至宋而仍復丞簿尉之職其建置分併詳見於職官志蓋佐貳

雖微皆有親民之責故悉著之以誌其職掌焉

遼

（遼史百官志）遼五京列峙二百餘年城郭相望田野益闢冠以節度分以刺史縣令大略採用唐制不能州者謂之軍不能縣者謂之城不能城者謂之堡其設官則未詳云

（王圻續文獻通攷）遼五京諸州屬縣各有縣令縣丞主簿尉

謹案遼制令丞簿尉與宋同其諸縣之外別有城堡之屬攷唐書地理志諸邊縣之外多有城鎮寨堡諸名或爲鎮將或爲守捉不隸屬於縣令遼之所建蓋猶唐制其官名則無可攷耳

金

（續文獻通攷）金州名不同設防禦者謂之防禦州設刺史者謂之刺史州

（金史百官志）諸縣令一員從七品丞一員正九品主簿一員正九品尉

一員正九品凡縣二萬五千戶以上爲次赤爲劇二萬以上爲次劇在諸京倚郭者曰京縣自京縣而下以萬戶以上爲上三千戶以上爲中不滿三千爲下中縣而下置丞以主簿與尉通領巡捕事下縣則不置尉以主簿兼之○西南都巡檢一員正七品良鄉縣置司分管良鄉宛平安次永清縣并涿易州界盜賊事諸州都巡檢使各一員正七品副都巡檢使各一員正八品散巡檢正九品內泗州以管勾排岸兼之皆設副巡檢一員爲之佐

謹案金以刺史治州猶今之直隸州知州也史稱州刺史掌同府尹與今之屬州顯然不同故不復著縣令之設與唐宋不異而巡檢一職視前代爲尤詳矣金縣有置穆昆（解見理藩院篇）者隸於明安（解見理藩院篇）之下職從五品掌撫輯軍戶訓練武藝惟不管常平倉餘同縣令是縣之外又別有穆昆之官蓋如今之八旗佐領已別著於八旗都統表內又世宗大定閒詔年老之人毋注縣令其佐亦擇壯者參用二十年更定銓注縣

令丞簿格又命應部除官嘗以罪罷而再敘者遣使按其治迹如有善政方許授以縣令無治狀者不論任數多少並不得授此可以見金代愼重縣令之制云

元

〔元史百官志〕諸州中統五年併立州縣未有差等至元三年定一萬五千戶之上者爲上州六千戶之上者爲中州六千戶之下者爲下州江南旣平二十年又定其地五萬戶之上者爲上州三萬戶之上者爲中州不及三萬戶者爲下州於是陞縣爲州者四十有四上州達嚕噶齊解見戶部篇州尹秩從四品同知秩正六品判官秩正七品中州達嚕噶齊知州並正五品同知從六品判官從七品下州達嚕噶齊知州並從五品同知正七品判官正八品兼捕盜之事諸縣至元三年合併江北州縣六千戶之上者爲上縣二千戶之上者爲中縣不及二千戶者爲下縣二十年又定江淮以南三萬戶之上者爲上縣一萬戶之上者爲中縣一萬戶之下者爲

下縣上縣秩從六品達嚕噶齊一員尹一員丞一員簿一員尉一員典史二員中縣秩正七品不置丞餘悉如上縣之制下縣秩從七品置官如中縣民少事簡之地則以簿兼尉後又別置尉尉主捕盜之事別有印典史一員巡檢司秩九品巡檢一員

謹案元州縣之制分路府州縣四等以路領州以州領縣而腹裏則以路領府以府領州以州領縣是諸州之設皆在縣上然攷元史地理志諸路州之領縣者旣與錄事司之諸縣並列其號爲州而不領縣者攷其地域卽後日之一縣而亦與府州並列蓋直隸州與諸州參雜而不分與明代府州縣之制雖不盡相同而屬州之制固自元始也至元中以縣陞州者四十有四旣爲明代諸州定制之所由始而州縣並以尹名兼設達嚕噶齊一員元明同異之制可以參攷焉

明

〔續文獻通攷〕明不設州刺史而州附於府置知州同知判官等員里不

及三十而無屬縣者裁同知判官或由事添設無定員其屬吏目一人知
州掌教養州民之事凡諸州務上視府下視縣以月計上府歲計上省以
三歲之計上吏部同知清軍匠或兼巡捕判官督糧官馬捕盜治農管河
分職任事而領於知州吏目典出納文移或分領州事諸所屬衙門如府
者職亦如之〇明太祖初定縣三等賦十萬石以下爲上縣知縣從六品
六萬石以下爲中縣正七品三萬石以下爲下縣從七品已而並改正七
品京縣正六品所屬衙門有巡檢司稅課局驛遞河泊所倉草場者設官
如州知縣掌教養縣民之事凡歲貢學生三歲貢士歲攢實徵十歲造黃
冊民之賦役視丁與產必調劑而均節之獄訟必詢其情理攷諸律例而
決之有不伏請陳於上爲雪理焉凡養老祀神表善賑饑卹窮通貨之事
時省而敦行之凡山海澤藪之產資國用者按籍而登焉諸所屬衙門如
州者職亦如之庶人在官者縣亦如州
（明史職官志）洪武元年徵天下賢才爲州縣職敕命厚賜以勵其廉恥

又敕諭之至於再三十七年定州縣條例八事頒示天下永爲遵守是時
天下州縣官廉能正直者必遣行人齎敕往勞增秩賜金仁宣之際猶然
英憲而下曰罕自後益重內輕外此風絕矣○洪武二年以廣西地接猺
獞始於關隘衝要之處設巡檢司以警奸盜後遂增置各處十三年二月
特賜敕諭之尋改爲雜職○稅課局大使明初改在京官店爲宣課司州
縣官店爲通課司後改爲稅課局○河泊所官洪武十五年定天下河泊
所凡二百五十二歲課糧五千石以上至萬石者設官三人千石以上設
二人三百石以上設一人
謹案牧民之官其與百姓最親者莫過於州縣自涖政理財勸農興學
均土田簡夫役平獄訟與教化諸大政所關無不自州縣始者攷漢書
循吏傳言守而不及令蓋舉其大者稱之然其時如魏相之令茂陵焦
延壽之令小黃卓茂之令密王渙之令洛陽治績最爲著聞而郎官出
宰百里刺史不得輕辱黃綬所以重其選者亦爲甚至此漢室循良所

由獨盛也令長之制歷代不改至南北朝時用人濫雜搢紳之流恥居其任五代任官凡齷齪無能者始任爲縣令天下之邑率皆不治而其弊甚矣唐明皇納張九齡之言非歷縣令不得入爲臺郎宋初愼選朝官出知州縣之事孝宗時定制縣令以三年爲任非經兩任不得除監察御史說者謂開元乾道之吏治所以獨高於近代者以此也明初定天下縣爲三等其有巡檢司稅課局驛遞閘壩等職事者設官如州廣徵天下賢才爲州縣之職敕命厚賜以勵其廉恥意非不善也中葉而後重內輕外益不以州縣爲意銓選之法弊而吏職多不得其人攷課之政弛而浮濫闒冗皆得以冒居其列字人之職益輕而簿書錢穀之寄遂盡歸於胥吏之手其僚佐各官有虛名而無實效甚至骫法營私無所顧忌而吏治益不可問矣我

朝整飭官方首重吏職州縣授任之初必先由部引

見以觀其才否其在任者閱俸五年以上始許題升三年以上始許題調涖

任三年政績卓著者保題注冊又閱三年始加銜注冊即用閱有因事

引

對書名存記

特用爲同知知府以示鼓勵而才猷卓越者或用至督撫所以激揚之者備至其有曠職者督撫劾奏立從黜退以收鋤莠扶良之效洵乎慎重民牧永垂萬世之良法矣又案設官分職詳於周禮周禮醫師巫祝馮相保章等官皆王朝之官而侯國之制無聞傳曰天子有日官諸侯有日御而魯之卜士晉之卜人秦之太醫令亦往往見於傳記則當時列國之官當亦視王朝而舉其職矣漢紀代王有卜人史記濟北有太醫齊有侍醫知漢諸侯王國皆擇習醫術長於陰陽者分授以官而當時郡縣錯在諸國閒故太守令長之屬不更設陰陽醫學若後世建侯已異漢制而此諸官者復不設諸郡縣則衞民之道殊爲有闕攷府州設醫學博士至唐始備其制而後世因之魏書始有釋老之志而北齊之昭

元寺置大統諸員以管諸州縣沙門曹則州縣之僧官實始於此後周

數及恪守規律者上諸巡撫咨部給劄與牒蓋卽庶人在官之類與品

官不同故卽附諸府州縣官之後不著於表而論之如此

置司寂司元掌法門道門之政隋改諸郡縣佛寺爲道場道觀爲元壇

而各置監丞卽今僧綱道紀之職所由昉矣陰陽立學始於元時蓋諸

路總管府設陰陽教授明則陰陽正術典術各設其官亦相因也我

朝斟酌往制府州縣醫學僧道俱沿明之舊陰陽學則易縣典術爲訓術

勤民任職纖悉畫制夫醫術爲民生所最切而陰陽領之於官則有以

絕妖妄之術至釋道二教由來已久徒類既繁尤當設官爲之檢束伏

讀乾隆元年

上諭有云僧道竊二氏之名無脩持之實但原天地好生之意不忍一物不

得其所此庸愚無知之僧道亦天下之一物耳大哉

皇言視周官物爲之制而官設其守者實能推廣以神明其法所謂盡人物

之性與天地參焉者也第此類流品猥雜俱由所轄有司擇其明習術

原闕

欽定歷代職官表卷五十四

西元二〇二〇年四月一日重製一版

歷代職官表 冊三（清 永瑢 等撰纂）

平裝四冊基本定價參仟捌佰元正
（郵運匯費另加）

發行人　張敏君
發行處　中華書局
臺北市內湖區舊宗路二段一八一巷八號五樓（5FL., No. 8, Lane 181, JIOU-TZUNG Rd., Sec 2, NEI HU, TAIPEI, 11494, TAIWAN）
客服電話：886-2-8797-8396
公司傳真：886-2-8797-8909
匯款帳戶：華南商業銀行西湖分行
179100026931
印　　刷：維中科技有限公司
海瑞印刷品有限公司

No. N1029-3

國家圖書館出版品預行編目(CIP)資料

歷代職官表 / (清)永瑢等撰纂. -- 重製一版. --
臺北市 : 中華書局, 2020.04
冊 ; 公分
ISBN 978-986-5512-07-1(全套 : 平裝)

1.職官表 2.中國

573.4024 109003709